CONVERGÊNCIAS
Língua Portuguesa 9

Daniela Oliveira Passos Marinho
- Licenciada em Letras pela Universidade Estadual de Londrina (UEL-PR).
- Mestra em Estudos da Linguagem pela UEL-PR.
- Realiza trabalhos de assessoria pedagógica no desenvolvimento de materiais didáticos para o Ensino Fundamental.
- Autora de livros didáticos para o Ensino Fundamental.

Convergências – Língua Portuguesa – 9
© Edições SM Ltda.
Todos os direitos reservados

Direção editorial	M. Esther Nejm
Gerência editorial	Cláudia Carvalho Neves
Gerência de *design* e produção	André Monteiro
Edição executiva	Andressa Munique Paiva
Coordenação de *design*	Gilciane Munhoz
Coordenação de arte	Melissa Steiner Rocha Antunes
Assistência de arte	Juliana Cristina Silva Cavalli
Coordenação de iconografia	Josiane Laurentino
Coordenação de preparação e revisão	Cláudia Rodrigues do Espírito Santo
Suporte editorial	Alzira Ap. Bertholim Meana
Projeto e produção editorial	Scriba Soluções Editoriais
Edição	Raquel Teixeira Otsuka, Sabrina Vieira Mioto
Assistência editorial	Karina Otsuka Nihonmatsu, Verônica Merlin Viana Rosa
Revisão e preparação	Felipe Santos de Torre, Joyce Graciele Freitas
Projeto gráfico	Dayane Barbieri, Marcela Pialarissi
Capa	João Brito e Tiago Stéfano sobre ilustração de Estevan Silveira
Edição de arte	Camila Carmona
Pesquisa iconográfica	Tulio Sanches Esteves Pinto
Tratamento de imagem	Equipe Scriba
Editoração eletrônica	Adenilda Alves de França Pucca (coord.)
Pré-impressão	Américo Jesus
Fabricação	Alexander Maeda
Impressão	BMF Gráfica e Editora

Dados Internacionais de Catalogação na Publicação (CIP)
(Câmara Brasileira do Livro, SP, Brasil)

Marinho, Daniela Oliveira Passos
    Convergências língua portuguesa : ensino fundamental : anos finais : 9º ano / Daniela Oliveira Passos Marinho. -- 2. ed. -- São Paulo : Edições SM, 2018.

    Bibliografia.
    ISBN 978-85-418-2172-8 (aluno)
    ISBN 978-85-418-2176-6 (professor)

    1. Português (Ensino fundamental) I. Título.

18-20897   CDD-372.6

Índices para catálogo sistemático:

1. Português : Ensino fundamental 372.6
Maria Alice Ferreira - Bibliotecária - CRB-8/7964

2ª edição, 2018
4ª impressão, janeiro de 2024

SM Educação
Rua Tenente Lycurgo Lopes da Cruz, 55
Água Branca 05036-120 São Paulo SP Brasil
Tel. 11 2111-7400
atendimento@grupo-sm.com
www.grupo-sm.com/br

Prezado aluno, prezada aluna,

Você já sabe se comunicar empregando a língua portuguesa e faz isso muito bem! Este livro foi feito para mostrar que há sempre o que aprender, auxiliando-o a ampliar seu repertório, para se comunicar de forma eficiente em diversas situações, dentro e fora da escola, por meio das mais diferentes linguagens: artística, científica, digital...

Pela leitura e pela escrita, você vai aprender a utilizar a linguagem para se expressar, ler e escrever cada vez melhor. Os gêneros e a seleção de textos, bem como as atividades foram escolhidos para que sua jornada de estudos seja mais divertida e proveitosa ao longo deste ano.

Desejo a você um ano repleto de desafios, aprendizados, descobertas e conquistas.

Bons estudos!

Apresentação

Conheça seu livro

Esta coleção apresenta assuntos interessantes e atuais, que o auxiliarão a desenvolver autonomia e criticidade, entre outras habilidades e competências importantes para a sua aprendizagem.

Abertura de unidade

Essas páginas marcam o início de uma nova unidade. Elas apresentam uma imagem instigante, que propiciará a troca de ideias entre você e seus colegas. Nelas você pode conhecer os capítulos que vai estudar e participar da conversa proposta pelo professor.

Iniciando rota

Ao responder a essas questões, você vai saber mais sobre a imagem de abertura, relembrar os conhecimentos que já tem e perceber que pode ir além, prosseguindo nessa jornada.

Leitura

Nessa seção, você vai ler textos de gêneros variados. Em cada capítulo, essa seção aparece duas vezes.

Estudo do texto

Após a leitura dos textos, você vai realizar atividades para interpretar o texto lido, compreender as principais características do gênero e discutir assuntos relacionados ao tema da leitura.

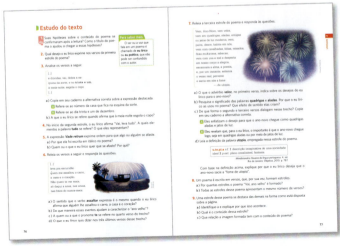

Ícone em grupo

Esse ícone marca as atividades que serão realizadas em duplas ou em grupos.

Ícone digital

Esse ícone remete a um objeto educacional digital.

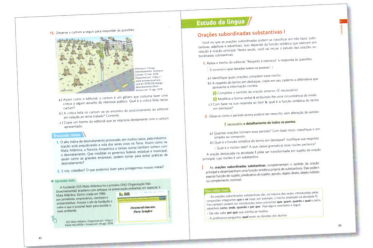

Trocando ideias

Sempre que um texto propiciar uma discussão relevante, esse boxe apresentará questões com o objetivo de incentivar você e seus colegas a trocarem ideias sobre o tema explorado.

Estudo da língua

Nessa seção, você vai estudar conteúdos e conceitos da gramática normativa por meio de atividades reflexivas.

Escrita em foco

Uma vez por capítulo, essa seção apresenta conteúdos e atividades relacionados à ortografia, acentuação e pontuação.

Atividades

São propostas atividades que vão auxiliá-lo a organizar os conhecimentos e a sistematizar o conteúdo explorado na seção.

Linguagem em foco

Nessa seção, você vai ampliar os estudos sobre os fenômenos da língua, como a variação linguística, as figuras de linguagem e o uso do dicionário.

DICA!

Ao longo do livro, você vai encontrar dicas simples que lhe auxiliarão em diversas situações, por exemplo, ajudando-o a compreender o assunto de estudo.

Conexões textuais

Nessa seção, são apresentados textos que se relacionam com a leitura principal. Por meio das atividades, você vai analisar como essa relação acontece.

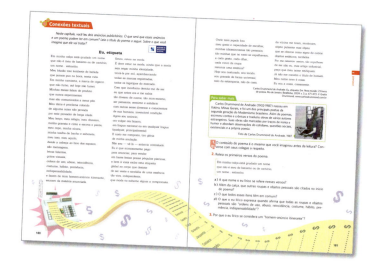

Produção de texto

Nessa seção, você vai produzir um gênero escrito ou oral, relacionado ao texto da seção **Leitura**. Ao final, um quadro de avaliação permitirá que você verifique seu desempenho durante a atividade.

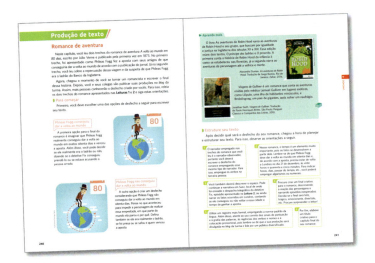

Aprenda mais

Aproveite as sugestões de livros, filmes, *sites*, vídeos e dicas de visitas para aprender um pouco mais sobre o assunto abordado.

Para saber mais

Esse boxe contém informações que visam ampliar temas ou conteúdos apresentados no livro. Em algumas leituras, esse boxe trará informações sobre o autor, a obra ou o veículo de divulgação do texto lido.

Verificando rota

Aqui você terá a oportunidade de verificar se está no caminho certo, avaliando sua aprendizagem por meio de perguntas que retomam os conteúdos estudados ao longo do capítulo.

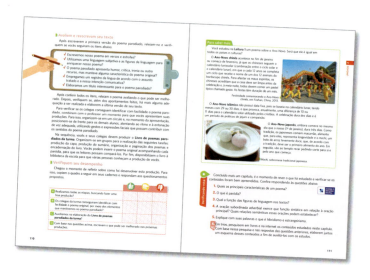

Uma leitura a mais

Nessa seção você terá a oportunidade de conhecer e estudar mais um gênero, diferente dos apresentados ao longo do volume.

Ampliando fronteiras

Nessa seção, você encontrará informações que o levarão a refletir criticamente sobre assuntos relevantes e a estabelecer relações entre diversos temas ou conteúdos. Os assuntos são propostos com base em temas contemporâneos, que contribuem para a sua formação cidadã e podem ser relacionados a outros componentes curriculares.

Ação e construção

Para realizar a atividade proposta nessa seção, você vai trabalhar em equipe. Muitas vezes esse trabalho vai envolver toda a turma e isso será um grande desafio! Atividades assim permitem que você e seus colegas desenvolvam habilidades individuais e coletivas, além de possibilitar a relação entre mais de uma disciplina.

Sumário

UNIDADE 1 — Resenha crítica e editorial 12

CAPÍTULO 1 — Resenha crítica 14

Leitura 1

Leiturinha – A eterna máquina de voar • Marcos Losnak 14

Estudo da língua

Revisão I 18

Período composto por coordenação 18

Leitura 2

Vida, Animada • Rodrigo Torres 22

Estudo da língua

Revisão II 27

Período composto por subordinação 27

Linguagem em foco

Mecanismos intensificadores do discurso 29

Escrita em foco

Acerca de / cerca de 32

Produção de texto

Resenha crítica 34

Verificando rota 37

CAPÍTULO 2 — Editorial 38

Leitura 1

Respeito à natureza • Diário do Grande ABC 38

Estudo da língua

Orações subordinadas substantivas I 43

Oração subordinada substantiva subjetiva 44

Oração subordinada substantiva predicativa 45

Oração subordinada substantiva apositiva 46

Leitura 2

Brasil "esquece" reciclagem de lixo • Folha de Londrina 49

Ampliando fronteiras

A importância do cuidado com o meio ambiente 54

Conexões textuais

Lua, COLÔNIA 243, APTO. 12, 23/02/2066 • Fernando Bonassi 56

Estudo da língua

Orações subordinadas substantivas II 59

Oração subordinada substantiva objetiva direta 59

Oração subordinada substantiva objetiva indireta 60

Oração subordinada substantiva completiva nominal 61

Oração subordinada substantiva reduzida 62

Escrita em foco

Sessão, seção e cessão 64

Produção de texto

Artigo de opinião 66

Verificando rota 69

Uma leitura a mais

Estatuto do conselho escolar 70

UNIDADE 2 — Poema e samba-enredo — 72

CAPÍTULO 3

Poema — 74
Leitura 1
Vai, ano velho • Affonso Romano de Sant'Anna — 74
▌ **Conexões textuais**
Vendo poesia • Leo Cunha — 80
Linguagem em foco
A paródia em poemas — 82
Estudo da língua
Orações subordinadas adverbiais I — 86
Oração subordinada adverbial causal — 87
Oração subordinada adverbial final — 88
Oração subordinada adverbial comparativa — 89
Leitura 2
Primeiro mar • Ana Maria Machado — 92
Linguagem em foco
As figuras de linguagem — 97
Personificação (ou prosopopeia) — 97
Eufemismo — 98
Antítese — 99
Aliteração — 100
Assonância — 100
Anáfora — 101
Estudo da língua
Orações subordinadas adverbiais II — 102
Oração subordinada adverbial condicional — 102
Oração subordinada adverbial conformativa — 103
Escrita em foco
Processo de formação de palavras: hibridismo — 106
Empréstimo linguístico: estrangeirismo — 107
Produção de texto
Poema parodiado — 108
▌ **Verificando rota** — 111

CAPÍTULO 4

Samba-enredo — 112
Leitura 1
Dia do Fico • Cabana — 112
Estudo da língua
Orações subordinadas adverbiais III — 116
Oração subordinada adverbial consecutiva — 116
Oração subordinada adverbial concessiva — 117
Leitura 2
Você semba lá... Que eu sambo cá! O canto livre de Angola • Arlindo Cruz e outros — 120
▌ **Ampliando fronteiras**
O samba: no pé e na história — 124
Estudo da língua
Orações subordinadas adverbiais IV — 126
Oração subordinada adverbial temporal — 126
Oração subordinada adverbial proporcional — 128
Oração subordinada adverbial reduzida — 130
Escrita em foco
Processo de formação de palavras: neologismo — 132
Produção de texto
Seminário — 134
▌ **Verificando rota** — 137

UNIDADE 3 Anúncio de propaganda e anúncio publicitário _____ **138**

CAPÍTULO 5 Anúncio de propaganda _____ 140

Leitura 1

Anúncio de propaganda de incentivo ao esporte • Associação Desportiva para Deficientes _____ 140

▌**Conexões textuais**

Anúncio de propaganda Por uma infância sem racismo • Unicef _____ 143

Estudo da língua

Pronome relativo _____ 145

Leitura 2

Anúncio de propaganda População consciente para uma coleta eficiente • Prefeitura de Betim _____ 149

Estudo da língua

Orações subordinadas adjetivas _____ 153

Oração subordinada adjetiva explicativa _____ 155

Oração subordinada adjetiva restritiva _____ 156

Oração subordinada adjetiva reduzida _____ 157

Escrita em foco

Homônimos _____ 161

Parônimos _____ 162

Produção de texto

Anúncio de propaganda _____ 163

▌**Verificando rota** _____ 167

CAPÍTULO 6 Anúncio publicitário _____ 168

Leitura 1

Anúncio publicitário Planeta Brasil • Planeta Brasil _____ 168

Estudo da língua

Concordância nominal _____ 171

Adjetivo acompanhando mais de um substantivo _____ 172

Dois ou mais adjetivos acompanhando um substantivo _____ 172

Anexo/ incluso/ mesmo/ obrigado _____ 173

Bastante/ caro/ barato/ meio _____ 173

Leitura 2

Anúncio publicitário Enxergue Super • Superinteressante _____ 176

▌**Conexões textuais**

Eu, etiqueta • Carlos Drummond de Andrade _____ 180

Linguagem em foco

Os recursos que auxiliam a persuasão nos anúncios _____ 183

▌**Ampliando fronteiras**

A persuasão dos anúncios _____ 186

Estudo da língua

Concordância verbal _____ 188

Concordância do verbo com o sujeito simples _____ 189

Concordância do verbo com o sujeito composto _____ 190

Concordância do verbo ser _____ 191

Outros casos de concordância _____ 192

Linguagem em foco

Denotação e conotação _____ 194

Produção de texto

Debate _____ 196

▌**Verificando rota** _____ 199

▌**Uma leitura a mais**

Reportagem _____ 200

Rogério Coelho

UNIDADE 4 — **Romance de aventura e romance psicológico** — **206**

CAPÍTULO 7 — **Romance de aventura** — 208

Leitura 1
A volta ao mundo em 80 dias • Júlio Verne — 208

Estudo da língua
Regência — 216
Regência verbal — 217

Leitura 2
A volta ao mundo em 80 dias (continuação) • Júlio Verne — 224

▌**Ampliando fronteiras**
A tecnologia nas obras de Júlio Verne — 232

Estudo da língua
Colocação pronominal — 234

Escrita em foco
Crase — 237

Produção de texto
Romance de aventura — 240

▌**Verificando rota** — 243

CAPÍTULO 8 — **Romance psicológico** — 244

Leitura 1
Dom Casmurro • Machado de Assis — 244

Estudo da língua
Revisão I: Orações subordinadas — 250
Orações subordinadas substantivas — 250
Orações subordinadas adverbiais — 251
Orações subordinadas adjetivas — 253

Leitura 2
Dom Casmurro (continuação) • Machado de Assis — 256

▌**Conexões textuais**
Dom Casmurro de Machado de Assis em literatura de cordel • José Evangelista — 265

Linguagem em foco
A variação histórica — 268

Estudo da língua
Revisão II: Concordância verbal e nominal, regência verbal e nominal e colocação pronominal — 270
Concordância verbal e nominal — 270
Regência verbal — 271
Regência nominal — 272

Escrita em foco
Onde/ aonde — 276

Produção de texto
Resenha crítica — 278

▌**Verificando rota** — 281

▌**Ação e construção**
Grêmio estudantil — 282
▌**Referências bibliográficas** — 288

UNIDADE

1
Resenha crítica e editorial

Agora vamos estudar...
- os gêneros resenha crítica e editorial;
- a revisão do período composto por coordenação e por subordinação;
- os mecanismos intensificadores do discurso;
- o uso de **acerca de** e **cerca de**;
- as orações subordinadas substantivas;
- o uso de **sessão**, **seção** e **cessão**.

Em 2015, o artista francês JR projetou um vídeo sobre a fachada da Assembleia Nacional, em Paris. A imagem retratava, principalmente, uma grande diversidade de pessoas.

Iniciando rota

1. Descreva brevemente essa imagem e comente quais foram suas impressões sobre ela.

2. A projeção do vídeo de JR, com direção de Darren Aronofsk, foi realizada no prédio da Assembleia Nacional em Paris, local onde são tomadas decisões importantes sobre o cenário político francês. Em sua opinião, qual o objetivo da projeção dessa imagem?

3. Há muitas formas de expor um posicionamento crítico. A arte é uma delas. Cite outros exemplos.

ACESSE O RECURSO DIGITAL

CAPÍTULO 1

Resenha crítica

Muitas vezes, consultamos a opinião de outras pessoas antes de assistir a um filme, uma peça teatral, um espetáculo de dança ou de ler um livro. Além da opinião de um amigo, de que outra maneira podemos nos informar sobre um livro ou filme novo? Como você costuma escolher os livros que vai ler? O texto a seguir é uma resenha crítica publicada em um jornal on-line. Com base no título, sobre o que você imagina que essa resenha vai tratar?

https://www.folhadelondrina.com.br/folha-2/leiturinha-a-eterna-maqu...

LEITURINHA — A eterna máquina de voar

"Mais Leve Que o Ar", romance infantojuvenil de Felipe Sali coloca o amor como instrumento contra a guerra.

Voar sempre foi o grande sonho da imaginação humana. Foi o sonho de Santos Dumont (1873-1932) e, ao mesmo tempo, seu grande pavor: o medo de este sonho ser transformado em arma de guerra.

O escritor paulista Felipe Sali converteu o sonho de Dumont em fantasia no romance infantojuvenil "Mais Leve Que o Ar" publicado pela editora Lote 42. Tudo acontece num reino imaginário chamado Amberlin onde nasce o amor entre dois jovens. O príncipe Pablo e a plebeia Melissa.

Melissa é uma jovem druida que todos os dias segue para a escola reservada de bruxaria, já que no reino a magia é proibida em lugares públicos. Pablo, filho do rei, é um jovem inventor que se dedica a criar uma máquina capaz de voar. Um instrumento mecânico capaz de voar sem magia, apenas com ciência. Apesar de viverem em

Capa do livro *Mais leve que o ar*.

mundos diferentes, os dois se apaixonam e precisam aprender a entender o que é o amor. Mais do que isso, entender como esse amor altera a vida de ambos.

O drama começa quando o projeto de máquina voadora de Pablo começa a ser cogitado como instrumento de arma de guerra, algo que ele não deseja e recusa com afinco. Algo que Melissa também compartilha. "Mais Leve Que o Ar" foi originalmente publicado em 2015 no aplicativo de texto Wattpad onde atingiu mais de 300 mil visualizações. Fato que transformou Felipe Sali num dos escritores brasileiros mais lidos na plataforma após outros livros veiculados.

O romance coloca num mesmo espaço questões éticas e água com açúcar, fantasia e personagens históricos, paixões e dramas em uma narrativa direcionada à identificação juvenil.

Marcos Losnak. Leiturinha – A eterna máquina de voar. *Folha de Londrina*, Londrina, 23 maio 2018. Folha 2. Disponível em: <https://www.folhadelondrina.com.br/folha-2/leiturinha-a-eterna-maquina-de-voar-1006672.html>. Acesso em: 8 out. 2018.

Para saber mais

Editor e jornalista, Marcos Losnak possui diversos trabalhos publicados em jornais e revistas do país. Durante sua carreira, foi editor da revista de arte *Kan* e, desde 1991, publica resenhas críticas semanais no jornal *Folha de Londrina*.

Estudo do texto

1. Após a leitura, suas hipóteses sobre o texto se confirmaram? Converse com os colegas a respeito.

2. Ao citar Santos Dumont, o resenhista fala de dois sentimentos: sonho e medo.

  a) Qual era o sonho e qual era o medo de Dumont?

  b) De acordo com a resenha, o que esse fato inspirou?

  c) Copie o trecho da resenha que se relaciona a esse fato.

  d) De que maneira o autor Felipe Sali transforma a história de Santos Dumont em fantasia?

Para saber mais

Alberto Santos Dumont (1873-1932) nasceu na cidade de Palmira (atualmente chamada de Santos Dumont), em Minas Gerais, e é considerado o "pai da aviação". Segundo suas biografias, Dumont era leitor das obras de Júlio Verne e se inspirou nelas para as suas criações.

Em 23 de outubro de 1906, Dumont conseguiu realizar o primeiro voo com uma máquina mais pesada que o ar que decolou por seus próprios meios. Esse feito aconteceu no Aeroclube da França, em Paris, e o 14-Bis, criado por Santos Dumont, conseguiu percorrer 60 metros em 7 segundos a 2 metros do solo.

Foto de Santos Dumont, cerca de 1902.

3. Como Melissa e Pablo são descritos na resenha crítica?

4. Copie em seu caderno a alternativa correta a respeito dessas personagens do livro *Mais leve que o ar*.

  A Elas fazem parte de classes sociais distintas, já que Melissa é plebeia e druida, e Pablo é um príncipe.

  B Elas fazem parte da mesma classe social, já que druidas e príncipes têm o mesmo prestígio.

5. Por que, mesmo apaixonados, os jovens precisam "aprender a entender o que é o amor"?

6. Segundo a resenha, que fato expressa o sucesso do livro *Mais leve que o ar*?

7. Releia o trecho a seguir para responder às questões.

> O romance coloca num mesmo espaço questões éticas e água com açúcar, fantasia e personagens históricos, paixões e dramas em uma narrativa direcionada à identificação juvenil.

a) O que a expressão "água com açúcar" significa nesse contexto?

b) Com base no que foi apresentado sobre o enredo do livro *Mais leve que o ar*, o que o autor quer dizer quando afirma que o romance coloca em um mesmo espaço questões éticas e água com açúcar?

c) Uma resenha pode apresentar tanto aspectos positivos quanto negativos de uma obra, de acordo com a visão do resenhista. Qual das características citadas nesse trecho poderia ser considerada negativa?

d) Por que o autor da resenha considera que os elementos citados nesse trecho direcionam a narrativa à identificação juvenil?

8. A **resenha crítica** é um gênero que costuma apresentar a seguinte estrutura.

- **Introdução:** contextualiza a obra cultural que será abordada.
- **Resumo:** sintetiza o assunto da obra.
- **Crítica:** apresenta a opinião do resenhista sobre a obra.
- **Conclusão:** o resenhista reforça seu posicionamento sobre a obra.

Relacione em seu caderno os seguintes trechos de acordo com a estrutura apresentada.

I
> O romance coloca num mesmo espaço questões éticas e água com açúcar, fantasia e personagens históricos, paixões e dramas em uma narrativa direcionada à identificação juvenil.

II
> "Mais leve Que o Ar" foi originalmente publicado em 2015 no aplicativo de texto Wattpad onde atingiu mais de 300 mil visualizações. Fato que transformou Felipe Sali num dos escritores brasileiros mais lidos na plataforma após outros livros veiculados.

III
> O drama começa quando o projeto de máquina voadora de Pablo começa a ser cogitada como instrumento de arma de guerra, algo que ele não deseja e recusa com afinco. Algo que Melissa também compartilha.

IV
> Voar sempre foi o grande sonho da imaginação humana. Foi o sonho de Santos Dumont (1873-1932) e, ao mesmo tempo, seu grande pavor: o medo de este sonho ser transformado em arma de guerra.
>
> O escritor paulista Felipe Sali converteu o sonho de Dumont em fantasia no romance infantojuvenil "Mais Leve Que o Ar" publicado pela editora Lote 42. Tudo acontece num reino imaginário chamado Amberlin onde nasce o amor entre dois jovens. O príncipe Pablo e a plebeia Melissa.

9. Copie em seu caderno a alternativa correta sobre os objetivos de uma resenha crítica.

A Apenas apresentar um resumo bastante sucinto de um produto cultural, como filme, livro, peça teatral, entre outros.

B Apresentar somente as informações técnicas de um livro com o objetivo de auxiliar o leitor na compra desse produto.

C Emitir uma avaliação crítica sobre um produto cultural, como um filme, um livro, um álbum de música, entre outros, com o objetivo de informar o leitor da resenha sobre os pontos positivos e negativos dessa obra.

10. Onde a resenha crítica foi publicada? Em quais outros suportes são encontrados textos desse gênero?

11. O livro *Mais leve que o ar* é destinado a qual público? E qual é o público-alvo da resenha crítica? Justifique sua resposta.

12. Em que pessoa do discurso a resenha foi escrita? Que efeito essa escolha do resenhista confere ao texto?

13. Observe, na resenha crítica, como as conjunções articulam os argumentos e tornam o texto mais coeso e coerente. Identifique, em cada um dos trechos a seguir, a conjunção empregada e a circunstância expressa por ela.

> Melissa é uma jovem druida que todos os dias segue para a escola reservada de bruxaria, já que no reino a magia é proibida em lugares públicos.

> Apesar de viverem em mundos diferentes, os dois se apaixonam e precisam aprender a entender o que é o amor. Mais do que isso, entender como esse amor altera a vida de ambos.

14. Os argumentos utilizados pelo resenhista avaliam positiva ou negativamente a obra? Comente a respeito.

15. Com base nas informações apresentadas sobre o enredo do livro e nos argumentos empregados pelo resenhista, você concorda com a opinião dele? Teve vontade de ler o livro após a leitura da resenha? Por quê? Converse com os colegas a respeito.

Para saber mais

Anésia Pinheiro Machado (1904-1999) é considerada a primeira mulher brasileira a conseguir tirar o brevê de aviadora em nosso país. Em 17 de abril de 1922, ela realizou seu primeiro voo solo, ou seja, sem ajuda de um instrutor. No mês seguinte, começou a conduzir passageiros, tornando-se a primeira aviadora brasileira. Na década de 1950, ela fez uma travessia da Cordilheira dos Andes e uma viagem transcontinental pelas três Américas. Também recebeu várias condecorações nacionais e estrangeiras.

Foto de Anésia Pinheiro Machado.

Estudo da língua

Revisão I

Neste capítulo, retomaremos o estudo sobre as relações que as orações estabelecem entre si no período composto. Para começar, você vai realizar atividades sobre o período composto por coordenação.

Período composto por coordenação

1. Leia a resenha a seguir para responder às questões.

Central do Brasil

Dora, personagem vivida por Fernanda Montenegro, escreve cartas para analfabetos na estação ferroviária Central do Brasil. Tendo o filho Josué ao lado — um menino de nove anos que sonha encontrar o pai que nunca conheceu — Ana, uma das clientes de Dora, dita a ela uma carta. Embalada pela esperança do encontro, Ana é atropelada na saída da estação e Josué fica abandonado; não tem mais ninguém. Dora acolhe o menino a contragosto, mas a partir desse momento acompanhamos uma história de transformações. A mulher dura e amargurada, antes indiferente aos sentimentos revelados nas cartas e à esperança nelas depositada, surpreende a cada instante com atitudes solidárias e carinhosas. Os dois aventuram-se por diversos trajetos em busca do pai de Josué e, nessa trilha por afastados rincões do Brasil, o desprezo converte-se em confiança e a sensibilidade nasce para comover. "Central do Brasil" é a descoberta da redenção pelo afeto. Imperdível.

Ministério da Educação. Secretaria de Educação Fundamental. Central do Brasil. *Catálogo de resenhas de filmes*: programa de formação de professores, 2001. p. 17.

Capa do DVD *Central do Brasil*.

a) Ao ler essa resenha, você teve vontade de assistir a esse filme? Comente.

b) O filme é avaliado positiva ou negativamente na resenha? Justifique.

2. Releia dois trechos da resenha.

> **I** Dora acolhe o menino a contragosto, mas a partir desse momento acompanhamos uma história de transformações.

> **II** "Central do Brasil" é a descoberta da redenção pelo afeto.

a) Quantas formas verbais há no trecho **I**? E no trecho **II**?

b) Qual trecho apresenta um período simples e qual apresenta um período composto?

c) Analise as orações que compõem o trecho que apresenta período composto. Alguma delas é sintaticamente dependente da outra? Justifique sua resposta.

d) Que palavra é responsável por ligar as orações do trecho que apresenta período composto? Como ela é classificada?

e) Que sentido ela estabelece entre as orações que conecta?

A conclusão   **B** adição   **C** explicação   **D** oposição

Ao responder a essas questões, você pôde notar que as orações coordenadas podem ser ligadas tanto por sinais de pontuação quanto por conjunções. Em qualquer um dos casos, as frases se relacionam, uma completando o sentido da outra.

3. Com base nas atividades realizadas e em seus conhecimentos, complete as informações abaixo em seu caderno.

> ■ é aquele formado por orações coordenadas que podem ser ■ (ligadas sem conjunção) e ■ (ligadas por conjunção). As orações coordenadas sindéticas são classificadas em: ■, ■, ■, ■ e ■.

Atividades

1. Leia o cartum a seguir e responda às questões.

Arionauro. Trânsito Celular Internet. *Arionauro cartuns*, 1º set. 2018. Disponível em: <http://www.arionaurocartuns.com.br/search?updated-max=2018-09-10T07:07:00-07:00&max-results=5&reverse-paginate=true>. Acesso em: 24 out. 2018.

a) Qual é a crítica feita nesse cartum?

b) De que maneira as linguagens verbal e não verbal se relacionam no cartum?

c) Como o período "O sinal da internet está fraco e não consigo navegar nas redes sociais!" é classificado?

d) Copie em seu caderno a relação de sentido estabelecida entre as orações desse período.

  A contradição B adição C conclusão

e) Como a oração "e não consigo navegar nas redes sociais!" é classificada?

f) Copie em seu caderno qual das conjunções ou locuções conjuntivas a seguir poderia substituir a conjunção **e** sem alterar o sentido da fala.

  A por isso   C pois
  B mas   D não obstante

g) Se a fala da personagem fosse "Não consigo navegar nas redes sociais porque o sinal da internet está fraco", como essas orações seriam classificadas?

2. Leia a resenha crítica de filme a seguir e responda às questões.

Minhas Tardes com Margueritte ★★★★☆ Avaliação do filme

Resenha por Miguel Barbieri Jr

A forma roliça de Gérard Depardieu cai bem para o físico de Germain, protagonista do drama, que mora num vilarejo no centro-oeste da França, vive de bicos e namora uma motorista de ônibus. Tipo humilde e de coração sem tamanho, teve uma infância problemática ao lado da mãe destemperada. Com dificuldades de aprendizado, cresceu complexado, sobretudo pelas humilhações sofridas por não saber ler perfeitamente. Esse cara bonachão, porém, vai ganhar uma chance de ouro ao conhecer a simpática velhinha Margueritte (a atriz Gisèle Casadesus) numa praça. No contato diário com a letrada nonagenária, Germain descobre a riqueza dos livros. O tema pode parecer árido, mas o experiente diretor-roteirista Jean Becker (de "Conversas com Meu Jardineiro") tira da frente qualquer sinal de marasmo ou literatice, injetando certo humor nos conflitos dramáticos. Nascida do acaso, a amizade de Germain e Margueritte consegue arrebatar a plateia pela extrema dedicação de um ao outro. O espectador, portanto, se vê fisgado em meio a histórias íntimas tratadas com autenticidade, alguns clichês e muita sensibilidade. Estreou em 27/5/2011.

Capa do DVD *Minhas tardes com Margueritte*.

Miguel Barbieri Jr. Minhas tardes com Margueritte. *Veja*, São Paulo, Abril, 1º jun. 2011. Disponível em: <http://vejasp.abril.com.br/atracao/minhas-tardes-com-margueritte>. Acesso em: 23 out. 2018. © Miguel Barbieri Jr./Abril Comunicações S.A.

a) Você já assistiu a esse filme? Qual é a temática dele?

b) Quem são os protagonistas do filme? Quais são as principais características deles, de acordo com o resenhista?

c) Segundo o autor da resenha, que características positivas o filme apresenta?

3. Releia este período da resenha crítica.

> O tema pode parecer árido, mas o experiente diretor-roteirista Jean Becker (de "Conversas com Meu Jardineiro") tira da frente qualquer sinal de marasmo ou literatice, injetando certo humor nos conflitos dramáticos.

a) De quantas orações ele é composto? Essas orações dependem sintaticamente uma da outra?

b) Qual é a relação de sentido existente entre a primeira e a segunda oração? Que palavra é responsável por criar esse sentido?

c) Que sentido é estabelecido entre a segunda e a terceira oração?

4. Leia o anúncio de propaganda ao lado e responda às questões.

   a) Qual é o objetivo desse anúncio de propaganda e qual é seu público-alvo?

Prefeitura de Jataí. Anúncio de propaganda Campanha do agasalho, 2018.

   b) Releia dois trechos do anúncio.

   I. Doe roupas, agasalhos, cobertores, meias, toucas, luvas novas ou bem conservadas.

   II. Ainda dá tempo, faça sua doação até 29/06

   - Classifique-os em período simples ou composto e justifique sua resposta.
   - As orações do período composto são ligadas por conjunção? Explique.
   - Qual conjunção poderia substituir o sinal de pontuação no período composto? Que sentido ela conferiria ao trecho?

5. Leia a tirinha abaixo.

Seri. *Blog do Seri*, 8 jan. 2018. Disponível em: <https://blogdoseri.wordpress.com/2018/01/08/tira-do-dia-36/>. Acesso em: 24 out. 2018.

   a) Qual é o objetivo do menino ao dizer, no primeiro quadrinho, que os dinossauros eram do tamanho de trens?
   b) De que forma o humor é construído nessa tirinha?
   c) Quantas orações há na fala da personagem no primeiro quadrinho da tirinha? Quais são elas?
   d) Como cada uma delas é classificada?

Leitura 2

*Na **Leitura 1** você leu uma resenha de livro. A seguir, você lerá a resenha de um filme. Que semelhanças e diferenças pode haver entre uma resenha de livro e uma resenha de filme? Com base no título a seguir, você sabe sobre qual filme a resenha vai tratar?*

http://www.adorocinema.com/filmes/filme-243416/...

FILMES | PROGRAMAÇÃO | TRAILER | NOTÍCIAS | SÉRIES

Vida, Animada

Um filme com alma
por Rodrigo Torres

Animação deriva do latim *anima*, que significa alma. Desenho animado, portanto, seria mais que um desenho em movimento, um desenho com alma. *Vida, Animada* faz jus à formação da palavra: é um filme com alma e que denota a alma presente nas animações da Disney. Não à toa, é o mais original na disputa pelo Oscar 2017 de documentário e também o mais bonito. Capaz de transformar uma premissa com potencial de soar cafona numa linda história de superação, amor de família e que visibiliza com pura ternura uma doença pouco discutida: o autismo.

Owen Suskind foi uma criança feliz, brincalhona, que foi "desaparecendo" com apenas três anos de idade. O rápido processo de regressão do menino devastou seus pais, Ron e Cornelia, confundiu o irmão mais velho, Walt. Um dia, depois de anos sem se comunicar, Owen reproduziu uma fala de *A Pequena Sereia*. Contra toda cautela médica, os genitores se agarraram a esse fio de esperança. E descobriram que poderiam se travestir de personagens da Disney para se comunicar com o filho autista.

"Quando ficamos tão amigos?", pergunta Iago (no caso, Ron), e o solitário Owen responde: "Quando vi Aladdin, você me fez sorrir". Esta resposta, dilacerante, denota a consciência do menino de sua solidão, sua tristeza, por sua incapacidade de se comunicar, socializar. E a complexidade do pensamento de uma criança com tão grave distúrbio neurológico. As animações da Disney educaram Owen, e lhe permitiram expressar o que sentia. Quando isto acontece, notamos como seu recolhimento proporcionou uma profunda compreensão de si e da vida — privilégio de poucas pessoas ditas normais.

Isso é mero preâmbulo de uma história incrível, que funciona tão bem graças à montagem inteligente de Roger Ross Williams. O início de *Vida, Animada* é baseado principalmente em Ron Suskind, jornalista premiado com Pulitzer, autor do livro em que o doc. se baseia (*"Life, Animated: A Story of Sidekicks, Heroes, and Autism"*) e contador de histórias excepcional. Seu papel como narrador é fundamental no envolvimento do espectador. Isto feito, o diretor tira o pai de cena, impedindo-o de roubar a cena, estabelecendo o protagonista de direito. E quando Owen fala, desaba um mundo de revelações.

Interações com a câmera ditam não só a condição de Owen, como sua identificação com os personagens da Disney, conhecidos pela clareza de suas expressões. (A facilidade com que eles se comunicam, aspecto fundamental para a compreensão do garoto com os filmes, traz à luz uma discussão fundamental sobre a acessibilidade da linguagem, no meio que for — cinema incluso.) Os "parceiros" (*sidekicks*), como o jovem trata os personagens coadjuvantes das animações, se destacam nesse sentido. Owen se enxerga neles: "Os parceiros são divertidos, cômicos, doidos, brincalhões, amigáveis e fofos. Eles ajudam o herói a cumprir seu destino, e os apoiam", ele diz, agora demonstrando um entendimento de suas limitações, de como e do que é, numa consciência que nunca se confunde com resignação.

Muito pelo contrário. Superação é a palavra que define Owen. Além do passado, conhecemos o presente do jovem adulto. O problema de comunicação é um obstáculo tratado, mas os desafios são diários e outros maiores, como o de morar sozinho, encontrar um trabalho e envelhecer (universais), são iminentes. A câmera de Ross Williams capta o nervosismo de Owen com sutileza, caminhando a esmo e reproduzindo movimentos repetitivos. Animações a mão sobre o menino, em preto e branco e nebulosidade em seus momentos de medo e angústia, ganham cor para ilustrar a história que ele próprio criou: "A Terra dos Parceiros Perdidos", uma fábula sobre os *sidekicks* da Disney. Uma fábula autobiográfica.

Um dos principais trunfos de *Vida, Animada* é tratar a questão de Owen e o autismo com sensibilidade. E muito se deve à comovente honestidade da família Suskind. A preocupação na fala e nos olhos de Walt, que será responsável pelo irmão mais novo quando os pais se forem, a reflexão pessoal de Ron que diz muito sobre o mundo em que vivemos: "Quem define o que é uma vida feliz?", o pai se pergunta, constatando um egoísmo seu que reflete um aspecto latente na sociedade — uma necessidade constante de julgar tudo que saia de um paradigma de normalidade traçado pelo meio, as individualidades desrespeitadas que redundam na crueldade do *bullying* que machuca Owen e tantos mais.

Para que se reflita a respeito, é preciso empatia. *Vida, Animada*, um documentário honesto em si, nunca mascara a enfermidade de Owen (sua condição é retratada com integralidade e respeito), e também valoriza os momentos que revelam o grande ser humano que há por trás do autismo.

Assim, numa conversa íntima entre irmãos, Walt — preocupado em ensinar coisas que o caçula não aprenderia numa animação da Disney — pergunta se ele sabe que casais usam outra coisa além dos lábios no momento do beijo. Essa outra coisa, na ótica de Owen, não é a língua, são os sentimentos — que transbordam numa pessoa de alma tão bela como Owen Suskind.

Rodrigo Torres. Vida, Animada. *AdoroCinema*. Disponível em: <http://www.adorocinema.com/filmes/filme-243416/criticas-adorocinema/>. Acesso em: 31 ago. 2018.

Para saber mais

No *site AdoroCinema*, você tem acesso a resenhas críticas sobre filmes e séries, à programação dos cinemas das principais cidades do país, a diversas notícias relacionadas a filmes, séries e festivais de cinema, além de poder assistir aos *trailers* dos últimos lançamentos.

AdoroCinema. Disponível em: <http://linkte.me/j67uh>. Acesso em: 31 jul. 2018.

Estudo do texto

1. Após a leitura da resenha crítica, suas hipóteses sobre o filme tratado nela se confirmaram? Converse com os colegas a respeito.

2. O título do documentário (*Vida, Animada*) apresenta o substantivo **vida** e o adjetivo **animada**, separados por vírgula.

a) Qual é a opinião do resenhista sobre esse título?

b) Se fosse escrito sem a vírgula, que sentido teria o título da obra?

3. O resenhista começa sua análise citando a origem da palavra **animação**. Qual a importância dessa menção para a compreensão da resenha e da obra resenhada? Copie a alternativa correta em seu caderno.

A É importante, pois descobrimos a origem de uma palavra que falamos e como podemos utilizá-la de maneira adequada no cotidiano.

B É importante, pois ele inicia a resenha estabelecendo uma relação entre o significado da palavra **animação** e os vários sentidos que ela adquire nesse filme.

C É importante, pois a palavra **animação** indica o gênero do filme resenhado, ou seja, que se trata de um desenho animado.

4. Conforme você viu na **Leitura 1**, uma das partes da resenha crítica é o resumo da obra. Nos 2º e 3º parágrafos, o resenhista resume a vida de Owen, que será documentada. Qual a importância desse resumo na resenha?

5. Os pais de Owen foram percebendo que, ao passar dos anos, o menino não estava respondendo como as demais crianças da idade dele.

a) Que problema o menino apresentava?

b) Qual a maneira que os pais encontraram para se comunicar com Owen?

c) Que fato demonstra ao pai o quanto o menino se sentia solitário?

d) Conforme o resenhista, qual foi o grande feito das animações na vida de Owen?

Para saber mais

Transtorno do Espectro Autista (TEA) é definido como um déficit que prejudica, persistentemente, o desenvolvimento da linguagem e a interação social.

O *Aampara*, com sede em Curitiba, Paraná, é uma Associação de Atendimento e Apoio ao Autista que dá suporte às famílias com membros portadores do TEA. Acesse o *site* e conheça mais a respeito.

Aampara. Disponível em: <http://linkte.me/c7m93>. Acesso em: 17 out. 2018.

6. Segundo o resenhista, o que as interações com a câmera proporcionam ao filme?

7. Releia o trecho a seguir para responder às questões.

> Os "parceiros" (*sidekicks*), como o jovem trata os personagens coadjuvantes das animações, se destacam nesse sentido. Owen se enxerga neles: "Os parceiros são divertidos, cômicos, doidos, brincalhões, amigáveis e fofos. Eles ajudam o herói a cumprir seu destino, e os apoiam", ele diz, agora demonstrando um entendimento de suas limitações, de como e do que é, numa consciência que nunca se confunde com resignação.

a) Por que Owen se enxerga nessas personagens?

b) Leia o verbete abaixo a respeito da palavra **resignação**.

> **resignação** (re.sig.na.ção) *s.f.* **1.** Ato ou efeito de resignar(-se). **2.** Submissão à vontade de outrem ou aos desígnios do destino; conformação, aceitação, renúncia. **3.** Demissão voluntária de um cargo; exoneração a pedido.

Academia Brasileira de Letras. *Dicionário escolar da língua portuguesa.* 2. ed. São Paulo: Companhia Editora Nacional, 2008. p. 1114.

- A palavra **resignação**, empregada no trecho, apresenta qual dos sentidos expressos no verbete?
- Ao entender suas limitações, Owen tomou consciência de quem é. O caminho percorrido até esse momento foi fácil? Justifique sua resposta.
- Qual a importância da afirmação "numa consciência que nunca se confunde com resignação"?

8. Para o resenhista, qual palavra define Owen? Você concorda com ele? Justifique sua resposta.

9. Responda às questões abaixo em seu caderno de acordo com a resenha lida.

a) Quem escreveu a resenha "Vida, Animada"?

b) Onde a resenha foi publicada?

c) A que público o filme *Vida, Animada* se destina?

d) Quem é a personagem principal do documentário? E as coadjuvantes?

e) Que obra serviu de inspiração para o filme?

f) Quem é o diretor do documentário?

10. Identifique, em seu caderno, quais conjunções foram empregadas nos trechos abaixo e que sentido estabelecem entre as orações.

I [...] Desenho animado, portanto, seria mais que um desenho em movimento [...].

II O problema de comunicação é um obstáculo tratado, mas os desafios são diários e outros maiores, [...]

- Qual a importância das conjunções nesse texto?

11. Releia o trecho abaixo para responder às questões.

> Owen Suskind foi uma criança feliz, brincalhona, que foi "desaparecendo" com apenas três anos de idade.

a) Por que a palavra **desaparecendo** está entre aspas?

b) Que outra palavra utilizada na resenha também foi empregada dessa maneira?

12. É muito comum, em resenhas críticas, o uso de palavras e expressões para caracterizar e qualificar o produto cultural. Encontre na resenha lida dois exemplos de trechos em que foram empregadas palavras ou expressões com essa finalidade.

- De acordo com o que respondeu, é possível afirmar que o resenhista caracteriza o filme positivamente ou negativamente? Justifique sua resposta.

13. Com base nos estudos realizados nas duas leituras deste capítulo, explique por que a resenha crítica é considerada um texto argumentativo.

14. Copie o quadro abaixo em seu caderno e preencha-o com base nas resenhas críticas lidas neste capítulo. Em seguida, converse com os colegas sobre a resenha da qual você mais gostou e por quê.

Resenha	Autor	Veículo	Público-alvo	Produto resenhado	Avaliação do resenhista
"A eterna máquina de voar"					
"Vida, Animada"					

Trocando ideias

1. O resenhista afirma que o pai de Owen constatou que os paradigmas sociais quanto ao que é considerado "normal" refletem em atitudes negativas, como o *bullying*, que afetam o seu filho e tantas outras pessoas. Você concorda com essa opinião? Justifique sua resposta.

2. O resenhista apresenta uma dúvida do pai no final do texto: "Quem define o que é uma vida feliz?". Se essa pergunta fosse feita a você, qual seria sua resposta? Converse com seus colegas a respeito.

Estudo da língua

Revisão II

Você já estudou que as orações podem se articular no período composto por meio da coordenação. Agora, você vai rever como elas podem se articular por meio da subordinação.

Período composto por subordinação

1. Leia o título de notícia a seguir.

> 78% das mulheres do campo
> no Brasil entendem
> que há desigualdade de gênero

STILLFX/Shutterstock.com/ID/BR

GaúchaZH, 15 out. 2018. Disponível em: <https://gauchazh.clicrbs.com.br/colunistas/gisele-loeblein/noticia/2018/10/78-das-mulheres-do-campo-no-brasil-entendem-que-ha-desigualdade-de-genero-cjnaukmdd05ac01pive1abqkz.html>. Acesso em: 24 out. 2018.

Por que o período acima é composto?

2. Observe, a seguir, como esse período é estruturado.

78% das mulheres do campo no Brasil **entendem** que **há** desigualdade de gênero

oração 1 — oração 2

a) Qual é a transitividade do verbo **entender**, da oração **1**?

b) Que função a oração **2** exerce em relação à oração **1**?

c) Que palavra é responsável por unir as duas orações? Como ela é classificada?

3. Ao analisar o período apresentado na atividade **1**, você pôde notar que uma das orações funciona como um termo sintático da outra: o complemento do verbo **entender** é toda a oração **2**. Sendo assim, complete as informações a seguir em seu caderno.

> ■ é aquele formado por duas ou mais orações que mantêm entre si uma relação de dependência sintática. As orações subordinadas são divididas em: ■, ■ e ■.

4. Veja como o período composto por subordinação se estrutura.

> **Oração subordinada**: oração que funciona como termo sintático (sujeito, objeto, adjunto adnominal, adjunto adverbial, etc.) da oração principal.
>
> **Oração principal**: oração à qual se associa a oração subordinada.

Classifique as orações do período apresentado na atividade **1** em oração principal e oração subordinada.

Atividades

1. Leia o poema a seguir e responda às questões.

Ouver

Eu achava que o mar
cabia numa conchinha
dessas de siri.
A Rita dizia:
"Escute o mar".
Eu fechava os olhos
e ali ficava
horas e horas
sentado, ouvendo
o mar.

Paulo Netho. Ouver. Em: *Poesia futebol clube e outros poemas*. Ilustrações originais de Fernando Fiuza. São Paulo: Formato, 2007. p. 42.

a) Que palavras deram origem ao título do poema?

b) Que relação há entre o título e o que o eu lírico fazia com a conchinha de siri?

c) Quais são as duas formas verbais presentes nos três primeiros versos do poema? Indique a predicação de cada uma delas.

d) As orações que compõem esse período mantêm uma relação de dependência entre si ou são independentes? Justifique sua resposta.

e) Classifique as orações que compõem esse período de acordo com o que você revisou nesta seção.

> **Para saber mais**
>
> **Neologismos** são palavras ou expressões derivadas de outros termos ou formadas a partir de outras palavras já existentes.

2. Leia a tirinha abaixo para responder às questões.

Antonio Cedraz. *Xaxado Ano 3*. Salvador: Editora e Estúdio Cedraz, 2008. p. 25.

a) Com base nos seus conhecimentos e nos exemplos da tirinha, explique o que é uma hipérbole.

b) Quantas orações compõem a fala de Marieta no último quadrinho? Quais são elas?

c) Classifique essas orações em oração principal e oração subordinada.

Linguagem em foco

Mecanismos intensificadores do discurso

Você estudou neste capítulo duas resenhas críticas e viu que esse gênero é argumentativo. Em textos argumentativos são utilizadas algumas estratégias a fim de intensificar a opinião apresentada. São essas estratégias que vamos estudar agora.

1. Leia a resenha crítica a seguir.

`www1.folha.uol.com.br/ilustrada/2017/02/1860072-magico-a-tartaruga...`

Mágico, "A Tartaruga Vermelha" tem grande artista por trás

SÉRGIO ALPENDRE COLABORAÇÃO PARA A FOLHA - 19/02/2017 - 02h06

Poucas coisas são mais desafiadoras para um crítico do que a simplicidade. Quando nos deparamos com um filme que se resume ao essencial, a essa marca de síntese e clareza que só os grandes artistas conseguem alcançar, temos dificuldade de explicar a beleza que nosso olhar testemunhou.

É precisamente o que acontece após a projeção de "A Tartaruga Vermelha", primeiro longa-metragem do diretor de animações holandês Michaël Dudok de Wit.

Sem qualquer diálogo e com trilha sonora (único elemento tonificado do filme) no limite entre o emotivo e o exagerado, o longa nos mostra muitos anos na vida de um náufrago preso numa ilha deserta com pequenos caranguejos, tartarugas gigantes e aves, e sujeito a diversos fenômenos meteorológicos.

Ele tenta sair da ilha com jangadas fabricadas com troncos de árvores. Mas é sempre sabotado por golpes de uma grande tartaruga vermelha.

A partir daí o que acontece é digno das grandes fábulas da história da ficção, e convém não adiantar. Basta apenas dizer que é mágico, poético, onírico e muito, muito belo.

A carreira de Michaël Dudok de Wit é curiosa. Gênio de traços simples e incrível sensibilidade, realizou apenas quatro curtas desde o início profissional como um dos animadores de "Heavy Metal – Universo em Fantasia" (1981).

O melhor desses curtas é uma pequena obra-prima da delicadeza: "Pai e Filha" (2000), espécie de ensaio para o que ele vai desenvolver no primeiro longa.

Em "A Tartaruga Vermelha", destaca-se também o roteiro escrito por De Wit e Pascale Ferran, diretora que se revelou internacionalmente com "Lady Chatterley", e que em seu último longa, "Bird People", explorou brilhantemente um drama com toque de fábula.

A produção coube a um combo internacional de grande penetração comercial, incluindo o Studio Ghibli, fundado, entre outros, pelos magos da animação japonesa Isao Takahata ("O Conto da Princesa Kaguya") e Hayao Miyazaki ("A Viagem de Chihiro"). Com De Wit, formam uma parceria celestial.

A TARTARUGA VERMELHA (La Tortue Rouge) ★ ★ ★ ★ ★

DIREÇÃO Michaël Dudok de Wit

PRODUÇÃO França/Bélgica/Japão, 2016, livre

QUANDO em cartaz

Sérgio Alpendre. Mágico, "A Tartaruga Vermelha" tem grande artista por trás. *Folha de S.Paulo*, São Paulo, 19 fev. 2017. Ilustrada. Disponível em: <https://www1.folha.uol.com.br/ilustrada/2017/02/1860072-magico-a-tartaruga-vermelha-tem-grande-artista-por-tras.shtml>. Acesso em: 22 out. 2018. © Folhapress.

a) De acordo com a resenha, qual é o enredo do longa *A Tartaruga Vermelha*?

b) Ao tentar sair da ilha, o que acontece com o náufrago?

c) Como o resenhista descreve o diretor Michaël Dudok de Wit e sua carreira?

2. Releia o trecho a seguir para responder às questões.

> Poucas coisas são mais desafiadoras para um crítico do que a simplicidade. Quando nos deparamos com um filme que se resume ao essencial, a essa marca de síntese e clareza que só os **grandes** artistas conseguem alcançar, temos dificuldade de explicar a beleza que nosso olhar testemunhou.
>
> É **precisamente** o que acontece após a projeção de "A Tartaruga Vermelha", primeiro longa-metragem do diretor de animações holandês Michaël Dudok de Wit.

a) De acordo com o trecho, o que acontece após a projeção de *A Tartaruga Vermelha*?

b) Que sentido o adjetivo **grandes** confere ao substantivo **artistas**? A ausência dele causaria algum prejuízo de sentido ao contexto?

c) A que classe gramatical pertence à palavra destacada no segundo parágrafo do trecho? A ausência dela causaria algum prejuízo de sentido ao contexto?

3. Releia mais um trecho da resenha.

> A partir daí o que acontece é digno das grandes fábulas da história da ficção, e convém não adiantar. Basta apenas dizer que é mágico, poético, onírico e muito, muito belo.

a) Como o resenhista descreve o que acontece no filme?

b) Quais classes de palavras ele utiliza para fazer essa descrição?

c) Que efeito de sentido a repetição da palavra **muito** causa no trecho?

4. Releia os últimos parágrafos da resenha.

> Em "A Tartaruga Vermelha", destaca-se também o roteiro escrito por De Wit e Pascale Ferran, diretora que se revelou **internacionalmente** com "Lady Chatterley", e que em seu último longa, "Bird People", explorou **brilhantemente** um drama com toque de fábula.
>
> A produção coube a um combo internacional de **grande** penetração comercial, incluindo o Studio Ghibli, fundado, entre outros, pelos magos da animação japonesa Isao Takahata ("O Conto da Princesa Kaguya") e Hayao Miyazaki ("A Viagem de Chihiro"). Com De Wit, formam uma parceria **celestial**.

a) A que classe gramatical pertencem as palavras destacadas?

b) Quando o resenhista afirma que De Wit e o Studio Ghibli formam uma parceria celestial, que sentido essa qualificação expressa?

c) Qual é a função das palavras destacadas nesse trecho?

   A Elas atribuem uma avaliação ao diretor, ao longa e ao roteiro escrito por De Wit e Pascale Ferran, intensificando o discurso e reiterando, assim, a opinião do resenhista sobre o produto cultural.

   B Elas qualificam negativamente De Wit, Pascale Ferran e a parceria entre eles, retificando a opinião do resenhista sobre o produto cultural.

5. De acordo com as atividades realizadas, o resenhista qualificou o filme *A Tartaruga Vermelha* positivamente ou negativamente? Quais recursos ele utilizou para isso?

Alguns recursos linguísticos, como **adjetivos**, **conjunções**, **advérbios** e **repetições**, ajudam a reiterar a opinião do locutor e a intensificar o discurso. Eles costumam ser empregados em gêneros argumentativos, como resenhas, editoriais, artigos de opinião, anúncios publicitários e de propaganda.

Atividade

1. Leia o anúncio de propaganda a seguir e explique quais recursos empregados intensificam o discurso.

Prefeitura de Imaruí. Anúncio de propaganda Campanha agasalho e cobertores, 2017.

Escrita em foco

Acerca de / cerca de

Nesta seção vamos estudar duas expressões que, pela semelhança, podem ser facilmente confundidas, mas possuem sentidos muito distintos.

1. Leia os títulos dos artigos abaixo e responda às questões a seguir.

I

Animação mostra as curiosidades <u>acerca da</u> criação da pólvora [VÍDEO]

STILLFX/Shutterstock.com/ID/BR

Mega Curioso, 6 nov. 2013. Disponível em: <https://www.megacurioso.com.br/acontecimentos-historicos/39849-animacao-mostra-as-curiosidades-da-criacao-da-polvora-video-.htm>. Acesso em: 6 out. 2018.

II

Uma pilha pode contaminar o solo por <u>cerca de</u> 50 anos

STILLFX/Shutterstock.com/ID/BR

Serra do Caraça. Disponível em: <http://www.serradocaraca.tur.br/noticia-22-uma_pilha_pode_contaminar_o_solo_por_cerca_de_50_anos>. Acesso em: 13 nov. 2018.

a) A que público podem interessar os artigos cujos títulos você leu acima?

b) Em qual dos títulos o termo em destaque:

- apresenta uma ideia de imprecisão, de aproximação?
- relaciona dois termos indicando assunto, tema?

O termo **acerca de** é uma locução prepositiva que significa **a respeito de**, **sobre**.

O termo **cerca de** é uma locução prepositiva que significa **aproximadamente**, **mais ou menos**.

O termo **cerca de** pode ser antecedido do verbo **há** ou da preposição **a**.

- **Há cerca de** pode indicar existência aproximada ou tempo decorrido aproximado.

Na fila **há cerca de** 30 pessoas.

↓

existência aproximada

Cheguei **há cerca de** duas horas.

↓

tempo decorrido aproximado

- **A cerca de** pode indicar distância aproximada ou tempo futuro aproximado.

A casa fica **a cerca de** 200 metros do mercado.

↓

distância aproximada

Daqui **a cerca de** 100 anos, o nível do mar poderá ser diferente.

↓

tempo futuro aproximado

Atividade

1. Leia os trechos dos artigos de curiosidade científica a seguir.

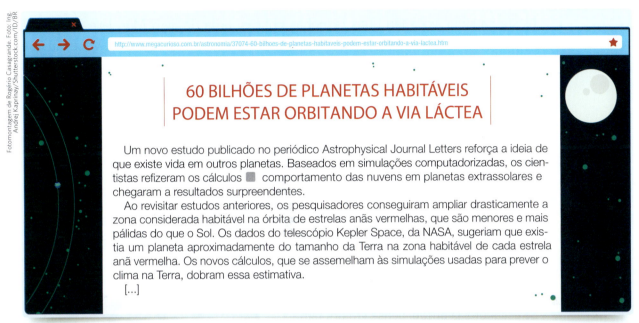

60 BILHÕES DE PLANETAS HABITÁVEIS PODEM ESTAR ORBITANDO A VIA LÁCTEA

Um novo estudo publicado no periódico Astrophysical Journal Letters reforça a ideia de que existe vida em outros planetas. Baseados em simulações computadorizadas, os cientistas refizeram os cálculos ■ comportamento das nuvens em planetas extrassolares e chegaram a resultados surpreendentes.

Ao revisitar estudos anteriores, os pesquisadores conseguiram ampliar drasticamente a zona considerada habitável na órbita de estrelas anãs vermelhas, que são menores e mais pálidas do que o Sol. Os dados do telescópio Kepler Space, da NASA, sugeriam que existia um planeta aproximadamente do tamanho da Terra na zona habitável de cada estrela anã vermelha. Os novos cálculos, que se assemelham às simulações usadas para prever o clima na Terra, dobram essa estimativa.

[...]

Fabrízia Ribeiro. 60 bilhões de planetas habitáveis podem estar orbitando a Via Láctea. *Mega Curioso*, 2 jul. 2013. Disponível em: <www.megacurioso.com.br/astronomia/37074-60-bilhoes-de-planetas-habitaveis-podem-estar-orbitando-a-via-lactea.htm>. Acesso em: 6 out. 2018.

Como a NASA transfere tecnologias do espaço para o seu dia a dia

[...]
Tecnologias desenvolvidas para astronautas e foguetes parecem distantes das nossas necessidades diárias. Afinal, os problemas enfrentados no espaço são totalmente distintos daqueles que um ser humano normal encara em sua vida cotidiana aqui na Terra, certo? Por incrível que pareça, não é bem assim. [...]

Talvez você já tenha ouvido falar no confortável "travesseiro da NASA", termo que pegou para a linha de produtos à base de viscoelástico: projetado oficialmente para revestir naves espaciais, hoje a substância é um sucesso de mercado. É apenas uma entre milhares de invenções que seguiram o mesmo caminho – até 2012, ■ 1800 delas foram catalogadas, número que hoje deve beirar as 2000.

[...]

André Jorge de Oliveira. Como a NASA transfere tecnologias do espaço para o seu dia a dia. *Galileu*, São Paulo, Globo, 16 abr. 2015. Disponível em: <http://revistagalileu.globo.com/Ciencia/Espaco/noticia/2015/04/como-nasa-transfere-tecnologias-do-espaco-para-o-seu-dia-dia.html>. Acesso em: 6 out. 2018.

a) Agora, reescreva os períodos dos textos que contêm ■, empregando o termo **acerca de** ou **cerca de**, adequado ao contexto. Faça as alterações necessárias. Em seguida, indique a que expressões esses termos equivalem.

b) Elabore no caderno uma oração com o termo **há cerca de** e outra com o termo **a cerca de**.

33

Produção de texto

Resenha crítica

Neste capítulo, você leu duas resenhas críticas, uma do livro *Mais leve que o ar* e outra do filme *Vida, Animada*, e estudou as características desse gênero. Você viu que elas apresentaram informações técnicas, descrição do conteúdo e avaliação crítica das obras analisadas.

Agora é a sua vez de se tornar um resenhista e recomendar um produto cultural para os colegas da turma. No final desta atividade, vocês deverão montar um **Caderno de resenhas** e postá-lo no *blog* da turma para que mais pessoas possam conhecer as recomendações de vocês.

Para começar

Primeiramente, você deve definir sobre o que sua resenha crítica vai tratar. Veja as opções abaixo e escolha a que você preferir.

Filme

Se essa for sua opção, pense em um filme a que tenha assistido recentemente e que vale a pena recomendar ou não aos colegas. Ou então resenhe seu filme preferido ou algum que você considere interessante ou que seja desconhecido pelos seus colegas. Assista ao filme novamente para não se esquecer de nenhum detalhe!

Livro

Se escolher resenhar um livro, pense no último que leu, naquele preferido ou vá à biblioteca e escolha um que seja bem interessante. Leia-o cuidadosamente e anote os detalhes e suas impressões sobre a obra.

Peça teatral, *show* ou espetáculo de dança

Caso você escolha essa opção, pense em alguma peça de teatro, *show* ou espetáculo de dança a que tenha assistido e que seus colegas possam gostar ou não de conhecer. Tente se lembrar do que mais o emocionou ou chamou a sua atenção e que possa levar os colegas a sentir ou não vontade de conhecer.

Ilustrações: Dnepwu

▶ **Aprenda mais**

No *site Estante diagonal*, você poderá conhecer várias resenhas críticas de livros, além de analisar como as resenhistas utilizam argumentos para justificar suas impressões e incentivar ou não recomendar a leitura das obras.

Estante diagonal. Disponível em: <http://linkte.me/v79ki>. Acesso em: 23 out. 2018.

Estruture seu texto

Definido o produto cultural a ser resenhado, chegou o momento de estruturar seu texto. Para desenvolver esta etapa, veja as orientações a seguir.

1 Antes de começar sua resenha, escreva um breve resumo do produto cultural, mas lembre-se de não contar o final e elabore uma lista dos pontos positivos e negativos, procurando justificá-los com bons argumentos.

2 Comece a sua resenha contextualizando o produto cultural e explicando os motivos que o fizeram escolhê-lo.

3 Apresente as informações técnicas do produto cultural, por exemplo:
- **livro**: título, nome do autor, editora e ano de lançamento;
- **filme**: título, nome do diretor, dos atores principais e ano de lançamento;
- **peça teatral**, ***show*** ou **espetáculo de dança**: título do espetáculo, nome dos artistas, local e data em que se realizou.

4 Em seguida, insira o resumo com a sua apreciação crítica. Para isso, procure apresentar aspectos positivos e negativos de forma bem fundamentada do produto cultural.

5 Para apresentar sua opinião de modo coeso e coerente, utilize conectivos que organizem e liguem as ideias no texto. Você pode empregar conjunções para expressar diferentes sentidos: **adversativo** (mas, porém), **explicativo** (porque, pois), **conclusivo** (portanto, por isso), etc.

6 Empregue adjetivos e advérbios para enriquecer seus argumentos, por exemplo, "O livro apresenta uma história **divertida**, que **realmente** proporciona ao leitor risos do início ao fim".

7 Utilize um registro mais formal, pois sua resenha crítica será publicada no *blog* e poderá ser lida por um público diversificado.

8 Conclua a resenha indicando ou não o produto cultural para aqueles que lerão a sua resenha.

9 Escolha um título breve e atrativo para seu texto.

35

Avalie e reescreva seu texto

Depois de elaborar a primeira versão de sua resenha, verifique se está seguindo todas as orientações abaixo.

- ✓ Contextualizei o produto cultural já no início da resenha?
- ✓ Apresentei um resumo da obra sem contar o final dela?
- ✓ Citei aspectos positivos e negativos do produto e empreguei argumentos para convencer meu interlocutor?
- ✓ Consegui utilizar adjetivos, advérbios e conjunções que auxiliam a entender meu ponto de vista e a persuadir meu interlocutor?
- ✓ Concluí o texto apresentando meu julgamento crítico e incentivando as pessoas a conhecer ou não o produto resenhado?
- ✓ Elaborei um título curto e atrativo?

Após corrigir os pontos necessários, reescreva sua resenha e troque-a com a de um colega. Leia o texto dele e procure colaborar com possíveis mudanças.

Depois de realizar os apontamentos feitos pelo colega, verifique a possibilidade de incluir uma imagem no seu texto: pode ser a da capa do livro, do DVD do filme ou *show*, uma foto do espetáculo ou outra imagem que o represente.

Por fim, a turma deverá ser organizada em grupos para que elaborem o **Caderno de resenhas**. Cada grupo deve ficar responsável por uma tarefa: produzir a capa, juntar todas as resenhas e agrupá-las de acordo com o tipo de produto cultural de que tratam, numerar as páginas e produzir o sumário. Depois de pronto, postem essa produção no *blog* da turma e convidem seus amigos e familiares a acessá-la para conhecer as recomendações de filmes, livros e diferentes espetáculos feitas por vocês.

Verifique seu desempenho

Finalizada a atividade, chegou o momento de avaliar as etapas dessa produção. Para isso, copie o quadro a seguir no caderno e responda às questões.

A	Realizei satisfatoriamente todas as etapas dessa produção: planejei e estruturei meu texto, além de avaliar o que precisava melhorar?			
B	Consegui elaborar uma boa resenha com base nos estudos realizados no capítulo e nas orientações da seção?			
C	Auxiliei meus colegas na produção do **Caderno de resenhas**?			
D	Meus colegas gostaram do meu texto a ponto de querer conhecer o produto cultural resenhado?			
E	Com base nas questões acima, escreva o que pode ser melhorado nas próximas produções.			

Para saber mais

Na **Leitura 2** deste capítulo, você conheceu um pouco sobre Owen, um jovem autista, que teve sua história retratada em um documentário, por ter conseguido superar muitas limitações que o transtorno lhe impunha. Assim como ele, muitas outras pessoas no mundo convivem com o autismo. Atualmente, o grande aumento dos casos de autismo tem despertado o interesse não só de pesquisas científicas, mas também de produções cinematográficas. Conheça a seguir um documentário e um filme que abordam o assunto.

Adam (2009) é um filme estadunidense, dirigido por Max Mayer, que conta a história de Adam, um jovem engenheiro eletrônico, portador da Síndrome de Asperger, uma forma mais branda de autismo, que se vê só no mundo após o falecimento de seu pai. Adam tem dificuldade em compreender as atitudes e os sentimentos das pessoas a sua volta, pois, tem dificuldade em interações sociais e não sabe como reagir a situações novas e imprevistas. O enredo é apresentado de uma forma envolvente, que cativa pela delicadeza com que o assunto é tratado.

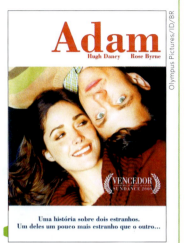

Capa do DVD *Adam*.

Em um mundo interior (2017) é um documentário brasileiro, dirigido por Flavio Frederico e Mariana Pamplona, que retrata a rotina de sete famílias de diferentes classes sociais e regiões do Brasil, que estão ligadas por um diagnóstico em comum: o autismo. O filme busca apresentar os sintomas e comportamentos do transtorno, ao contar parte da história dessas pessoas. Além de informar, o documentário sensibiliza e desconstrói estereótipos que reforçam o preconceito.

Verificando rota

O primeiro capítulo chegou ao fim, e este é o momento propício para retomar o que foi estudado e verificar se todos os conteúdos foram bem apreendidos. Responda às questões abaixo e confira.

ACESSE O RECURSO DIGITAL

1. Qual é o objetivo de uma resenha crítica?

2. Explique a diferença entre as orações coordenadas sindéticas e as coordenadas assindéticas.

3. Defina o que é um período composto por subordinação.

4. O que são mecanismos intensificadores do discurso? Cite exemplos.

5. Quais os sentidos que as locuções prepositivas **acerca de** e **cerca de** podem expressar?

6. Em duplas, pesquise em livros e na internet os conteúdos estudados neste capítulo. Com base nessa pesquisa e nas respostas das questões anteriores, elaborem um esquema desses conteúdos a fim de auxiliá-los com os estudos.

CAPÍTULO 2

Editorial

Leitura 1

O texto a seguir foi publicado no Diário do Grande ABC, *em 28 de junho de 2018. Leia o título a seguir, reflita e levante hipóteses sobre a maneira como esse assunto será abordado no texto.*

Respeito à natureza

A Mata Atlântica é um dos tesouros do Grande ABC, que ao longo dos anos, em épocas em que a informação não era tão difundida, foi enormemente agredida e devastada em nome do progresso e do desenvolvimento. Hoje, entretanto, os tempos são outros. As consequências dos ataques desmedidos à natureza são imensamente difundidos e a sociedade não tolera mais qualquer tipo de iniciativa que não respeite o meio ambiente.

Agora, a possibilidade de ser construído um empreendimento em Paranapiacaba, com desmatamento de 920 mil metros quadrados de área verde, espaço equivalente a 91 campos de futebol, é evento extremamente temerário e que precisa ser muito bem explicado para a sociedade como um todo.

A simples informação de que todas as exigências ambientais foram cumpridas e que haverá compensação superior ao exigido por lei não basta. Até porque ecologistas e o Ministério Público demonstram preocupação extrema com o possível desequilíbrio que pode ocorrer, inclusive com o desaparecimento de várias espécies de animais, como alerta a bióloga ouvida pela equipe de reportagem do **Diário**.

A primeira oportunidade para que o grupo que tem a intenção de erguer centro de logística no local se pronuncie será hoje à tarde, na audiência pública marcada para Santo André. É necessário que detalhe todos os pontos, que responda aos questionamentos de autoridades, ambientalistas e demais participantes. Não pode restar dúvida alguma.

O Grande ABC cresceu e se desenvolveu graças ao setor industrial. Em época de crise como a que o país atravessa, investimento de R$760 milhões, que vai gerar 85 empregos diretos na implantação e 1.200 na operação, além de arrecadação de R$30 milhões de ISS (Imposto Sobre Serviços), é sempre atrativo. Entretanto, se o custo para isso for a devastação de floresta nativa e dano irreversível ao ecossistema, o negócio vai deixar de ser viável.

Respeito à natureza. *Diário do Grande ABC*, Santo André, 28 jun. 2018. Opinião, p. 2.

Para saber mais

O *Diário do Grande ABC* é um jornal de circulação diária em formatos impresso e digital, com notícias, reportagens, textos de opinião, entre outros, sobre a região do ABC paulista (Santo André, São Bernardo do Campo, São Caetano, Diadema, Ribeirão Pires, Mauá, Rio Grande da Serra e Paranapiacaba), além de informações das demais cidades do estado de São Paulo, do Brasil e do mundo.

Primeira página do jornal
Diário do Grande ABC.

▌ Estudo do texto

1. As hipóteses que você levantou sobre como o tema do editorial seria abordado foram confirmadas após a leitura? Converse com os colegas.

2. Qual é o tema central desse editorial?

3. Releia o trecho a seguir para responder às questões.

> A Mata Atlântica é um dos tesouros do Grande ABC, que ao longo dos anos, em épocas em que a informação não era tão difundida, foi enormemente agredida e devastada em nome do progresso e do desenvolvimento. Hoje, entretanto, os tempos são outros.

a) Podemos inferir que a Mata Atlântica foi agredida e devastada em nome de que tipo de progresso e desenvolvimento?

b) Segundo o texto, por que se pode afirmar que hoje os tempos são outros?

c) Que conjunção é responsável por estabelecer essa relação de oposição entre as orações que ela conecta?

d) Que efeito de sentido o emprego dessa conjunção confere ao texto?

4. Releia o trecho a seguir.

> **Agora**, a possibilidade de ser construído um empreendimento em Paranapiacaba, com desmatamento de 920 mil metros quadrados de área verde, espaço equivalente a 91 campos de futebol, é evento extremamente temerário e que precisa ser muito bem explicado para a sociedade como um todo.

a) A que classe gramatical pertence a palavra destacada no trecho?

b) Copie, em seu caderno, a alternativa que explica corretamente a função dessa palavra.

> **A** Indica quando o empreendimento industrial será realizado, a fim de gerar emprego e reforçar a economia da cidade.

> **B** Reforça a ideia de que hoje os tempos são outros em relação à degradação do meio ambiente em favor de empreendimentos industriais.

5. Quais são as frentes sociais preocupadas com essa possibilidade de desmatamento, segundo o texto?

a) Qual a preocupação deles em relação a isso?

b) Qual é a importância de citar, no editorial, essas frentes sociais?

c) Ao citar tais frentes, o editorial faz uso de que tipo de argumento?

A argumento de autoridade   **B** exemplificação   **C** comprovação

6. Segundo o editorial, por que é necessário que o grupo responsável pelo empreendimento se explique à sociedade?

7. Releia o último parágrafo do editorial.

> O Grande ABC cresceu e se desenvolveu graças ao setor industrial. Em época de crise como a que o país atravessa, investimento de R$760 milhões, que vai gerar 85 empregos diretos na implantação e 1.200 na operação, além de arrecadação de R$30 milhões de ISS (Imposto Sobre Serviços), é sempre atrativo. Entretanto, se o custo para isso for a devastação de floresta nativa e dano irreversível ao ecossistema, o negócio vai deixar de ser viável.

a) Por que a construção de um centro de logística pode ser algo importante para as cidades que integram o Grande ABC?

b) Por que isso pode se tornar algo inviável, mesmo sendo um negócio atrativo?

c) Quais os possíveis motivos do interesse dessa empresa em abrir uma sede no Grande ABC?

d) Copie em seu caderno a alternativa correta a respeito da estratégia empregada pelo editorial nesse parágrafo.

A Nesse parágrafo, o editorial apresenta os pontos positivos da construção do centro de logística, argumentando que vale a pena desmatar parte da floresta em nome do progresso econômico da região.

B No início do parágrafo, o editorial apresenta números que mostram o lado positivo do investimento, para depois ressaltar que mesmo assim, se isso custar grandes prejuízos ao meio ambiente, o investimento não vale a pena, reforçando a importância da preservação da Mata Atlântica.

8. O texto que você leu é um **editorial**. Copie em seu caderno a alternativa correta a respeito do objetivo desse gênero.

A Informar o leitor a respeito de um assunto específico, com informações aprofundadas.

B Noticiar um acontecimento de interesse geral, de forma concisa.

C Apresentar o ponto de vista do veículo de comunicação em que é publicado a respeito de um assunto polêmico ou de temas e fatos atuais.

9. É possível identificar o autor desse editorial? Por que isso acontece?

10. Os editoriais costumam apresentar a seguinte estrutura.

- **Título:** frase ou expressão empregada para chamar a atenção do leitor.
- **Introdução:** apresenta e contextualiza o assunto em questão.
- **Desenvolvimento:** apresenta o corpo, ou seja, o ponto de vista do veículo de comunicação e os argumentos que ajudam a sustentar esse posicionamento.
- **Conclusão:** pode apresentar soluções para o problema ou resumir as ideias gerais defendidas no texto.

a) Identifique, no texto, os parágrafos referentes a cada uma dessas partes.

b) É possível identificar a opinião do jornal a respeito do tema central desse editorial? Justifique sua resposta com um trecho do texto.

c) Você concorda com o posicionamento do editorial? Justifique sua resposta.

11. Releia as informações presentes na referência do editorial e responda às questões.

a) Em que veículo de comunicação esse editorial foi publicado?

b) Além desse veículo, em quais outros é possível encontrar editoriais?

c) Por que esse veículo de comunicação se interessou por essa discussão?

d) Qual é o público-alvo desse texto?

12. Copie em seu caderno a alternativa correta a respeito do registro empregado nesse editorial.

A Foi empregado um registro mais formal, que apresenta uma maior preocupação em respeitar as normas gramaticais.

B Foi empregado um registro mais informal, com uso de gírias e uma menor preocupação com as normas gramaticais.

13. Releia o trecho abaixo e responda às questões que seguem.

> A Mata Atlântica é um dos **tesouros** do Grande ABC, [...]

a) Com que sentido a palavra destacada foi empregada no texto?

b) O emprego dessa palavra denota qual figura de linguagem?

A metonímia   **B** metáfora   **C** ironia

c) Que efeito de sentido o uso dessa figura de linguagem confere ao texto?

14. Leia o trecho a seguir para responder às questões.

> [...] é evento extremamente temerário **e** que precisa ser muito bem explicado para a sociedade como um todo.

a) Que relação a conjunção em destaque estabelece entre as orações que une?

A oposição   **B** adição   **C** explicação   **D** conclusão

b) Que efeito de sentido o uso dela transmite ao interlocutor?

15. Observe o cartum a seguir para responder às questões.

Arionauro. Charge Desmatamento. *Arionauro Cartuns*. 12 mar. 2018. Disponível em: <http://www.arionaurocartuns.com.br/2018/03/charge-desmatamento.html>. Acesso em: 15 ago. 2018.

a) Assim como o editorial, o cartum é um gênero que costuma fazer uma crítica a algum assunto de interesse público. Qual é a crítica feita nesse cartum?

b) A crítica feita no cartum vai ao encontro do posicionamento do editorial em relação ao tema tratado? Comente.

c) Copie um trecho do editorial que se relaciona diretamente com o cartum apresentado.

Trocando ideias

1. O alto índice de desmatamento provocado, em muitos casos, pela industrialização está prejudicando a vida dos seres vivos na Terra. Assim como na Mata Atlântica, a floresta Amazônica e tantas outras também sofrem com o desmatamento. Que medidas os governos federal, estadual e municipal, assim como as grandes empresas, podem tomar para evitar práticas de desmatamento?

2. E nós, cidadãos? O que podemos fazer para protegermos nossas matas?

▶ Aprenda mais

A Fundação SOS Mata Atlântica foi a primeira ONG (Organização Não Governamental) brasileira com enfoque na preservação ambiental, em especial, à Mata Atlântica. Ela foi criada em 1986 por jornalistas, empresários, cientistas e ambientalistas. Acesse o *site* da fundação e saiba o que é possível fazer para auxiliar o meio ambiente.

SOS Mata Atlântica. Disponível em: <http://linkte.me/z692b>. Acesso em: 16 ago. 2018.

Estudo da língua

Orações subordinadas substantivas I

Você viu que as orações subordinadas podem se classificar em três tipos: substantivas, adjetivas e adverbiais. Isso depende da função sintática que exercem em relação à oração principal. Nesta seção, você vai iniciar o estudo das orações subordinadas substantivas.

1. Releia o trecho do editorial "Respeito à natureza" e responda às questões.

> É necessário **que detalhe todos os pontos** [...].

a) Identifique quais orações compõem esse trecho.

b) A respeito do termo em destaque, copie em seu caderno a alternativa que apresenta a informação correta.

A Completa o sentido da oração anterior (É necessário).

B Modifica a forma verbal **é** atribuindo-lhe uma circunstância de modo.

c) Com base na sua resposta ao item **b**, qual é a função sintática do termo em destaque?

2. Observe como o período acima poderia ser reescrito, sem alteração de sentido:

> É necessário **o detalhamento de todos os pontos**.

a) Quantas orações formam esse período? Com base nisso, classifique-o em simples ou composto.

b) Qual é a função sintática do termo em destaque? Justifique sua resposta.

- Qual é o núcleo dele? A que classe gramatical esse núcleo pertence?

A oração destacada na atividade **1** pôde ser transformada em sujeito da oração principal, cujo núcleo é um substantivo.

As **orações subordinadas substantivas** complementam o sentido da oração principal e desempenham uma função sintática própria de substantivos. Elas podem exercer função de: sujeito, predicativo do sujeito, aposto, objeto direto, objeto indireto ou complemento nominal.

Para saber mais

As orações subordinadas substantivas são, na maioria das vezes, introduzidas pelas conjunções integrantes **que** e **se** (veja, por exemplo, o trecho analisado na atividade **1**). Elas também podem ser introduzidas pelos pronomes **que**, **quem**, **quanto** e **qual** e pelos advérbios **como**, **onde**, **quando** e **por que**. Veja alguns exemplos a seguir.

- Ele não sabe **por que** sua vizinha se mudou.
- A professora perguntou **qual** eram as dúvidas dos alunos.

Oração subordinada substantiva subjetiva

1. Leia a notícia a seguir.

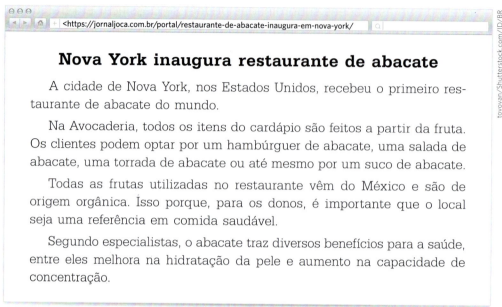

As marcas apresentadas são utilizadas para fins estritamente didáticos, portanto não representam divulgação de qualquer tipo de produto ou empresa.

Nova York inaugura restaurante de abacate. *Jornal Joca*, Magia de Ler LTDA., 9 maio 2017. Disponível em: <https://jornaljoca.com.br/portal/restaurante-de-abacate-inaugura-em-nova-york/>. Acesso em: 24 out. 2018. Copyright © 2018 – Joca.

a) Qual o nome do restaurante e quais são alguns dos itens do cardápio?

b) Por que a inauguração desse restaurante foi noticiada?

c) Qual a expectativa dos donos do restaurante?

2. Releia um trecho da notícia para responder às questões.

> [...] é importante que o local seja uma referência em comida saudável.

a) Identifique quantas orações há nesse período e qual é a predicação da forma verbal da primeira oração.

b) Classifique sintaticamente o termo **importante** e identifique a função da oração "que o local seja uma referência em comida saudável".

Ao responder a essas questões, você pôde notar que há orações que cumprem a função de sujeito de outra oração.

> A oração que funciona como sujeito de outra oração é chamada **oração subordinada substantiva subjetiva**.

Compare os dois períodos abaixo, analisando a diferença dos termos em destaque.

44

Oração subordinada substantiva predicativa

1. Leia a notícia a seguir e responda às questões.

O mestre da pintura Claude Monet agora se chama Kieron e tem 10 anos de idade

Há cinco anos o desassossego do garoto inglês Kieron Williamson rendeu-lhe de presente de seus pais um conjunto de tintas e pincéis – a esperança era que ele se fixasse em alguma ocupação em casa, quando chegasse da escola. Kieron foi além das expectativas. Agora ele está com 10 anos de idade e surpreende artistas e colecionadores de todo o mundo pela genialidade de suas telas e pela extrema similaridade de sua técnica com a do genial mestre impressionista francês Claude Monet (1840-1926). Na semana passada encerrou-se mais uma exposição de Kieron: 30 obras foram vendidas no valor total de R$ 1,6 milhão. Desde que começou a pintar, ele já recebeu com seu trabalho R$ 7,2 milhões. "Suas telas são impressionistas sem ser abstratas", diz o marchand Adrian Hill, um dos diretores da Picturecraft Gallery.

Antonio Carlos Prado e Elaine Ortiz. O mestre da pintura Claude Monet agora se chama Kieron e tem 10 anos de idade. *IstoÉ*, São Paulo, Editora Três, n. 2280, p. 31, jul. 2013. p. 28.

a) Releia o título da notícia e, sobre seu sentido, copie a informação correta.

A Sugere que o artista Kieron fará a história de Claude Monet desaparecer.

B Enfatiza as características das obras de Kieron, semelhantes às de Monet.

2. Leia o período abaixo para responder às questões:

[...] a esperança era que ele se fixasse em alguma ocupação em casa [...]

a) Quantas orações há neste período?

b) Qual é o sujeito da primeira oração?

c) Qual é a predicação da forma verbal da primeira oração?

d) Que função sintática o trecho "que ele se fixasse em alguma ocupação em casa" exerce em relação à primeira oração?

Como você pôde notar, há um tipo de oração que se liga ao sujeito por meio de um verbo de ligação, atribuindo a esse sujeito uma qualidade, isto é, um predicativo.

> A oração que atribui uma qualidade ao sujeito é chamada **oração subordinada substantiva predicativa**.

Observe estes dois períodos e analise a diferença dos termos destacados.

A esperança era **a fixação dele**.

sujeito	verbo de ligação	predicativo do sujeito

A esperança era **que ele se fixasse**.

sujeito	verbo de ligação	oração subordinada substantiva predicativa

Oração subordinada substantiva apositiva

1. Leia o miniconto a seguir e responda às questões.

Família

Olha só: Natal e ano-novo, pra mim, são momentos bem "família", entende? Passo o ano todo zoando, curtindo as baladas. No Carnaval, então! Mas não sei bem o que me dá no Natal e no ano-novo. A galera insiste convidando pra sair, que sempre rola o maior festerê aqui ou ali. Mas eu sinto que são momentos em que preciso me sentir numa família, por mais que a gente se desentenda no dia a dia. Tenho até um "roteiro" fixo: é Natal na casa da minha mãe, e ano-novo na do meu pai.

Leonardo Brasiliense. Família. Em: *Adeus conto de fadas*: (minicontos juvenis). 3. ed. Rio de Janeiro: 7Letras, 2013. p. 68.

a) Que palavras revelam um diálogo entre o narrador e o interlocutor?

b) Em sua opinião, quem seria esse interlocutor? E por que o narrador está revelando seus hábitos de Natal e ano-novo a ele?

2. Agora, observe o período abaixo e, em seguida, responda às questões.

> Tenho um desejo para o final do ano: que consiga passar o Natal na casa da minha mãe, e o ano-novo na do meu pai.

a) Quantas orações há nesse período? Indique-as.

b) O trecho "que consiga passar o Natal na casa da minha mãe, e o ano-novo na do meu pai" se refere a que palavra da oração anterior?

Esse período é composto por uma oração principal e uma oração que explica e esclarece o sentido da palavra **desejo**. Agora, compare-o ao seguinte período retirado do miniconto:

> Tenho até um "roteiro" fixo: é Natal na casa da minha mãe, e ano-novo na do meu pai.

Note que a oração "é Natal na casa da minha mãe, e ano-novo na do meu pai." também desempenha a função de explicar o sentido de uma palavra da oração principal: **roteiro**. A diferença é que ela não foi introduzida pela conjunção integrante **que**, aproximando-se de uma forma mais usual em situações informais da língua. Em ambos os casos, essas orações desempenham uma função semelhante à de um aposto.

A oração que explica o termo a que se refere, exercendo a função de aposto, é chamada **oração subordinada substantiva apositiva**.

As orações apositivas costumam ser introduzidas por dois-pontos e pela conjunção integrante **que** ou ainda ser separadas por vírgula. Veja a seguir duas orações que exemplificam isso.

Minha irmã tem um sonho: **que** sua banda favorita se apresente em sua cidade.

Oração apositiva introduzida por dois-pontos e pela conjunção **que**

O filho fez um pedido ao pai, que fizessem um passeio.

Oração apositiva isolada por vírgula

Atividades

1. Leia a tirinha a seguir e responda às questões.

Bill Watterson. *Calvin e Haroldo*: e foi assim que tudo começou. Tradução de Luciano Machado; Adriana Schwartz. 2. ed. São Paulo: Conrad, 2010. p. 89.

a) No primeiro quadrinho, a que se refere a palavra "tum"?

b) Que esporte Calvin e Haroldo estão praticando? Explique como você chegou a essa resposta.

c) Por que Calvin disse para Haroldo que seria melhor irem embora?

d) O que é revelado no quarto quadrinho?

e) De que forma essa revelação cria o humor na tirinha?

2. Observe uma reescrita para a fala de Calvin no último quadrinho.

Parece que uns adultos querem jogar tênis.

a) Quantas orações há nesse período? Indique-as.

b) Qual é a transitividade da forma verbal da primeira oração?

c) Qual é a função da oração subordinada substantiva "que uns adultos querem jogar tênis" em relação à forma verbal da primeira oração?

d) Com base na resposta anterior, qual é a classificação dessa oração?

47

3. Leia o trecho de uma reportagem e responda às questões a seguir.

Consumidor paga mais por compra menor

Depois de trocar marcas caras pelas mais baratas para driblar a inflação, os consumidores decidiram cortar a quantidade de produtos do carrinho de compras. E, mesmo assim, a conta ficou mais salgada na hora de passar pelo caixa do supermercado.

Levantamento da consultoria Kantar Worldpanel mostra que as famílias reduziram em 8% o volume de bens não duráveis – alimentos, bebidas, produtos de higiene, beleza e limpeza – comprados no primeiro trimestre do ano frente a igual período de 2014.

Na hora de pagar a conta, porém, a compra mais modesta do início deste ano custou 1% a mais do que a de um ano atrás, que tinha um carrinho com uma quantidade maior de mercadorias.

"O problema é que esses produtos ficaram em média 9% mais caros no período. Ou seja, os consumidores teriam que ter cortado mais para conseguir realmente ter uma conta menor", explica Christine Pereira, diretora comercial da Kantar Worldpanel.

[...]

Bruno Villas Bôas. Consumidor paga mais por compra menor. *Folha de S.Paulo*. São Paulo, 1º jun. 2015. Mercado. Disponível em: <https://www1.folha.uol.com.br/mercado/2015/06/1636052-consumidor-paga-mais-por-compra-menor.shtml>. Acesso em: 24 out. 2018. © Folhapress.

a) A que área(s) de interesse essa reportagem se relaciona?

b) De acordo com a reportagem, por que os consumidores decidiram cortar a quantidade de produtos dos carrinhos de compra?

c) Após as estratégias adotadas pelos consumidores, eles perceberam que a conta do supermercado ainda não tinha sido reduzida como esperavam. Por que isso aconteceu?

d) Qual seria então a solução para que os gastos fossem igualados ou reduzidos em relação aos gastos do ano anterior?

e) De que forma o título da reportagem se relaciona com o conteúdo abordado?

4. Releia este período da reportagem.

> O problema é que esses produtos ficaram em média 9% mais caros no período.

a) Quantas orações o compõem? Classifique-as.

b) Que palavra é responsável por unir essas orações? A que classe gramatical ela pertence?

*Na **Leitura 1**, você leu um editorial publicado em um jornal impresso que reforçava a importância do respeito ao meio ambiente e a atenção da sociedade quando o tema é o desmatamento e as suas consequências. Agora, você lerá um editorial publicado em um jornal on-line. Leia o título dele e levante hipóteses sobre os motivos de o Brasil esquecer a reciclagem do lixo.*

Brasil "esquece" reciclagem de lixo

Enquanto países como Alemanha, Japão e Suécia apostam em educação, conscientização e ousadia para quase zerar a remessa de resíduos sólidos para aterros sanitários, o Brasil patina quando o assunto é reciclagem de lixo. Para se ter uma ideia do atraso do País, o número de municípios que conta com um sistema de coleta seletiva implementado não chega a 20%. Das 5.570 localidades, apenas 1.055 contam com o serviço. E a maioria está nas regiões Sul e Sudeste.

Reportagem publicada nesta edição da FOLHA (9 e 10) lembra que os primeiros programas de reciclagem de resíduos sólidos no País surgiram há cerca de 30 anos. Porém, essas três décadas não foram suficientes para consolidar a separação e a destinação correta dos resíduos. O trabalho ainda continua com os catadores individuais e a falta de conscientização da sociedade é um grande entrave.

Pesquisa divulgada recentemente pelo instituto Ibope Inteligência revelou que 98% dos brasileiros ouvidos consideram a reciclagem importante para o futuro do planeta, mas 66% deles afirmam saberem pouco ou nada a respeito de coleta seletiva e 28% não sabem citar quais são as cores das lixeiras para coleta de cada tipo de material.

O estudo mostrou ainda que 95% concordam que o jeito correto de descartar os resíduos é separando cada um em um saquinho diferente, mas 75% não fazem isso em casa. Trinta e nove por cento dos entrevistados não separam sequer o lixo orgânico do inorgânico.

Quando avaliadas as respostas dadas pelos paranaenses aos entrevistadores, a realidade não difere muito do que se observa no restante do País. No Estado onde o programa de coleta seletiva implantado na capital foi propagado como modelo no final da década de 1980, em 2018, 62% dos participantes dizem saber pouco ou nada a respeito de coleta seletiva. Londrina, que já foi destaque no passado, vê sinais de enfraquecimento na execução do serviço. Se em 2009, o município reciclava 35% dos resíduos sólidos, em 2017 foram 10%.

Para a reciclagem de lixo funcionar bem, é preciso responsabilidade compartilhada. Em uma ponta, a população deve fazer a parte dela, assim como, no outro lado, o poder público também precisa dar condições para que o sistema funcione bem e tenha sucesso.

Brasil "esquece" reciclagem de lixo. *Folha de Londrina*, Londrina, 9 jun. 2018. Opinião. Disponível em: <https://www.folhadelondrina.com.br/colunistas/opiniao-da-folha/brasil-esquece-reciclagem-de-lixo-1008396.html>. Acesso em: 5 set. 2018.

> **Para saber mais**
>
> O jornal *Folha de Londrina* foi fundado em 1948 por João Milanez em parceria com Correia Neto e sua sede fica na cidade de Londrina, Paraná. Ele apresenta notícias locais, nacionais e internacionais, também trata de política, economia, esporte, entre outros assuntos. Possui a versão impressa e digital, que pode ser acessada por meio do endereço eletrônico <www.folhadelondrina.com.br> (acesso em: 19 out. 2018).

Estudo do texto

1. As hipóteses que você levantou se confirmaram após a leitura do texto? Converse com seus colegas.

2. Qual é o tema central desse texto? Em que parte da estrutura do editorial é possível identificá-lo?

3. Releia um trecho do início do editorial.

> Enquanto países como Alemanha, Japão e Suécia apostam em educação, conscientização e ousadia para quase zerar a remessa de resíduos sólidos para aterros sanitários, o Brasil patina quando o assunto é reciclagem de lixo.

a) Qual foi a estratégia do editorial para introduzir o assunto a ser discutido no texto? O que isso nos mostra?

b) Com que sentido o verbo **patinar** foi empregado nesse trecho?

c) De que forma a continuação desse trecho comprova a ideia de que o Brasil patina em relação a esse assunto?

4. O que o editorial pretende mostrar ao afirmar que a maioria dos municípios que possui coleta seletiva se concentra nas regiões Sul e Sudeste?

5. De acordo com o editorial, há quanto tempo existem os programas de reciclagem de resíduos sólidos no Brasil?

a) Por que mesmo assim o país ainda é tido como atrasado?

b) Quais dificuldades os programas de coleta seletiva enfrentam?

c) Qual a intenção do editorial em informar que a reportagem publicada na mesma edição do jornal apresenta essas informações?

6. Releia o parágrafo a seguir.

> Pesquisa divulgada recentemente pelo instituto Ibope Inteligência revelou que 98% dos brasileiros ouvidos consideram a reciclagem importante para o futuro do planeta, mas 66% deles afirmam saberem pouco ou nada a respeito de coleta seletiva e 28% não sabem citar quais são as cores das lixeiras para coleta de cada tipo de material.

a) Copie em seu caderno a alternativa correta a respeito dos dados resultantes da pesquisa realizada pelo Instituto Ibope Inteligência.

  A A grande maioria dos brasileiros considera a reciclagem importante para o futuro do planeta e todas essas pessoas entendem como realizar coleta seletiva, por exemplo, conhecendo as cores das lixeiras para cada tipo de material.

  B Pouco mais da metade dos brasileiros considera a reciclagem importante para o futuro do planeta, por isso essas pessoas não se preocupam com a coleta seletiva e não conhecem as cores das lixeiras para cada tipo de material.

  C A grande maioria dos brasileiros considera a reciclagem importante para o futuro do planeta; apesar disso, mais da metade dessas pessoas sabem pouco ou nada sobre coleta seletiva, por exemplo, não conhecem as cores das lixeiras para cada tipo de material.

b) Você saberia citar quais materiais devem ser depositados de acordo com as cores das lixeiras da coleta seletiva? Relacione, em seu caderno, as cores das lixeiras a seguir conforme o tipo de material.

  A papel   B plástico   C metal   D vidro

c) Além das lixeiras apresentadas na foto acima, há outras cores destinadas a outros tipos de material. Você conhece alguma delas? Qual material deve ser depositado nela?

7. Ao mencionar a reportagem publicada no jornal e a pesquisa do Instituto Ibope Inteligência, que recurso o editorial usa para sustentar seus argumentos? Qual é seu objetivo?

8. Releia mais um trecho do editorial.

> O estudo mostrou ainda que 95% concordam que o jeito correto de descartar os resíduos é separando cada um em um saquinho diferente, mas 75% não fazem isso em casa. Trinta e nove por cento dos entrevistados não separam sequer o lixo orgânico do inorgânico.

De acordo com o parágrafo acima, 95% das pessoas concordam que temos que separar os resíduos, mas só 25% fazem isso. Por que, embora a maioria dos entrevistados saiba o jeito correto de descartar os resíduos, eles não o fazem?

9. Leia o trecho abaixo para responder às questões.

> [...] **Porém**, essas três décadas não foram suficientes para consolidar a separação e a destinação correta dos resíduos. O trabalho ainda continua com os catadores individuais **e** a falta de conscientização da sociedade é um grande entrave.

a) O que o editorial quer dizer ao usar o verbo **consolidar**?

　A Que o hábito da separação de lixo não se tornou cultural no país.

　B Que o hábito da separação de lixo é usual e consciente no país.

b) Que efeito de sentido o uso do advérbio **ainda** causa no trecho?

c) Que função têm as conjunções destacadas no trecho?

d) Que importância esses recursos linguísticos têm para o gênero editorial?

10. Leia novamente o título do editorial e responda às questões.

> **Brasil "esquece" reciclagem de lixo**

a) **Metonímia** é uma figura de linguagem que consiste no emprego de um termo pelo outro. Ao utilizar esse recurso no título, por meio da palavra sublinhada, qual o efeito de sentido pretendido pelo editorial?

　A Incluir no discurso todos os países.

　B Incluir no discurso todos os cidadãos brasileiros.

b) O que o editorial pretende afirmar com isso?

c) No título há uma forma verbal entre aspas. Copie em seu caderno a alternativa que explica o efeito que o uso desse sinal de pontuação provoca.

　A Apesar de, em teoria, considerar a reciclagem importante, os brasileiros estão deixando de praticá-la.

　B Os brasileiros separam o lixo adequadamente, mas se esquecem de colocá-lo à disposição da coleta seletiva.

d) O título desse editorial está adequado aos argumentos apresentados ao longo do texto? Por quê?

Para saber mais

　Você sabe o que é um **lixo especial**? É todo material que precisa de um descarte e tratamento especial a fim de não degradar o meio ambiente, por isso não pode ser descartado junto com o lixo comum ou com os materiais recicláveis. São entendidos como lixos especiais: as pilhas e baterias, restos de materiais de construção, lâmpadas fluorescentes, embalagem de agrotóxicos e de produtos em aerossol. Infelizmente, o Brasil ainda não possui uma coleta dedicada a esse tipo de resíduo, ficando a cargo das indústrias que fabricam esses materiais fornecer uma possibilidade de descarte.

11. Leia os verbetes de enciclopédia para responder às questões.

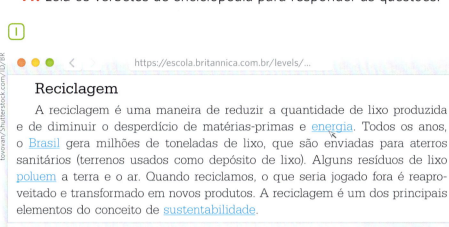

Reciclagem. *Britannica Escola*. Disponível em: <https://escola.britannica.com.br/levels/fundamental/article/reciclagem/482340>. Acesso em: 27 out. 2018.

Energia. *Britannica Escola*. Disponível em: <https://escola.britannica.com.br/levels/fundamental/article/energia/481228>. Acesso em: 27 out. 2018.

a) De acordo com o verbete **I**, o que é reciclagem?

b) As palavras em destaque no verbete **I** são os hiperlinks. Qual a função deles em um texto digital?

c) Se o leitor clicar no hiperlink **energia**, no verbete **I**, ele terá acesso às informações apresentadas no verbete **II**. Em que ordem a leitura desses verbetes pode ser realizada?

d) Copie em seu caderno a alternativa correta a respeito da relação entre o editorial lido e o verbete **reciclagem**.

   A Ambos tratam do mesmo assunto (a reciclagem), mas possuem objetivos distintos: o editorial é um texto argumentativo, que defende uma opinião, enquanto o verbete é um texto expositivo, que divulga conhecimentos.

   B Ambos tratam do mesmo assunto (a reciclagem) com o mesmo objetivo, que é convencer o leitor a aderir a essa prática, por meio de diferentes tipos de argumento.

12. O que você achou dos argumentos apresentados no editorial? Você concorda ou não com o que foi apontado? Justifique sua resposta.

Trocando ideias

1. A coleta seletiva já foi implementada em sua cidade? Existem na sua escola propostas de coleta seletiva? Há algo que você possa fazer ou propor para melhorar isso? Comente.

2. Além da população e dos serviços públicos, as iniciativas privadas estão auxiliando no processo de seleção de lixo. Você acredita que essa medida é importante? Por quê?

Ampliando fronteiras

A importância do cuidado com o meio ambiente

Na **Leitura 1**, você leu um editorial sobre a importância do respeito à natureza. Em 1972, aconteceu na Suécia a Conferência de Estocolmo organizada pela ONU (Organização das Nações Unidas). Nessa reunião foram abordados problemas relacionados à degradação ambiental e foram discutidas maneiras de conscientizar a população sobre os riscos dessa degradação. Desde então, diversos outros encontros aconteceram para discutir formas de contribuirmos para a preservação do meio ambiente.

Organização já!

Viver de maneira organizada é uma forma de economizar recursos e de impactar menos no meio ambiente. A prática dos 5S surgiu no Japão após a Segunda Guerra Mundial como medida para reconstrução do país. Os 5S significam: **Seiri** (senso de sensibilização); **Seiton** (senso de ordenação); **Seisou** (senso de limpeza); **Seiketsu** (senso de saúde); **Shitsuke** (senso de autodisciplina). Cada um cuidando do seu espaço já é uma boa forma de preservarmos nosso planeta, não acha?

8 Rs na cabeça!

A medida 8 Rs propicia reflexão em torno da quantidade de lixo que produzimos. Somos convidados, a partir dela, a praticar as seguintes ações:

- **refletir**: antes de consumir, pensar nos impactos dessa ação;
- **reduzir**: evitar desperdícios;
- **reutilizar**: tentar aproveitar ao máximo aquilo que já se tem antes de adquirir algo novo;
- **reciclar**: separar adequadamente os materiais que podem ser aproveitados;
- **respeitar**: a si mesmo, os outros e o meio em que vive;
- **reparar**: consertar algo em vez de descartá-lo;
- **responsabilizar-se**: por suas atitudes, por você e por nosso planeta;
- **repassar**: as atitudes que deram certo para que possam auxiliar outras pessoas.

Consumo consciente

E que tal estender as práticas dos 8 Rs e 5S para o consumo consciente? Do ponto de vista ecológico, o consumidor consciente é aquele que sabe que suas ações afetam o meio ambiente e que, por isso, procura economizar recursos naturais, reciclar o máximo que puder e planejar seu consumo. Aquela luz que você apaga ou aquele produto que você não compra, ou porque não necessita dele ou porque acredita que não foi produzido respeitando os recursos ambientais, já são atitudes que demonstram adesão a essa prática.

1. Você já conhecia as práticas dos 5S e dos 8 Rs? O que achou dessas sugestões?
2. O que pode acontecer com os recursos naturais do planeta se o ser humano não começar cada vez mais a consumir de maneira consciente?
3. Em grupos, pensem em uma maneira de revitalizar um espaço comum na escola ou no entorno dela. Para isso, vocês podem reutilizar objetos que há no próprio ambiente ou criar novos objetos com materiais reciclados ou reutilizados. Aproveitem para colocar em prática o que aprenderam sobre os 5S e os 8 Rs. Após essa ação, em um dia agendado pelo professor, vocês vão compartilhar as experiências que tiveram, como se sentiram executando essa ação, bem como refletir em maneiras de manutenção dessa prática.

Para saber mais

Você sabia que existe uma floresta tropical dentro da cidade do Rio de Janeiro? A floresta da Tijuca surgiu com o reflorestamento e a regeneração natural da Mata Atlântica nativa que fora devastada pelo cultivo de café e de cana-de-açúcar ao longo do século XVIII e início do século XIX.

Atualmente a floresta é parte do Parque Nacional da Tijuca, um parque para uso público que oferece aos visitantes um contato mais próximo com a natureza e atrações de lazer, como trilhas, mirantes e esportes de aventura. É uma área na qual natureza e cultura se harmonizam e é, certamente, um exemplo do poder de regeneração da natureza para reverter os impactos causados pelo ser humano ao meio ambiente.

Floresta da Tijuca, na cidade do Rio de Janeiro, 2018.

55

Conexões textuais

A crônica a seguir foi publicada na década de 1990, mas apresenta um assunto bem atual. Com base na ilustração que compõe este texto, que tema você acha que vai ser abordado?

Lua, COLÔNIA 243, APTO. 12, 23/02/2066

13/09/97

Querida vovó:

Desculpe demorar tanto pra escrever. A senhora sabe como tudo fica confuso por aqui quando há um eclipse como o da semana passada.

Os equipamentos de comunicação têm muita interferência, e as linhas especiais só podem ser usadas pelas equipes médicas e pela polícia. Estou com saudade. Faz tempo que meu pai está na Unidade de Produção de Água. Eles têm muito trabalho por lá.

Mamãe foi passar o fim de semana em Saturno. Odeio aquilo. Só tem loja de roupas e naves espaciais. Um monte de gente brigando pra pousar numa vaga daqueles anéis! Putz! Preferi ficar em casa...

Acho que a senhora sabe que eu passei pra um novo estágio do curso de História da Terra. Agora nós estamos estudando o século passado, aquele em que a senhora e o vovô nasceram.

Cauê Zunchini

Sabe que eu fiquei meio assim, viu... É, nós aprendemos que as pessoas conseguiam respirar sem ajuda de máscaras, que podiam tomar banho de mar sem queimar a pele e, o mais incrível, cada bicho era diferente.

Tinha cachorros, gatos e galinhas de cores e tamanhos variados, bois com chifres, sem chifres, magros, gordos, malhados e de mais um monte de jeitos!

Não era assim tudo clonado, igualzinho, só pra gente ter carne, leite e ovos.

Tinha até plantas, não é mesmo?! E as pessoas podiam comê-las e tudo!

Achei isso tão incrível que pensei que o computador estivesse com problema, ou brincando comigo...

Eu também fiquei pensando na infância da senhora e do vovô, lá no século passado, tipo assim, 1996 ou 1997, quando vocês diziam que era possível brincar na rua ou viajar pra um sítio por estradas no solo.

Eu sei que vocês eram só duas pessoas, que cada vez foi tendo mais gente e, pra conseguir tudo o que todo mundo precisava, foi ficando cada vez mais complicada a vida terrestre.

Mas é que eu tenho de fazer um trabalho e queria fazer umas perguntas: quando a senhora e vovô eram crianças que nem eu sou agora, vocês imaginavam que as coisas podiam ser diferente do que ficaram?

Será que não dava pra parar e pensar um pouco no modo como vocês deixaram estragar a Terra, por exemplo?

Não tô acusando vocês de nada, mas eu tenho essa curiosidade, sabe?

Bom, agora está na hora de a minha turma entrar na Unidade de Diversões. A gente vai jogar futebol eletrônico, e a quadra tá sempre cheia! Não deixe de me responder, tá?

Um beijão, do seu neto Lunar.

Fernando Bonassi. Lua, COLÔNIA 243, APTO. 12, 23/02/2066. Em: *Vida da gente*. Ilustrações originais de Chico Marinho. Belo Horizonte: Formato, 1999. p. 32-33.

Para saber mais

Fernando Bonassi nasceu em 1962, em São Paulo. Além de cronista, é contista, romancista, dramaturgo, roteirista e cineasta. Já publicou várias obras destinadas ao público infantojuvenil e atualmente se dedica também à produção de roteiros para programas e séries de televisão.

Foto de Fernando Bonassi, 2016.

1. Suas hipóteses a respeito do tema abordado na crônica se confirmaram? Converse com os seus colegas sobre isso.

2. A crônica é um gênero que costuma retratar situações do cotidiano.
   a) A estrutura adotada nessa crônica se assemelha à estrutura de qual gênero textual?
   b) Quem está contando os fatos nesse texto?
   c) Para quem essa pessoa está retratando esses fatos?
   d) Que informações são apresentadas no título da crônica?

3. O menino inicia o texto se desculpando. Copie no seu caderno a alternativa que explica o que fica implícito nesse trecho.

   A Que o neto e a avó têm o hábito de trocar correspondências.

   B Que o neto não poderá visitar a avó, por isso envia-lhe uma carta.

4. Por que o menino enviou uma carta para a avó?

5. Após ler as informações sobre a História da Terra no século XX, o menino acreditou que o computador estava com problemas ou brincando com ele.
   a) O que o fez pensar dessa forma?
   b) Como é a realidade no ano em que ele está vivendo?
   c) Com base nisso, qual é o alerta revelado nesse texto?

6. Releia um trecho do editorial "Respeito à natureza".

> O Grande ABC cresceu e se desenvolveu graças ao setor industrial. Em época de crise como a que o país atravessa, investimento de R$760 milhões, que vai gerar 85 empregos diretos na implantação e 1.200 na operação, além de arrecadação de R$30 milhões de ISS (Imposto Sobre Serviços), é sempre atrativo. Entretanto, se o custo para isso for a devastação de floresta nativa e dano **irreversível** ao ecossistema, o negócio vai deixar de ser viável.

a) Qual é o significado da palavra em destaque?

b) Como essa palavra reflete a realidade apresentada na crônica?

c) Além do que foi apresentado nesse trecho, quais outras atitudes podem ser tomadas para colaboramos com a preservação do meio ambiente?

7. Agora, releia um trecho do editorial "Brasil 'esquece' reciclagem de lixo".

> Pesquisa divulgada recentemente pelo instituto Ibope Inteligência revelou que 98% dos brasileiros ouvidos consideram a reciclagem importante para o futuro do planeta, mas 66% deles afirmam saberem pouco ou nada a respeito de coleta seletiva e 28% não sabem citar quais são as cores das lixeiras para coleta de cada tipo de material.
>
> O estudo mostrou ainda que 95% concordam que o jeito correto de descartar os resíduos é separando cada um em um saquinho diferente, mas 75% não fazem isso em casa. Trinta e nove por cento dos entrevistados não separam sequer o lixo orgânico do inorgânico.

a) O que esse trecho revela sobre a atitude das pessoas?

b) Na crônica, o menino revela seu descontentamento com a atitude dos avós. Copie o trecho do texto que confirma isso.

8. De que maneira a crônica e os editoriais lidos neste capítulo se relacionam? Copie em seu caderno a alternativa correta.

A Eles se relacionam tematicamente, pois todos alertam para os danos causados pelos seres humanos ao meio ambiente.

B Apesar de cada um dos textos apresentar uma temática diferente, eles se relacionam por serem do mesmo gênero.

9. Por que a veiculação de textos com esse tema é importante? Converse com os colegas a respeito.

Trocando ideias

1. O menino vive em um tempo em que é preciso produzir água. O que pode causar a escassez de água no nosso planeta?

2. Em sua opinião, é possível vivenciarmos uma realidade como a apresentada pelo menino? Compartilhe com os colegas.

3. Para você, o que é necessário fazer para que as pessoas compreendam a importância da preservação ambiental?

Estudo da língua

Orações subordinadas substantivas II

Vamos conhecer agora os demais tipos de orações subordinadas substantivas.

Oração subordinada substantiva objetiva direta

1. Releia a seguir um trecho do editorial "Brasil 'esquece' reciclagem de lixo" e responda às questões.

> Reportagem publicada nesta edição da FOLHA (9 e 10) lembra que os primeiros programas de reciclagem de resíduos sólidos no país surgiram há cerca de 30 anos.

a) O período acima é formado por duas orações. Quais são elas?
b) Quais são as formas verbais presentes em cada uma delas?
c) Qual é a conjunção responsável por unir as duas orações?
d) Qual é a transitividade do verbo **lembrar**?
e) Que função possui a oração "que os primeiros programas de reciclagem de resíduos sólidos no país surgiram há cerca de 30 anos" em relação à forma verbal **lembra**?

Ao responder às questões acima, é possível perceber que a oração "que os primeiros programas de reciclagem de resíduos sólidos no país surgiram há cerca de 30 anos" complementa o sentido do verbo **lembrar**, presente na oração principal. Dessa forma, o sentido do período torna-se completo.

A oração que complementa o sentido de um verbo transitivo direto é chamada de **oração subordinada substantiva objetiva direta**.

Veja a seguir alguns casos em que as orações subordinadas substantivas objetivas diretas são introduzidas por **pronome indefinido**, **advérbio** e **pronome interrogativo** e não conjunção integrante.

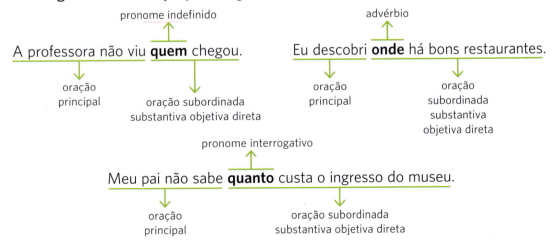

Oração subordinada substantiva objetiva indireta

1. Leia a história em quadrinhos abaixo e, em seguida, responda às questões.

Charles M. Schulz. *Doces ou travessuras*. Tradução de Cássia Zanon. Porto Alegre: L&PM, 2013. p. 97-98.

a) O que Charlie Brown enfatizou nas instruções dadas às voluntárias? Comprove sua resposta com termos utilizados por ele.

b) A tarefa das meninas foi executada como Charlie Brown havia instruído? Explique.

c) Que fato é responsável pelo efeito de humor nessa HQ?

d) Na fala de Charlie Brown, no quinto quadrinho, qual é a predicação do verbo **lembrar-se**?

e) Que função possui a oração "de que precisam ser rápidas" em relação ao verbo **lembrar-se**?

A oração que complementa o sentido de um verbo transitivo indireto é chamada de **oração subordinada substantiva objetiva indireta**.

No uso informal da língua, a preposição que antecede a oração subordinada substantiva objetiva indireta pode ficar subentendida em alguns casos. Por isso, é necessário atenção à predicação do verbo para classificá-la. Veja alguns exemplos.

Oração subordinada substantiva completiva nominal

1. Leia a tirinha abaixo para responder às questões.

Alexandre Beck. *Armandinho Zero*. Florianópolis: A. C. Beck, 2013. p. 54.

a) Explique de que forma a narrativa surpreende o leitor no último quadrinho.

b) A supressão da oração "de que sou uma boa mãe!" na fala da mãe de Armandinho, no segundo quadrinho, causaria algum prejuízo ao texto? Explique.

c) A que classe gramatical pertence a palavra **certeza**?

d) Que função tem a oração "de que sou uma boa mãe!" em relação à palavra **certeza**?

De acordo com o que você acabou de estudar, uma oração pode complementar também o sentido de um nome (substantivo, adjetivo ou advérbio).

A oração que complementa o sentido de um nome (substantivo, adjetivo ou advérbio) é chamada de **oração subordinada substantiva completiva nominal**.

No uso informal da língua, assim como na oração subordinada substantiva objetiva indireta, na completiva nominal, a preposição também pode ficar subentendida. Veja um exemplo.

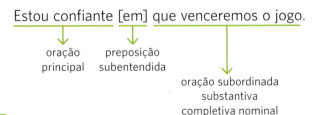

Para saber mais

Para ajudar a descobrir se uma oração é substantiva e sua classificação, quase sempre é possível substituí-la por um pronome substantivo: **isto**, **isso** ou **aquilo**. Se for possível, ela será uma oração subordinada substantiva. Em seguida, basta descobrir a função sintática do pronome. A função sintática da oração será a mesma. Veja.

É necessário **que sejamos cautelosos no consumo de água**.

É necessário **isso**. = **Isso** é necessário.

O pronome **isso** exerce função de sujeito. Então a oração "que sejamos cautelosos no consumo de água" é uma oração subordinada substantiva subjetiva.

> **Para saber mais**
>
> A utilização da vírgula isolando uma oração subordinada substantiva depende da ordenação das orações no período.
>
> **Ordem direta** (oração principal + oração substantiva): não se usa vírgula. Veja.
>
> Toda a turma decidiu que apoiará os critérios de avaliação do professor.
>
>   oração   oração subordinada
>   principal   substantiva objetiva direta
>
> **Ordem indireta** (oração substantiva + oração principal): usa-se vírgula. Veja.
>
> Que a dedicação influencia nos resultados escolares, todos sempre souberam.
>
>   oração subordinada   oração
>   substantiva objetiva direta   principal
>
> Nas orações apositivas, intercaladas na oração principal, o uso da vírgula também é obrigatório.

Oração subordinada substantiva reduzida

As orações subordinadas podem apresentar uma estrutura própria de acordo com o verbo empregado, por isso recebem uma classificação especial. É o que você vai estudar agora.

1. Leia o título do artigo a seguir e responda às questões.

É preciso deixar o que resta do machismo de lado

Administradores.com, 22 jun. 2016. Disponível em: <http://www.administradores.com.br/artigos/cotidiano/e-preciso-deixar-o-que-resta-do-machismo-de-lado/96112/>. Acesso em: 27 out. 2018.

> **DICA!**
> As formas nominais do verbo são: **infinitivo**, **gerúndio** e **particípio**.

a) Classifique as orações que compõem o período acima.

b) Essas orações são unidas por algum conectivo (conjunção, advérbio ou pronome)?

c) Quais são as formas verbais presentes em cada uma delas?

d) Qual dessas formas verbais é uma forma nominal?

Ao responder às questões acima, é possível notar que a oração "deixar o que resta do machismo de lado" apresenta uma estrutura diferente das orações que você já estudou.

> A **oração reduzida** apresenta o verbo em uma das formas nominais e não é introduzida por conectivo (conjunção, pronome ou advérbio).

Veja agora uma reescrita equivalente ao título do artigo acima.

==É preciso que se deixe o que resta do machismo de lado==

Por possuir conectivo e um verbo conjugado, a oração acima recebe o nome de **oração desenvolvida**.

Atividades

1. Leia a tirinha a seguir e depois responda às questões.

Fernando Gonsales. *Níquel Náusea*: siga seus instintos. São Paulo: Devir, 2013. p. 14.

a) Qual é a psicologia utilizada por Níquel Náusea?
b) Como essa estratégia é interpretada pelos filhotes?
c) Como é construído o efeito de humor dessa tirinha?
d) Qual é a predicação do verbo **duvidar**?
e) De acordo com a resposta anterior, que classificação recebem as orações que o complementam?
f) Copie no caderno a informação correta a respeito da omissão da preposição junto ao verbo **duvidar** nesse contexto.

   A A omissão da preposição torna o texto incompreensível.

   B O uso da preposição nesse contexto é opcional, já que se trata de uma conversa informal.

   C Não existe preposição antes de um objeto indireto.

g) As personagens que utilizaram o verbo **duvidar** nessa tirinha realmente duvidavam das outras? Explique.

2. Leia os títulos de notícia a seguir e responda às questões.

I
China tem esperança de que Coreia do Norte e EUA mantenham diálogo

Sputnik, 28 ago. 2018. Disponível em: <https://br.sputniknews.com/asia_oceania/2018082812076081-china-eua-coreia-do-norte-coreia-do-sul-onu-donald-trump-kim-jong-un/>. Acesso em: 27 out. 2018.

II
Cientistas descobrem que a música clássica evolui por seleção natural

Superinteressante, 26 out. 2018. Disponível em: <https://super.abril.com.br/ciencia/cientistas-descobrem-que-a-musica-classica-evolui-por-selecao-natural/>. Acesso em: 14 nov. 2018.

a) Como as orações do título de notícia **I** são classificadas? Explique.
b) Que função a oração "que a música clássica evolui por seleção natural" exerce em relação à oração principal no título de notícia **II**?
c) Como a oração "que a música clássica evolui por seleção natural" é classificada?

63

Escrita em foco

Sessão, seção e cessão

Ao ler as palavras **sessão**, **seção** e **cessão** em voz alta, que semelhança elas têm? Além da diferença ortográfica, elas possuem significados distintos, por isso vamos estudar agora como empregá-las na escrita.

1. Leia a capa de livro ao lado e responda às questões.

    a) A terapia é um tratamento realizado em sessões por psicólogos e psiquiatras. Sabendo disso, copie em seu caderno a alternativa que expressa o sentido da palavra **sessão**.

    A lugar

    B tempo

    C divisão

    b) De acordo com a posição das personagens nessa capa de livro, quem aparenta ser a personagem principal? Por quê?

    Jaqueline Vargas. *Sessão de terapia*.
    Rio de Janeiro: Arqueiro, 2013.

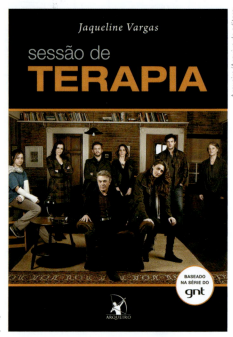

> As marcas apresentadas são utilizadas para fins estritamente didáticos, portanto não representam divulgação de qualquer tipo de produto ou empresa.

2. Agora compare as palavras em destaque nos títulos de notícia a seguir.

FAB também estuda cessão de terreno ao aeroporto do Ceará

Tribuna do Norte, 3 set. 2015. Disponível em: <http://www.tribunadonorte.com.br/noticia/fab-tamba-m-estuda-cessa-o-de-terreno-ao-aeroporto-do-ceara/323486>. Acesso em: 23 out. 2018.

Biblioteca do Centur celebra 41 anos de seção para deficientes visuais

G1, 15 nov. 2015. Disponível em: <http://g1.globo.com/pa/para/noticia/2015/11/biblioteca-do-centur-celebra-41-anos-de-secao-para-deficientes-visuais.html>. Acesso em: 6 out. 2018.

De acordo com o contexto, associe, no caderno, o sentido expresso pelas palavras destacadas.

A Indica um espaço.   B Indica o ato de ceder.

O substantivo **sessão** nomeia um período de tempo, já o substantivo **seção** indica um espaço, uma divisão, e o substantivo **cessão** nomeia o ato de ceder.

64

Atividades

1. Leia a notícia abaixo e responda às questões a seguir.

Cinema na Praça retorna ao Centro Histórico de São José na próxima segunda-feira (11). *Prefeitura de São José*, São José, 8 de jan. 2016. Disponível em: <www.saojose.sc.gov.br/index.php/sao-jose/noticias-desc/cinema-na-praca-retorna-ao-centro-historico-de-saeo-jose-na-proxima-segunda>. Acesso em: 23 out. 2018.

a) Com base no que você estudou, que palavra completa corretamente o espaço indicado no texto: **seção**, **sessão** ou **cessão**? Justifique sua resposta.

b) Em sua opinião, qual é a importância de projetos como o citado na notícia?

2. Reescreva as frases a seguir no caderno, empregando as palavras **seção**, **sessão** e **cessão**, de acordo com os contextos.

a) O agricultor fez uma ■ de terras às famílias atingidas pelas chuvas.

b) O supermercado mudou a ■ de frios.

c) Em apenas uma ■, foram votadas as novas leis para o município.

d) O estúdio foi alugado para uma ■ de gravação.

e) Ao abrir um jornal, leio primeiro a ■ de esportes.

65

Produção de texto

Artigo de opinião

Neste capítulo, você leu dois editoriais: "Respeito à natureza", publicado no jornal *Diário do Grande ABC*, que tratava do desmatamento da Mata Atlântica, no Grande ABC, para a construção de um centro de logística, e "Brasil 'esquece' reciclagem de lixo", publicado no *site* do jornal *Folha de Londrina*, que abordava a questão da reciclagem de lixo no Brasil.

Agora, chegou o momento de você expressar o seu ponto de vista sobre uma das temáticas propostas, escrevendo um artigo de opinião. Ele poderá ser publicado no jornal da escola para que toda a comunidade escolar possa conhecer o seu posicionamento e os seus argumentos ou poderá ser enviado a um jornal de sua cidade, assim mais pessoas vão ler a sua produção.

▌ Para começar

Escolha uma das temáticas sugeridas a seguir para se posicionar.

Meio ambiente

Se essa for a sua opção, primeiro, escolha um tema relacionado ao meio ambiente, como o desmatamento, a poluição da água, a reciclagem de lixo, o aquecimento global, entre outros. Depois, pesquise dados atuais sobre o assunto, defina o seu ponto de vista, elabore bons argumentos para defendê-lo e pense em ações que podem ser feitas para proteger o meio ambiente.

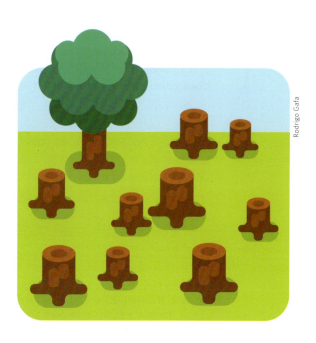

Alguma questão de sua cidade

Se na sua cidade ou região houver algum problema ou questão que vale a pena ser discutido, você poderá se posicionar a respeito. Pode ser um problema político, de mobilidade urbana, da área da saúde, etc. que possa interessar à comunidade. Para isso, pesquise sobre o assunto, defina um ponto de vista, elabore bons argumentos e pense em atitudes que a comunidade poderia adotar para resolver o problema ou a questão.

► **Aprenda mais**

Diversos jornais possuem uma seção em que publicam textos de opinião, em que é exposto o ponto de vista do editorial do jornal, de colunas e de leitores sobre diversos assuntos, como política, cultura, economia. No site do jornal *Gazeta de Alagoas* é possível encontrar esses textos na seção Opinião.

Gazeta de Alagoas. Disponível em: <http://linkte.me/qcr77>. Acesso em: 25 out. 2018.

Estruture seu texto

Após definir o assunto e pesquisar sobre ele, você deve estruturar a primeira versão de seu artigo de opinião. Para isso, veja as orientações a seguir.

1 Analise a pequisa que você realizou para selecionar informações que auxiliem na construção de seus argumentos, como dados estatísticos e históricos, citações e falas de especialistas.

2 Liste os principais argumentos e contra-argumentos que você poderá empregar em seu texto para defender sua opinião.

3 Lembre-se de que o artigo deve apresentar a seguinte estrutura:
- **Título**: frase ou expressão empregada para chamar a atenção do leitor.
- **Introdução**: apresenta e contextualiza o assunto em questão.
- **Desenvolvimento**: apresenta o ponto de vista e os argumentos que defendem seu posicionamento.
- **Conclusão**: pode apresentar soluções para o problema ou resumir as ideias gerais do texto.

4 Lembre-se de empregar o presente do indicativo para tratar de assuntos da atualidade e exprimir certeza sobre os fatos.

5 Para organizar e ligar as ideias apresentadas no texto e expressar sua opinião, empregue conectivos, como as conjunções. Atente aos sentidos que elas expressam: **aditivo** (também, bem como), **explicativo** (porque, pois), **conclusivo** (portanto, assim).

6 Ao embasar os seus argumentos, atente à veracidade das informações que apresentar, portanto certifique-se de utilizar fontes confiáveis, citar especialistas renomados, etc.

7 Utilize um registro mais formal, próximo da norma-padrão da língua. É importante atentar ao uso correto dos sinais de pontuação, à grafia correta das palavras e à concordância entre elas, pois o seu artigo de opinião poderá ser publicado em um jornal (da escola ou de sua cidade) e lido por um público diversificado.

8 Finalize o texto com a sua assinatura.

67

▌Avalie e reescreva seu texto

Após escrever a primeira versão de seu artigo de opinião, leia-o e verifique se os itens a seguir foram contemplados.

√ Pesquisei informações para elaborar bons argumentos?

√ Meu artigo de opinião apresenta título, introdução, desenvolvimento e conclusão?

√ Apresentei um ponto de vista a respeito da questão e os argumentos de maneira clara?

√ Fiz uso correto das conjunções para organizar e ligar as informações e os argumentos apresentados?

√ Empreguei o presente do indicativo para tratar de assuntos da atualidade e exprimir certeza sobre os fatos?

√ Utilizei um registro mais próximo da norma-padrão da língua, fiz uso adequado dos sinais de pontuação e escrevi as palavras corretamente, com concordância entre elas?

√ Incluí a minha assinatura no texto?

Em seguida, troque sua produção com a de um colega e verifique o que pode ser melhorado no texto dele. Ele vai fazer o mesmo com o seu. Depois, reescreva o seu texto fazendo as adequações necessárias.

Finalizadas as produções, você e seus colegas poderão publicar os artigos de opinião no jornal da escola, caso ela possua um. Para isso, vocês devem eleger uma ordem para que seja publicado um por vez; isso pode ser feito por meio de um sorteio ou pelos temas que escolheram. Caso a escola não possua um jornal, vocês poderão enviar os artigos de opinião para um jornal da cidade; o professor vai orientá-los nessa tarefa. Fiquem atentos às edições do jornal para verificar se os artigos de opinião produzidos por vocês foram publicados.

▌Verifique seu desempenho

Após finalizar a atividade, chegou o momento de avaliar seu desempenho. Nesse momento, você pode verificar o que foi positivo e o que pode melhorar nas próximas produções. Copie o quadro abaixo em seu caderno e responda aos questionamentos propostos.

A	Realizei satisfatoriamente todas as etapas dessa produção: planejei e estruturei meu texto e avaliei o que precisava melhorar?		
B	Consegui produzir um bom artigo de opinião apresentando as características do gênero e bons argumentos para defender meu ponto de vista e convencer os leitores?		
C	Com base nas questões acima, escreva em seu caderno o que poderia ser melhorado nas próximas produções.		

Para saber mais

Os impactos causados pelo desmatamento têm causado a redução das áreas de vegetação nativa e provocado graves consequências para o planeta e para o ser humano. Entre as principais causas do desmatamento estão as queimadas, a exploração madeireira, o avanço das áreas urbanas e as atividades agropecuária e mineradora.

As consequências do desmatamento são diversas. Vejamos algumas delas.

Degradação do solo: com a ausência de cobertura vegetal, o solo fica exposto e pode sofrer processo de erosão e perder a fertilidade.

Aumento da temperatura: o aumento da emissão de dióxido de carbono, causado pelo desmatamento, agrava o efeito estufa e o aquecimento global.

Trecho da Mata Atlântica no Parque Estadual da Cantareira, em São Paulo, 2017.

Perda da biodiversidade: com a redução das florestas, diminui a diversidade de flora e fauna nessas áreas.

Assoreamento dos rios: devido a retirada da cobertura vegetal, sobretudo a vegetação ciliar, a água das chuvas escoa rapidamente pela superfície, comprometendo a infiltração e o armazenamento no subsolo. A consequência disso é a diminuição da água nas nascentes.

Impactos sociais: as pessoas que usufruem dos recursos naturais podem ter a necessidade de se mudar em busca de formas de garantir seu sustento.

Para combater o desmatamento é preciso ações governamentais e individuais. Cabe ao governo adotar medidas de conservação e monitoramento das áreas naturais e de repressão aos que praticam o desmatamento. Além disso, cada cidadão deve respeitar as áreas de proteção, preservar a vegetação existente, cultivar novas espécies e adotar alternativas sustentáveis, como reduzir o consumo ou reaproveitar os produtos feitos de madeira.

Verificando rota

Mais um capítulo chega ao fim, e é hora de rever o que foi estudado e verificar se todos os conteúdos foram bem apreendidos. Para isso, responda às questões abaixo.

1. Qual o objetivo do gênero editorial?

2. Quais funções as orações subordinadas substantivas podem desempenhar?

3. Quais características a oração subordinada reduzida apresenta?

4. Em quais circunstâncias devemos empregar **sessão**, **seção** e **cessão**?

5. Pesquise em livros e na internet os conteúdos estudados neste capítulo. Com base nessa pesquisa e nas respostas das questões anteriores, elabore um esquema desses conteúdos que possa auxiliá-lo com os estudos.

O Estatuto apresentado nesta seção consiste em um regimento com informações a respeito do funcionamento do Conselho Escolar do estado do Paraná, órgão responsável por todas as tomadas de decisão referentes ao estabelecimento de ensino. Você imagina quem participa desse órgão?

ESTATUTO DO CONSELHO ESCOLAR

[...]

Art. 9º - O Conselho Escolar abrange toda a comunidade escolar e tem como principal atribuição aprovar e acompanhar a efetivação do projeto político-pedagógico da escola, eixo de toda e qualquer ação a ser desenvolvida no estabelecimento de ensino.

Art. 10 - Poderão participar do Conselho Escolar representantes dos movimentos sociais organizados, comprometidos com a escola pública, assegurando-se que sua representação não ultrapasse 1/5 (um quinto) do colegiado.

Art. 11 - A atuação e representação de qualquer dos integrantes do Conselho Escolar visará ao interesse maior dos alunos, inspirados nas finalidades e objetivos da educação pública, definidos no seu Projeto Político-Pedagógico, para assegurar o cumprimento da função da escola que é ensinar.

[...]

Art. 14 - O Conselho Escolar é constituído por representantes de todos os segmentos da comunidade escolar, previstos no artigo 18.

Art. 15 - O Conselho Escolar terá como membro nato o Diretor do estabelecimento de ensino, eleito para o cargo, em conformidade com a legislação pertinente, constituindo-se no Presidente do referido Conselho.

Parágrafo Único - O Conselho Escolar constituído poderá eleger seu vice-presidente, dentre os membros que o compõem, maiores de 18 (dezoito) anos.

Art. 16 - Os representantes do Conselho Escolar serão escolhidos entre seus pares, mediante processo eletivo, de cada segmento escolar, garantido a representatividade de todos os níveis e modalidades de ensino.

[...]

Art. 17 - O Conselho Escolar, de acordo com o princípio da representatividade que abrange toda a comunidade escolar, terá assegurada na sua constituição a paridade (número igual de representantes por segmento) e a seguinte proporcionalidade:

I - 50% (cinquenta por cento) para a categoria profissionais da escola: professores, equipe pedagógica e funcionários;

II - 50% (cinquenta por cento) para a categoria comunidade atendida pela escola: alunos, pais de alunos e movimentos sociais organizados da comunidade.

Art. 18 - O Conselho Escolar, de acordo com o princípio da representatividade e proporcionalidade, previsto nos artigos 16 e 17, é constituído pelos seguintes conselheiros:

a) diretor;

b) representante da equipe pedagógica;

c) representante do corpo docente (professores);

d) representante dos funcionários administrativos;

e) representante dos funcionários de serviços gerais;

f) representante do corpo discente (alunos);

g) representante dos pais de alunos;

h) representante do Grêmio Estudantil;

i) representante dos movimentos sociais organizados da comunidade (APMF, Associação de Moradores, Igrejas, Unidades de Saúde, etc.).

[...]

Paraná. Secretaria de Estado da Educação (SEED). *Estatuto do Conselho Escolar.*
Disponível em: <http://www.gestaoescolar.diaadia.pr.gov.br/arquivos/File/pdf/estatuto_
conselho_escolar_1ed.pdf>. Acesso em: 29 out. 2018.

1. As hipóteses que você levantou antes do texto a respeito de quem faz parte do Conselho Escolar se confirmaram? Comente com seus colegas

2. Qual é a principal atribuição dada a esse Conselho?

3. De acordo com o regimento, os principais beneficiados pela atuação e representação dos integrantes desse Conselho são:

A os alunos.   **B** os pais.   **C** os professores.

4. Em relação aos membros que constituem esse conselho, responda às questões.

a) Quem é eleito para o cargo de presidente do Conselho Escolar?

b) Qualquer membro pode ser nomeado como vice-presidente? Justifique sua resposta.

5. Copie em seu caderno a alternativa que lista os elementos que apresentam as informações nesse trecho do Estatuto do Conselho Escolar.

A Capítulo, parágrafo, artigo e inciso.

B Capítulo, artigo, parágrafo e alínea.

C Artigo, parágrafo, inciso e alínea.

D Emenda, capítulo, parágrafo e artigo.

6. A respeito dos elementos que organizam as informações do Estatuto lido, responda às questões.

a) O **artigo** tem como objetivo enumerar os fundamentos principais de uma lei. Quais artigos são listados no trecho que você leu?

b) Os **incisos** e as **alíneas** funcionam como uma subdivisão dos artigos. De que forma cada um desses elementos é identificado nesse texto?

c) Sobre o que fala o **parágrafo único** desse texto?

7. Qual registro foi empregado no estatuto? Por que isso acontece?

8. No texto, os tempos e o modo verbais estão no presente e no futuro do indicativo. O que justifica esses empregos?

9. Qual a importância desse documento para a comunidade escolar? E para a sociedade? Converse com seus colegas a respeito.

UNIDADE 2
Poema e samba-enredo

Agora vamos estudar...
- os gêneros poema e samba-enredo;
- a paródia em poemas;
- as orações subordinadas adverbiais;
- as figuras de linguagem;
- o processo de formação de palavras: hibridismo;
- o empréstimo linguístico: estrangeirismo.

Escola de samba Unidos de Bangu desfilando no Sambódromo da Marquês de Sapucaí, no Rio de Janeiro, em fevereiro de 2018.

Iniciando rota

1. Observe a imagem. O que esse carro alegórico representa?

2. Nesse desfile, o enredo da escola de samba Unidos de Bangu foi sobre a África e a nobreza negra no Brasil. Sabendo disso, como esse tema dialoga com a imagem?

3. Toda escola de samba é dividida em alas nos desfiles de Carnaval. Quais alas você conhece? O que elas representam em um desfile?

4. As escolas de samba desfilam ao som de um samba-enredo. Em sua opinião, o samba-enredo pode ser considerado arte? Por quê?

CAPÍTULO

3

Leitura

1

Poema

Você gosta de ler poemas? O poema a seguir foi escrito por Affonso Romano de Sant'Anna. Você já ouviu falar nesse escritor? Observe o título, o formato do poema e as ilustrações que o acompanham. Você consegue imaginar qual será seu conteúdo?

Vai, ano velho

Vai, ano velho, vai de vez,
vai com tuas dívidas
e dúvidas, vai, dobra a ex-
quina da sorte, e no trinta e um,
à meia-noite, esgota o copo
e a culpa do que nem me lembro
e me cravou entre janeiro e dezembro.

Vai, leva tudo: destroços,
ossos, fotos de presidentes,
beijos de atrizes, enchentes,
secas, suspiros, jornais.
Vade retrum, pra trás,
leva pra escuridão
quem me assaltou o carro,
a casa e o coração.
Não quero te ver mais,
só daqui a anos, nos anais,
nas fotos do nunca-mais.

Vem, Ano-Novo, vem veloz,
vem em quadrigas, aladas, antigas
ou jatos de luz moderna, vem,
paira, desce, habita em nós,
vem com cavalhadas, folias, reisados,
fitas multicores, rebecas,
vem com uva e mel e desperta
em nosso corpo a alegria,
escancara a alma, a poesia,
e, por um instante, estanca
o verso real, perverso,
e sacia em nós a fome
           — de utopia.

    Vem na areia da ampulheta como a
    semente que contivesse outra se-
      mente que contivesse ou-
       tra semente ou pérola
         na casca da ostra
            como se
              se
          outra se-
        mente pudesse
    nascer do corpo e mente
 ou do umbigo da gente como ovo
o Sol a gema do Ano-Novo que rompesse
a placenta da noite em viva flor luminescente.

Adeus tristeza: a vida
é uma caixa chinesa
de onde brota a manhã.
Agora
é recomeçar.
A utopia é urgente.
Entre flores e urânio
é permitido sonhar.

Affonso Romano de Sant'Anna.
Vai, ano velho. Em: *Poesia
reunida*: 1965-1999. Porto Alegre:
L&PM, 2004. v. 2. p. 44-45.
(Coleção L&PM Pocket).

Para saber mais

Affonso Romano de Sant'Anna nasceu em Belo Horizonte, Minas Gerais, em 1937. Já ministrou aulas no Brasil e no exterior e foi cronista dos jornais *O Globo* e *Jornal do Brasil*. Além de poemas, escreve crônicas, contos e ensaios. É casado com a também escritora Marina Colasanti.

Foto de Affonso Romano de Sant'Anna, 2010.

75

Estudo do texto

1. Suas hipóteses sobre o conteúdo do poema se confirmaram após a leitura? Como o título do poema o ajudou a chegar a essas hipóteses?

> **Para saber mais**
> O ser ou a voz que fala em um poema é chamado de **eu lírico** ou **eu poético**, que não pode ser confundido com o autor.

2. Qual desejo o eu lírico exprime nos versos da primeira estrofe do poema?

3. Analise os versos a seguir.

> [...]
> e dúvidas, vai, dobra a ex-
> quina da sorte, e no **trinta e um**,
> à meia-noite, esgota o copo
> [...]

a) Copie em seu caderno a alternativa correta sobre a expressão destacada.

A Refere-se ao número da casa que fica na esquina da sorte.

B Refere-se ao dia trinta e um de dezembro.

b) A que o eu lírico se refere quando afirma que à meia-noite esgota o copo?

4. No início da segunda estrofe, o eu lírico afirma "Vai, leva tudo". A quais elementos a palavra **tudo** se refere? O que eles representam?

5. A expressão ***Vade retrum*** exprime ordem para que algo ou alguém se afaste.

a) Por que ela foi escrita em itálico no poema?

b) Quem ou o que o eu lírico quer que se afaste? Por quê?

6. Releia os versos a seguir e responda às questões.

> [...]
> leva pra escuridão
> quem me assaltou o carro,
> a casa e o coração.
> Não quero te ver mais,
> só daqui a anos, nos anais,
> nas fotos do nunca-mais.

a) O sentido que o verbo **assaltar** expressa é o mesmo quando o eu lírico afirma que alguém lhe assaltou o carro, a casa e o coração?

b) De que maneira esses eventos ajudam a caracterizar o "ano velho"?

c) A quem ou a que o pronome **te** se refere no quarto verso do trecho?

d) O que o eu lírico quis dizer nos três últimos versos desse trecho?

7. Releia a terceira estrofe do poema e responda às questões.

> Vem, Ano-Novo, vem veloz,
> vem em quadrigas, aladas, antigas
> ou jatos de luz moderna, vem,
> paira, desce, habita em nós,
> vem com cavalhadas, folias, reisados,
> fitas multicores, rebecas,
> vem com uva e mel e desperta
> em nosso corpo a alegria,
> escancara a alma, a poesia,
> e, por um instante, estanca
> o verso real, perverso
> e sacia em nós a fome
>   — de utopia.

a) O que o advérbio **veloz**, no primeiro verso, indica sobre os desejos do eu lírico para o ano-novo?

b) Pesquise o significado das palavras **quadrigas** e **aladas**. Por que o eu lírico as usou no poema? Que efeito de sentido elas criam?

c) De que forma o segundo e terceiro versos dialogam nesse trecho? Copie em seu caderno a alternativa correta.

  A Eles enfatizam o desejo para que o ano-novo chegue como quadrigas aladas e jatos de luz.

  B Eles revelam que, para o eu lírico, o importante é que o ano-novo chegue logo, seja em quadrigas aladas ou por meio de jatos de luz.

d) Leia a definição da palavra **utopia**, empregada nessa estrofe do poema.

> **u.to.pi.a** *s.f.* **1** descrição imaginativa de uma sociedade ideal **2** *p.ext.* plano irrealizável, fantasia.
>
> *Minidicionário Houaiss da língua portuguesa.* 4. ed. Rio de Janeiro: Objetiva, 2010. p. 787.

Com base na definição acima, explique por que o eu lírico deseja que o ano-novo sacie a "fome de utopia".

8. Um poema é escrito em versos, que, por sua vez, formam estrofes.

a) Por quantas estrofes o poema "Vai, ano velho" é formado?

b) Todas as estrofes desse poema apresentam o mesmo número de versos?

9. Uma estrofe desse poema se destaca das demais na forma como está disposta sobre a página.

a) Identifique-a e explique por que isso acontece.

b) Qual é o conteúdo dessa estrofe?

c) Que relação a imagem formada tem com o conteúdo do poema?

10. Responda às questões a seguir, sobre a quarta estrofe do poema.

   a) As palavras **semente** e **contivesse** são repetidas nos primeiros versos. Sabendo que essa escolha é um dos recursos de um poema, de que forma essa repetição contribui para a construção do sentido dessa estrofe?

   b) Do que tratam os seis últimos versos dessa estrofe?

   c) De que maneira o conteúdo dos seis últimos versos da estrofe se relaciona à imagem formada por eles?

   d) A que o Sol é comparado nessa estrofe? Por que o eu lírico fez essa comparação?

11. A caixa chinesa, citada na última estrofe do poema, é um instrumento musical de percussão. A que ela é comparada nesse poema? Que relação pode existir entre esses elementos?

Caixa chinesa, instrumento musical de percussão.

12. Leia o texto a seguir, extraído do livro no qual o poema de Affonso Romano de Sant'Anna (ARS) foi publicado.

> [...] Por isso, o seu discurso ainda se complementaria em *A catedral de Colônia* (1984), poema escrito quando lecionou em Colônia (Alemanha) e conviveu com vários exilados, reafirmando sua perplexidade diante da história e do tempo (dois de seus temas fundamentais), fundindo lembranças de sua infância nos trópicos com a história europeia. Mas essa obra, no entanto, é precedida de *Que país é este?* (1980), livro-marco, que ajudou a enterrar a ditadura e a trazer à tona a poesia dos acontecimentos sociais. Lembre-se que ARS nos anos 80 estampou corajosos poemas nas páginas de política, compôs textos para a televisão, aceitando os desafios mediáticos de seu tempo. O que levou Wilson Martins a chamá-lo de "o poeta de nosso tempo" e "o mais brasileiro" de nossos poetas.
>
> [...]
>
> Abrindo a leitura. Em: Affonso Romano de Sant'Anna. *Poesia reunida*: 1965-1999. Porto Alegre: L&PM, 2004. v. 2. p. 2. (Coleção L&PM Pocket).

Sabendo que o poema lido faz parte originalmente do livro *A catedral de Colônia* e considerando o contexto no qual esse livro foi escrito, explique os versos a seguir.

Agora

é recomeçar.

A utopia é urgente.

Entre flores e urânio

é permitido sonhar.

13. Releia dois versos do poema.

> Vai, ano velho, vai de vez, [...]

> Vem, Ano-Novo, vem veloz, [...]

Por que, no poema, a expressão **Ano-Novo** é escrita com letra inicial maiúscula enquanto **ano velho** é escrito com letra inicial minúscula?

14. Leia os versos a seguir, atentando-se às rimas.

> Vem, Ano-Novo, vem veloz,
> vem em quadrigas, aladas, antigas
> ou jatos de luz moderna, vem,
> paira, desce, habita em nós,
> [...]

Para saber mais

Quando há rima no final de diferentes versos, chamamos **rima externa**. Já quando ocorre a rima entre uma palavra no meio de um verso e outra no final dele, chamamos de **rima interna**.

a) Nesses versos, que palavras rimam entre si?

b) Em que posição essas palavras estão nos versos: início, meio ou fim?

15. Por que a palavra **ex-quina** foi escrita e separada dessa maneira na primeira estrofe do poema?

16. Quem você imagina que seja o público-alvo desse poema? Justifique sua resposta.

17. Comente com os colegas suas impressões sobre esse poema e descreva que sentimentos ele despertou em você.

18. **Poesia** é a capacidade de certos textos, obras de arte, etc. despertar emoção, sentimentos e apreciação estética. De que forma o poema "Vai, ano velho" desperta isso em você? Converse com os colegas a respeito.

▶ **Aprenda mais**

Se você gostou do poema "Vai, ano velho" e tiver interesse em conhecer melhor a obra poética de Affonso Romano de Sant'Anna, a coletânea *Poesia reunida* apresenta três volumes. Os volumes 1 e 2 reúnem poemas de 1965 a 1999, em que o autor perfaz o percurso da poesia brasileira da segunda metade do século XX, em seus conteúdos e formas. Alguns dos temas abordados nesses dois volumes são: a identidade nacional, a crise metafísica, o indianismo e busca pela liberdade. Já o volume 3 apresenta poemas escritos entre 2005 a 2011, que consiste em uma seleção de três obras fundamentais do poeta no século XXI: *Vestígios* (2005); *Sísifo desce a montanha* (2011) e *O homem e sua sombra* (2006). Um verdadeiro banquete para os admiradores da poesia brasileira de melhor qualidade.

Affonso Romano de Sant'Anna. *Poesia reunida*: 1965-1999. Porto Alegre: L&PM, 2004. v. 1 e 2. (Coleção L&PM Pocket).

Affonso Romano de Sant'Anna. *Poesia reunida*: 2005-2011. Porto Alegre: L&PM, 2014. v. 3. (Coleção L&PM Pocket).

79

Conexões textuais

Observe a imagem a seguir. Onde é possível encontrar textos parecidos com esse? Será que essa imagem pode ser considerada um poema?

VENDO POESIA
Para quem gosta
Poesia nada custa
Poesia nada gasta
Bastam os olhos
da cara

Leo Cunha. Vendo poesia. Em: *Vendo poesia*. São Paulo: FTD, 2010. p. 9.

1. Você já tinha lido um texto parecido com o da página anterior? Em caso afirmativo, comente com os colegas.

2. Qual é o assunto tratado nesse poema? Esse poema pode ser considerado um poema metalinguístico? Justifique sua resposta.

> **DICA!**
> **Metalinguagem** é o uso de um tipo de linguagem para falar daquela própria linguagem. Por exemplo, um filme que trata sobre cinema; um livro que se refere a outro livro, etc.

3. Com que outro gênero esse poema se parece? Em que suporte esse gênero é possível de ser encontrado?

4. Releia o título do poema: "Vendo poesia".

    a) Esse título se assemelha aos títulos empregados no gênero que você citou na questão anterior? Que outras formas verbais costumam aparecer nesses títulos?

    b) A forma verbal **vendo** pode apresentar mais de um significado nesse título. Quais são eles?

5. Qual é a diferença entre o texto que está circulado e os demais textos da página anterior?

6. Sobre o formato do poema, responda às questões.

    a) Por que esse texto é um poema e não um texto como os demais da página de jornal?

    b) Que relação pode ser estabelecida entre esse poema e o poema "Vai, ano velho"?

7. Nesse poema, há uma repetição. Identifique-a e explique o efeito que ela causa no texto.

8. Releia os dois últimos versos do poema e responda às questões.

> Bastam os olhos
> da cara

    a) Você já conhecia a expressão "olhos da cara"? O que ela significa?

    b) No contexto desse poema, de que outra maneira essa expressão pode ser entendida?

9. Copie o quadro em seu caderno, completando-o com informações de cada poema.

	"Vai, ano velho"	"Vendo poesia"
Quem é o autor?		
Em que suporte foi publicado?		
Quando foi publicado?		
Qual é a temática abordada?		
É composto de quantas estrofes e versos?		
Possui rimas?		

- De acordo com as informações do quadro, qual é a semelhança e quais são as diferenças entre os poemas?

Linguagem em foco

A paródia em poemas

Embora a paródia possa ser produzida em qualquer gênero, é comum encontrarmos poemas e letras de canção que se valem desse recurso. Dessa maneira, nosso estudo nesta seção será de paródias em poemas.

1. Leia o poema abaixo, um dos mais importantes da literatura brasileira, que, até hoje, inspira diversos poetas a recriá-lo.

Canção do exílio

Minha terra tem palmeiras,
Onde canta o Sabiá;
As aves, que aqui gorjeiam,
Não gorjeiam como lá.

Nosso céu tem mais estrelas,
Nossas várzeas têm mais flores,
Nossos bosques têm mais vida,
Nossa vida mais amores.

Em cismar, sozinho, à noite,
Mais prazer encontro eu lá;
Minha terra tem palmeiras,
Onde canta o Sabiá.

Minha terra tem primores,
Que tais não encontro eu cá;
Em cismar — sozinho, à noite —
Mais prazer encontro eu lá;
Minha terra tem palmeiras,
Onde canta o Sabiá.

Não permita Deus que eu morra,
Sem que eu volte para lá;
Sem que desfrute os primores
Que não encontro por cá;
Sem qu'inda aviste as palmeiras,
Onde canta o Sabiá.

Gonçalves Dias. Canção do Exílio. Em: Adriana Calcanhotto (Org.). *Antologia ilustrada da poesia brasileira*: para crianças de qualquer idade. Rio de Janeiro: Casa da Palavra, 2013. p. 12-13.

Para saber mais

Publicada em 1846, a "Canção do exílio", um dos poemas mais emblemáticos da nossa literatura, revela o saudosismo de um eu lírico que está longe de sua terra natal e exalta a natureza e o orgulho pela pátria. Esse poema foi escrito pelo maranhense Antônio Gonçalves Dias (1823-1864) em 1843, época em que o poeta cursava Direito em Portugal. Além de poeta, foi advogado, jornalista, etnógrafo, teatrólogo e ocupou a cadeira 15 da Academia Brasileira de Letras (ABL). Gonçalves Dias pertenceu à primeira fase do romantismo brasileiro do século XIX, que tinha como uma das principais características o nacionalismo exagerado e a exaltação da beleza, bem como a valorização da melancolia e do sentimentalismo.

Gravura em metal. *A. Gonçalves Dias*, produzida por Modesto Brocos em 1931, 14,3 × 9,2 cm. BNDigital Fundação Biblioteca Nacional, Rio de Janeiro.

a) De acordo com o título do poema e as informações do boxe **Para saber mais** da página anterior, a que se refere esse exílio?

b) Que país representa a terra natal do eu lírico? Que sentimentos ele expressa nesse poema em relação à terra natal?

c) Quais advérbios marcam os lugares que provocam a oposição de sentimentos no eu lírico? A que lugares eles se referem?

d) O eu lírico ressalta principalmente que aspectos positivos de sua terra natal? Copie em seu caderno a alternativa correta.

   A as pessoas   **B** a natureza   **C** a cultura

e) Releia a segunda estrofe do poema. Que símbolo oficial do Brasil estabelece uma relação de intertextualidade com esses versos? Justifique sua resposta.

> **DICA!**
> Os símbolos oficiais do Brasil são: a Bandeira Nacional, o Hino Nacional, o Brasão da República e o Selo Nacional.

2. Releia as estrofes abaixo.

I
Nosso céu tem mais estrelas,
Nossas várzeas têm mais flores,
Nossos bosques têm mais vida,
Nossa vida mais amores.

II
Minha terra tem primores,
Que tais não encontro eu cá;
Em cismar — sozinho, à noite —
Mais prazer encontro eu lá;
Minha terra tem palmeiras,
Onde canta o Sabiá.

a) Os pronomes do trecho **I** foram empregados em que pessoa e número? E os do trecho **II**?

b) Quais são os efeitos do uso desses pronomes em cada estrofe?

c) Leia os versos a seguir, extraídos do trecho **II**.

> Em cismar — sozinho, à noite —
> Mais prazer encontro eu lá;

Além da saudade, que sentimentos são possíveis de identificar nesses versos? Por quê?

3. Leia o verbete abaixo.

> **canção** (can.*ção*) *sf.* **1** Qualquer composição musical (popular ou erudita) para ser cantada. **2** Poesia lírica. [Pl.: *-ções*.]

Caldas Aulete. *Minidicionário contemporâneo da língua portuguesa*. 2. ed. Rio de Janeiro: Lexikon, 2009. p. 135.

Com qual das acepções apresentadas pelo dicionário a palavra **canção** foi empregada no título do poema?

4. Esse poema apresenta rimas? Em caso afirmativo, identifique os versos que rimam entre si em cada estrofe.

5. Leia o poema a seguir e responda às questões.

Canção de exílio facilitada

lá?
ah!

sabiá...
papá...
maná...
sofá...
sinhá...

cá?
bah!

José Paulo Paes. Canção de exílio facilitada. Em: *Poesia completa*.
São Paulo: Companhia das Letras, 2008. p. 194.

Para saber mais

José Paulo Paes (1926-1998) foi poeta da terceira fase do período modernista brasileiro, precisamente da chamada **Geração de 45**, cujas características literárias são a ironia, a paródia, a crítica ao passado histórico, o questionamento ao caráter político, etc.

Foto de José Paulo Paes, 1991.

a) Com qual texto o poema acima estabelece uma relação intertextual?

b) Que elementos presentes nesse poema marcam essa referência?

c) O poema de José Paulo Paes se chama "Canção de exílio facilitada", enquanto o de Gonçalves Dias se chama "Canção do exílio". Qual é o objetivo do poeta ao trocar a preposição **do** por **de**?

6. O poema que você leu é uma **paródia**, ou seja, uma recriação a partir de um texto original. O título da paródia costuma deixar pistas a respeito do texto parodiado.

a) Qual a função do adjetivo **facilitada** no título desta paródia?

b) Que sentido o adjetivo empregado confere ao título?

7. Quais foram os advérbios empregados nesse poema que provocaram a oposição de sentimentos?

8. A primeira estrofe apresenta onde o eu lírico gostaria de estar (lá). O que a interjeição **ah!** indica nessa estrofe?

9. Na segunda estrofe são citados alguns elementos que existem "lá": sabiá, papá, maná, sofá e sinhá. Responda às questões a seguir a respeito deles.

a) Qual a importância da palavra **sabiá** utilizada na paródia?

b) O que a palavra **papá** representa no poema?

c) Em língua portuguesa, **maná** pode significar algo muito vantajoso. Que efeito de sentido tem essa palavra na paródia de José Paulo Paes?

d) O que a palavra **sofá** representa nessa estrofe?

e) Que crítica é realizada no verso em que foi empregada a palavra **sinhá**?

10. A última estrofe apresenta onde o eu lírico está (cá). O que a interjeição **bah!** indica nessa estrofe?

11. Copie o quadro a seguir em seu caderno e escreva que função os sinais de pontuação abaixo desempenham no poema "Canção de exílio facilitada".

Ponto de exclamação	
Ponto de interrogação	
Reticências	

12. Qual o objetivo do emprego de palavras monossílabas e oxítonas na paródia?

13. Sobre a organização dos poemas, responda às questões a seguir.

a) Quantas estrofes possui o poema "Canção do exílio"? E a paródia?

b) Por que há diferenças quanto à quantidade de estrofes nos textos?

14. De qual dos dois poemas você mais gostou: o de Gonçalves Dias ou da paródia de José Paulo Paes? Comente suas impressões com os seus colegas.

A **paródia** é a recriação de uma obra com objetivo de tecer humor ou uma crítica. A paródia costuma ser utilizada para discutir temas relevantes à sociedade a partir da ironia, da comicidade ou da sátira.

Todo texto pode ser parodiado, independentemente da linguagem que possua (se verbal ou não verbal) ou do veículo que se utilize para sua divulgação.

Para saber mais

A "Canção do exílio" é um dos poemas brasileiros mais lidos e recriados. Seus versos, cujo ritmo e musicalidade facilitam a memorização, inspiraram escritores de várias gerações, como Casimiro de Abreu ("Canção do exílio"), Oswald de Andrade ("Canto de regresso à pátria"), Murilo Mendes ("Canção do exílio"), Tom Jobim e Chico Buarque ("Sabiá"), Sérgio Capparelli ("Canção da rua Casemiro de Abreu", que estabelece uma relação tanto com o poema de Gonçaves Dias quanto com o de Casimiro de Abreu), entre outros.

Estudo da língua

Orações subordinadas adverbiais I

Vamos estudar agora outra categoria de oração subordinada, as adverbiais, que desempenham um papel semelhante ao dos adjuntos adverbiais.

1. Releia a primeira estrofe do poema "Vai, ano velho".

> Vai, ano velho, vai de vez,
> vai com tuas dívidas
> e dúvidas, vai, dobra a es-
> quina da sorte, e no trinta e um,
> **à meia-noite, esgota o copo**
> e a culpa do que nem me lembro
> e me cravou entre janeiro e dezembro.

No verso em destaque, que função sintática o termo "à meia-noite" exerce em relação ao verbo **esgotar**?

2. Agora leia um período equivalente ao verso em destaque na estrofe. Em seguida, responda às questões.

> O copo esgotará quando for meia-noite.

a) Quais são as formas verbais presentes nesse período?
b) Analise as duas orações e indique qual delas é a principal.
c) Que palavra une as duas orações desse período?
d) A função sintática da oração "quando for meia-noite" em relação à oração "O copo esgotará" é de adjunto adverbial. Além de possuir essa função, que sentido ela acrescenta a essa oração? Copie a alternativa correta.

    A contrariedade   **B** condição   **C** tempo

Como você pôde notar por meio das atividades acima, uma oração pode exercer a função de adjunto adverbial em relação ao verbo da oração principal, indicando, por exemplo, uma circunstância temporal.

> A **oração subordinada adverbial** exerce em relação à oração principal a função de adjunto adverbial. É introduzida por conjunção subordinativa (exceto as integrantes) e é capaz de estabelecer uma relação semântica, como tempo, causa, consequência, finalidade, etc.

Nesta primeira parte, você estudará três tipos de orações subordinadas adverbiais.

Oração subordinada adverbial causal

1. Leia o poema a seguir e responda às questões.

> **Esquecimento**
>
> Um dia a gente esquece:
>   a primeira grande raiva,
>   a mais doida alegria,
>   a mais doída mágoa,
>   a palavra que feriu fundo,
>   o primeiro amor imortal,
>   a maior vergonha da vida,
>   o grande pito do pai,
>   a perda de um amigo,
>   [...]
>
> Um dia a gente esquece
> porque tudo vive o seu tempo
>   e aos poucos se desgasta.

Elias José. Esquecimento. Em: *Amor adolescente*. Ilustrações originais de Denise Rochael. São Paulo: Atual, 1999. p. 39. (Entre linhas e letras).

a) Que ponto de vista o eu lírico pretende expressar no poema?
b) Você concorda com esse ponto de vista do eu lírico? Por quê?

2. Agora releia estes versos: "Um dia a gente esquece / porque tudo vive o seu tempo".

a) Quais são as formas verbais presentes neles?
b) Uma das orações desse período é a principal, e a outra indica a causa daquilo que é expresso na oração principal. Aponte-as.
c) Que palavra é responsável por unir as orações que formam esse período?

A oração que expressa a causa do que é expresso na oração principal é chamada de **oração subordinada adverbial causal**.

As principais conjunções e locuções conjuntivas causais são: **porque**, **visto que**, **uma vez que**, **posto que**, **já que**, **como** (sempre anteposto à oração principal), entre outras. Confira a seguir dois exemplos de orações subordinadas adverbiais causais.

Como não fui avisado, terei de esperar.
↓ ↓
oração subordinada   oração principal
adverbial causal

Trouxe casaco, **já que** está esfriando.
↓ ↓
oração principal   oração subordinada
adverbial causal

87

Oração subordinada adverbial final

1. Leia o poema a seguir. Depois responda às questões.

Tempo

Somos como barcas
deslizando pelo tempo,
e nesse tempo
há que tecer a trama
da vida
com fios de amor e sonho,
para que a viagem seja leve,
para que a viagem seja bela.

Roseana Murray. Tempo. Em: *Manual da delicadeza de A a Z*. Ilustrações originais de Elvira Vigna. São Paulo: FTD, 2001. p. 24. (Coleção Falas poéticas).

a) Quais são os dois elementos comparados pelo eu lírico no poema?

b) De acordo com o eu lírico, com que finalidade a trama da vida deve ser tecida com fios de amor e sonho?

c) Quais versos indicam essa finalidade?

d) Esses versos são orações que se ligam aos versos anteriores por meio de uma locução conjuntiva. Indique-a.

O poema apresenta uma oração com a afirmação de que devemos tecer a trama da vida utilizando fios de amor e sonho e, em seguida, revela a finalidade disso por meio de outra oração.

A **oração subordinada adverbial final** apresenta a finalidade do fato expresso na oração principal.

As principais conjunções e locuções conjuntivas finais são: **para que**, **a fim de que**. Veja alguns exemplos de oração com essas conjunções.

Deixei recado **para que** não se atrasasse.
↓   ↓
oração principal   oração subordinada
                     adverbial final

A fim de que decidisse, contei-lhe tudo.
↓   ↓
oração subordinada   oração principal
adverbial final

Para saber mais

A palavra **que** também pode ser uma conjunção final. Nesse caso, geralmente ela iniciará uma oração com verbo no subjuntivo e equivalerá à locução conjuntiva **para que**. Veja um exemplo.

Fiz sinal **que** parasse.
↓   ↓
oração principal   oração subordinada
                   adverbial final

88

Oração subordinada adverbial comparativa

1. Agora leia o trecho de poema abaixo para responder às questões a seguir.

O Gondoleiro do Amor

[...]

Teus olhos são negros, negros,

Como as noites sem luar...

São ardentes, são profundos,

Como o negrume do mar;

Sobre o barco dos amores,

Da vida boiando à flor,

Douram teus olhos a fronte

Do Gondoleiro do amor.

[...]

Castro Alves. O Gondoleiro do Amor.
Em: *Espumas flutuantes*. 5. ed.
Ilustrações originais de Moa Simplicio.
Cotia: Ateliê Editorial, 2005. p. 103.

a) Que efeito a repetição da palavra **negros** cria no primeiro verso do poema?

b) No penúltimo verso da segunda estrofe, há uma contradição: embora negros, os olhos da amada são capazes de dourar a fronte do gondoleiro do amor. Que sentimentos e sensações esses olhos despertam no eu lírico?

2. Leia uma reescrita para os dois primeiros versos e responda às questões.

Teus olhos são negros como as noites sem luar.

a) Nesse período há duas orações, entretanto a forma verbal de uma delas não aparece. Qual é essa forma verbal? Por que ela ficou implícita?

b) Qual dessas orações é a principal e qual é a subordinada?

c) Que relação de sentido a oração subordinada desempenha em relação à oração principal? Que palavra é responsável por uni-las?

A **oração subordinada adverbial comparativa** estabelece uma relação de comparação com um fato ou elemento da oração principal. Nesse tipo de oração a forma verbal costuma ficar implícita quando ela é a mesma da principal.

As principais conjunções e locuções conjuntivas comparativas são: **como**, **assim como**, **(tanto) quanto**, **(mais) que**, **(mais) do que**, **(menos) que**. Veja alguns exemplos de períodos com orações subordinadas adverbiais comparativas.

No passeio, meu cão **mais** correu **do que** andou.

| oração principal | oração subordinada adverbial comparativa |

Eu não canto **tanto quanto** ela.

| oração principal | oração subordinada adverbial comparativa |

89

Atividades

1. Leia um trecho de um texto de divulgação científica. Em seguida, responda às questões propostas.

Ivan Lukyanchuk/Shutterstock.com/ID/BR

http://super.abril.com.br/cultura/por-que-algumas-pessoas-atraem-mais-mosquitos-do-...

Por que algumas pessoas atraem mais mosquitos do que outras?

Se você já passou a noite sendo picado por insetos enquanto o resto da turma escapou ileso, este texto não vai apagar suas feridas. Mas ao menos vai explicá-las.

O principal atrator de mosquitos (ou pernilongos, são sinônimos) é o suor. Essa relação foi estudada na Universidade da Califórnia: cientistas pegaram um homem incapaz de suar e constataram que ele atraía bem menos insetos que o normal. Essa atração acontece porque 90% dos nervos das antenas dos mosquitos são dedicados à detecção de substâncias químicas, como o ácido láctico – não por coincidência, presente em nosso suor.

Para nosso azar, outra coisa que alerta os radares desses [...] insetos sanguinários é o dióxido de carbono (CO_2), simplesmente o gás que a gente joga no ambiente toda vez que respiramos.

Cuidado com noites quentes: como o calor deixa os mosquitos sedentos, elas costumam ser mais "picantes". Quem buscar um refresco perto da janela poderá estar trocando 6 por meia dúzia, já que a brisa vai levar os sinais do seu ácido láctico e o seu CO_2 pelo ar até o pernilongo. A maioria dos repelentes se vale justamente desse fato: modificam nosso odor, confundindo os sentidos dos insetos.

[...]

Rafael Tonon. Por que algumas pessoas atraem mais mosquitos do que outras? *Superinteressante*, São Paulo, Abril, 31 out. 2016. Disponível em: <http://super.abril.com.br/cultura/por-que-algumas-pessoas-atraem-mais-mosquitos-do-que-outras>. Acesso em: 28 out. 2018. © Rafael Tonon/Abril Comunicações S.A.

a) Releia o título do texto e indique a oração adverbial presente nele. Em seguida, classifique-a.

b) No texto, qual é a relação entre o suor e os mosquitos?

c) O que faz os mosquitos serem atraídos pelo suor humano?

d) Nesse texto, são apresentadas informações de uma pesquisa científica. Qual é a importância de dados como esse para os textos de divulgação científica?

2. Releia este período do texto.

> Quem buscar um refresco perto da janela poderá estar trocando 6 por meia dúzia, **já que a brisa vai levar os sinais do seu ácido láctico e o seu CO_2 pelo ar até o pernilongo.**

a) Indique a ideia expressa pela oração em destaque em relação ao restante do período. Em seguida, classifique-a.

b) No segundo parágrafo do texto, há uma oração que possui relação de sentido e classificação idênticas à da oração destacada. Indique-a.

3. Leia o título de notícia a seguir e responda às questões.

> **Teatro Oficina aguarda por reforma para que árvore não derrube a parede**
>
> *Estadão*, 28 out. 2018. Disponível em: <https://cultura.estadao.com.br/noticias/teatro-e-danca,teatro-oficina-aguarda-por-reforma-para-que-arvore-nao-derrube-a-parede,70002568159>. Acesso em: 28 out. 2018.

a) Quais são as orações que compõem esse período? Indique a forma verbal de cada uma delas.

b) Que locução conjuntiva une a oração subordinada adverbial à oração principal?

c) Que relação de sentido essa conjunção estabelece entre as orações?

d) Com base nas respostas anteriores, como essa oração subordinada é classificada?

4. Analise o anúncio de propaganda abaixo e responda às questões.

Ibama e MMA. Anúncio de propaganda Campanha nacional de proteção à fauna silvestre.

a) A que a palavra **isto** se refere no anúncio?

b) Que relação a oração "porque você compra" estabelece com a oração "isto acontece"? Que classificação essa oração recebe?

c) De que forma o anúncio busca sensibilizar o leitor a colaborar para a preservação da fauna brasileira?

d) Que instrução o anúncio apresenta como uma das formas de se combater o problema?

Leitura 2

O poema que você vai ler a seguir foi escrito por Ana Maria Machado. Você conhece essa escritora? Já leu algum livro dela? Leia o título do poema. O que você imagina ser o "primeiro mar"? O que acha que esse poema vai abordar?

Primeiro mar

Tantas páginas lidas muito antes
Tantos livros que enchiam as estantes
Tantos heróis a povoar os sonhos
Tantos perigos, monstros tão medonhos

Nos tempos sem tevê e sem imagem
Palavras fabricavam paisagem

Tesouros, mapas, ilhas tropicais,
Argonautas, recifes de corais,
Perigos na neblina entre rochedos.
Vinte mil léguas cheias de segredos,

Histórias de naufrágio e abordagens,
Ulisses, Moby Dick, mil viagens,
Robinson, calmarias, um motim.
Descobertas, veleiros, mar sem fim.

Mezena e bujarrona a todo o pano,
Lonjura, escorbuto, quase um ano.
Respingos salpicando a escotilha
Vagalhões se quebrando sobre a quilha.

92

Marujos, capitães, navegadores,
Piratas, marinheiros, pescadores,
Um sextante as estrelas a mirar
No convés, som de gaita ao luar

Nuvens de tempestade no horizonte
Um vigia na gávea sonha um monte
A cada onda, cada tábua geme,
O timão firme vai mantendo o leme

Cabeça de palavras povoada
Conversas de amplidão imaginada
Mas que leitura tanto poderia?

Cheiro salgado a entrar pelas narinas
E a dança leve de algas submarinas
Sal azul, movimento de água fria

O que se leu mostrava o infinito
Só não se imaginava tão bonito
Tão pleno de surpresas e imprevistos

Mesmo em tantas belezas celebradas
Por todas as palavras encantadas
Por mares nunca dantes entrevistos

Ana Maria Machado. Primeiro mar. Em: *Sinais do mar*. São Paulo: Global, 2017. p. 44-49.

Para saber mais

Ana Maria Machado é uma escritora brasileira nascida no Rio de Janeiro, em 1941. Escreve literatura infantojuvenil e adulta. Alguns de seus livros infantojuvenis mais famosos são: *Bisa Bia, Bisa Bel*, *Menina bonita do laço de fita* e *História meio ao contrário*. Ana Maria Machado é membro da Academia Brasileira de Letras desde 2003 e foi presidente dessa instituição nos anos 2012 e 2013.

Foto de Ana Maria Machado, 2012.

Estudo do texto

1. As hipóteses que você levantou antes de ler o poema se confirmaram após a leitura? Converse com os colegas a respeito.

2. De que trata o poema?

3. Que sentimentos do eu lírico são perceptíveis no poema?

4. O eu lírico aborda fatos relacionados ao presente ou às memórias do passado? Comprove sua resposta com um trecho do poema.

5. Como pode ser interpretado o verso: "Palavras fabricavam paisagem"?

6. Releia a terceira estrofe do poema e responda às questões.

a) Em que espaço se desenvolve uma história que possui os elementos citados nos três primeiros versos dessa estrofe: tesouros, mapas, ilhas tropicais, argonautas, recifes de corais e neblina entre rochedos?

b) No último verso da estrofe, o eu lírico emprega a expressão **vinte mil léguas**. Você já ouviu essa expressão antes? Leia o boxe abaixo e responda: por que essa referência é apresentada no poema?

> **Para saber mais**
>
> A trama de *Vinte mil léguas submarinas* se passa em 1866, quando começam a surgir estranhas aparições nos mares. Para resolver o mistério, o professor Aronnax, seu criado conselheiro e Ned Land, um arpoador, embarcam no navio Abraham Lincoln. Após um acidente com o navio, os três são jogados no mar e salvos por um submarino, iniciando uma viagem nas profundezas do oceano.

7. Na quarta estrofe do poema, o eu lírico faz referência a algumas personagens de obras da literatura universal.

Ideário Lab

Ulisses: protagonista da *Odisseia*, poema atribuído a Homero (entre os séculos IX e VIII a.C), que narra as aventuras desse herói ao navegar de volta para casa, após a guerra de Troia.

Moby Dick: nome dado à grande baleia do romance homônimo do estadunidense Herman Melville (1819-1891).

Robinson: um marinheiro náufrago, protagonista do romance *Robinson Crusoé*, do escritor francês Daniel Defoe (1660-1731).

a) Você conhece essas obras? Já as leu ou ouviu falar delas? Conte aos colegas o que sabe sobre elas.

b) De que maneira essas referências se articulam ao título do poema?

8. Leia as palavras do quadro abaixo, empregadas na quinta estrofe do poema, e relacione-as ao seu significado. Se necessário, consulte um dicionário.

> mezena • bujarrona • escorbuto • escotilha • vagalhão • quilha

A Vela triangular, a maior das velas da proa.

B Peça da estrutura da embarcação ou nome que se dá ao próprio navio.

C Vela quadrangular.

D Elevação de grande tamanho.

E Abertura no convés ou coberta do navio para passagem de luz.

F Doença causada por carência de vitamina C.

9. Releia a sexta estrofe do poema e responda:

a) A que as palavras dos dois primeiros versos se relacionam? De que forma elas contribuem para a criação de sentidos no poema?

b) Além da representação do mar, que outra imagem é formada pelos dois últimos versos? Explique.

10. Releia a sétima estrofe do poema.

> Nuvens de tempestade no horizonte
> Um vigia na gávea sonha um monte
> A cada onda, cada tábua geme,
> O timão firme vai mantendo o leme

a) De acordo com a temática do mar, o que essa estrofe descreve?

b) Considerando que o eu lírico estabelece uma relação entre a leitura e o mar, a que momento de uma leitura essa estrofe pode se relacionar?

11. Releia a oitava estrofe do poema e explique a relação que há entre ela e as demais estrofes, que descrevem o mar e seus elementos.

12. Analise mais uma estrofe do poema.

> Cheiro salgado a entrar pelas narinas
> E a dança leve de algas submarinas
> Sal azul, movimento de água fria

a) A que o eu lírico se refere ao empregar a expressão **cheiro salgado**?

b) É comum empregar o adjetivo **salgado** para caracterizar um cheiro? Comente.

c) Por que o eu lírico empregou esse adjetivo para se referir ao cheiro do mar?

Para saber mais

Quando ocorre a associação de palavras ou expressões em que há combinação de diferentes sensações, damos o nome de **sinestesia**, ou seja, a transferência de percepção de um sentido para o outro, por exemplo: um cheiro salgado, uma cor estridente, um ruído áspero, uma luz macia, etc. É um recurso linguístico muito recorrente em poemas.

13. Releia a primeira estrofe do poema e responda às questões.

> Tantas páginas lidas muito antes
> Tantos livros que enchiam as estantes
> Tantos heróis a povoar os sonhos
> Tantos perigos, monstros tão medonhos

a) Que palavras são repetidas? Qual é o efeito provocado por essa repetição?

b) Que palavras rimam entre si nessa estrofe? Em que versos elas estão?

c) Volte ao poema e observe as rimas. Esse esquema de rimas da primeira estrofe se repete no poema? Comente.

14. Copie a alternativa correta a respeito da linguagem empregada nesse poema.

A A linguagem é subjetiva, pois o eu lírico emprega a imagem do mar para se referir à sua experiência pessoal com a leitura.

B A linguagem é objetiva, pois o eu lírico descreve o mar e a experiência de leitura de forma impessoal, neutra.

15. Leia a primeira estrofe do poema épico *Os Lusíadas*, de Luís Vaz de Camões, e responda às questões.

Canto Primeiro

As armas e os barões assinalados
Que, da ocidental praia lusitana,
Por mares nunca dantes navegados
Passaram ainda além da Taprobana,
Em perigos e guerras esforçados,
Mais do que prometia a força humana,
E entre gente remota edificaram
Novo Reino, que tanto sublimaram;
[...]

Luís Vaz de Camões. Canto Primeiro. Em:
Os Lusíadas. São Paulo: FTD, s. d. p. 12.

> **Para saber mais**
>
> *Os Lusíadas* é um poema de Luís Vaz de Camões (1524--1579). Publicado pela primeira vez em 1572, o poema narra a viagem de Vasco da Gama para a Índia como pano de fundo para descrever episódios da história de Portugal e de seu povo. É composto de dez cantos e 8 816 versos dentro de um esquema fixo de rimas.

a) Qual dos versos dessa estrofe se assemelha a um verso do poema "Primeiro mar"? A que verso ele se assemelha?

b) Por que o eu lírico finalizou o poema com esse verso?

c) Que mudança de sentido foi provocada pela troca da palavra **navegados**, do poema *Os Lusíadas*, para **entrevistos**, do poema "Primeiro mar"?

16. Releia as duas últimas estrofes do poema e responda:

a) Qual é a conclusão do eu lírico a respeito de sua experiência com a leitura?

b) Você concorda com a opinião do eu lírico? Como foi e como é para você essa experiência de leitura? Converse com os colegas a respeito disso.

Linguagem em foco

As figuras de linguagem

Neste capítulo, você leu alguns poemas e pôde perceber que os poetas usam certos recursos da linguagem para construir imagens em seus textos. Esses recursos são chamados de figuras de linguagem. Para produzir sentidos novos e expressivos, as figuras de linguagem exploram os sons, os sentidos das palavras e das expressões e as estruturas da língua. Nesta seção, vamos estudar algumas das principais figuras de linguagem.

Personificação (ou prosopopeia)

1. Releia alguns versos do poema "Primeiro mar" e responda às questões.

> Nuvens de tempestade no horizonte
> Um vigia na gávea sonha um monte
> **A cada onda, cada tábua geme**
> O timão firme vai mantendo o leme
>
> Cabeça de palavras povoada
> Conversas de amplidão imaginada
> Mas que leitura tanto poderia?
>
> Cheiro salgado a entrar pelas narinas
> **E a dança leve de algas submarinas**
> Sal azul, movimento de água fria

a) Quais elementos realizam as ações expressas nos versos destacados?

b) Copie em seu caderno a alternativa correta a respeito desses elementos.

   A Ambos são seres animados e racionais.

   B Um é um ser inanimado e o outro é um ser irracional.

   C Ambos são seres animados, porém irracionais.

   D Ambos são seres inanimados e irracionais.

c) As ações **gemer** e **dançar** são normalmente praticadas por quem?

d) Que efeito de sentido o emprego dos verbos **gemer** e **dançar** relacionados a esses elementos gera no poema?

Damos o nome de **personificação** à figura de linguagem que consiste em atribuir características, ações e sentimentos próprios de seres humanos a seres inanimados ou irracionais.

97

Eufemismo

1. Leia o poema abaixo e responda às questões a seguir.

Luz

Com pedrinhas de luz
convém marcar o caminho
desde o nascimento
até a última curva,
quando para sempre
o sol se esconde.

Com pedrinhas de luz
convém construir
a casa e os gestos.
Fazer do coração
uma gruta amorosa,
um farol,
a iluminada e leve morada.

Roseana Murray. Luz. Em: *Manual da delicadeza de A a Z.* 3. ed. Ilustrações originais de Elvira Vigna. São Paulo: FTD, 2014. p. 21.

a) Qual é o tema central do poema?
b) O que eu lírico quis dizer com o verso destacado?
c) Que efeito de sentido o emprego da expressão "até a última curva" gera no poema?
d) De que maneira o eu lírico acredita que o caminho descrito deve ser seguido?
e) Como isso se relaciona ao título do poema?

Eufemismo é a figura de linguagem que consiste no emprego de uma palavra ou expressão atenuada para afirmar algo desagradável.

2. Leia um trecho da crônica "Vida de gringo", em que Fabrício Carpinejar escreve sobre a vida em Caxias do Sul, sua cidade natal.

[...]
O gringo gosta tanto de si que suas manias escapam das críticas e assumem o aspecto simpático de eufemismos: não é gritão, é passional; não é fofoqueiro, é preocupado.
[...]

Fabrício Carpinejar. Beleza Interior: um passeio pela alma do Estado. *GaúchaZH*, Porto Alegre, 8 jan. 2011. Geral. Disponível em: <https://gauchazh.clicrbs.com.br/geral/noticia/2011/01/beleza-interior-um-passeio-pela-alma-do-estado-3169530.html>. Acesso em: 30 out. 2018.

Explique o sentido da palavra **eufemismos** empregada nesse trecho.

Antítese

1. Leia o poema a seguir para responder às questões.

> Nasce o Sol, e não dura mais que um dia,
> Depois da Luz se segue a noite escura,
> Em tristes sombras morre a formosura,
> Em contínuas tristezas a alegria.
>
> Porém se acaba o Sol, por que nascia?
> Se formosa a Luz é, por que não dura?
> Como a beleza assim se transfigura?
> Como o gosto da pena assim se fia?
>
> Mas no Sol, e na Luz, falte a firmeza,
> Na formosura não se dê constância,
> E na alegria sinta-se tristeza.
>
> Começa o mundo enfim pela ignorância,
> E tem qualquer dos bens por natureza
> A firmeza somente na inconstância.

Gregório de Matos. *Poesias selecionadas*. 3. ed.
São Paulo: FTD, 1998. p. 60. (Coleção Grandes leituras).

a) Qual é o tema central desse poema?

b) No quarto verso da primeira estrofe, há duas palavras que apresentam sentidos opostos. Quais são elas?

c) Todos os versos da primeira estrofe do poema apresentam ideias contrárias. Que ideias são essas?

d) Todos os versos da segunda estrofe terminam com ponto de interrogação. Que efeito o emprego desse sinal de pontuação cria no poema?

e) Há também oposição de sentido entre palavras da terceira e da quarta estrofe. Quais são elas?

f) De que maneira o emprego de palavras com sentidos opostos contribui para a construção do sentido do poema?

A **antítese** é a figura de linguagem em que se opõem, em um mesmo contexto, duas palavras, sintagmas ou orações de modo que intensifiquem o sentido do que se pretende dizer.

2. Leia os títulos de notícia a seguir.

Fake news: Verdades de mentira

Jornal do Brasil, 6 out. 2018. Disponível em: <https://www.jb.com.br/economia/2018/10/944519-fake-news-verdades-de-mentira.html>. Acesso em: 25 out. 2018.

A arte de transformar derrotas em vitórias

Público, 14 out. 2018. Disponível em: <https://www.publico.pt/2018/10/14/politica/editorial/a-arte-de-transformar-derrotas-em-vitorias-1847499>. Acesso em: 25 out. 2018.

Em seu caderno, explique o efeito provocado neles pelo emprego da antítese.

Aliteração

1. Leia este poema e realize as atividades a seguir.

Eu danço!

Eu danço manso, muito manso,
 Não canso e danço,
Danço e venço,
 Manipanço...
 Só não penso...

Quando nasci eu não pensava e era feliz...

Quando nasci eu já dançava,
Dançava a dança da criança,
 Surupango da vingança...

Dança do berço:
 Sim e Não...
Dança do berço:
 Não e Sim...
 A vida é assim ...
E eu sou assim.

...ela dançava porque tossia...
 Outros dançam de soluçar...
 Eu danço manso a dança do ombro...
 Eu danço...Não sei mais chorar!...

Mário de Andrade. Eu danço! Em: *Poesias completas*. São Paulo: Martins Ed., 1955. p. 232-233.

a) Que relação pode ser estabelecida entre a forma e o conteúdo do poema?

b) Que som consonantal é repetido no poema? Que efeito esse recurso é capaz de criar?

> A **aliteração** é a figura de linguagem expressa pela repetição de sons consonantais.

Assonância

1. Leia um trecho de um poema e responda às questões.

Um Sonho

Na messe, que enlourece, estremece a quermesse...
O sol, o celestial girassol, esmorece...
E as cantilenas de serenos sons amenos
Fogem fluidas, fluindo à fina flor dos fenos...
[...]

Eugênio de Castro. Um Sonho. Em: Alexandre Pinheiro Torres (Org.).
Antologia da poesia portuguesa. Porto: Lello & Irmão, 1977. v. 2. p. 1351.

a) De que trata esse trecho do poema?

b) Qual som vocálico mais se repete nessa estrofe? Que efeito isso provoca?

> A **assonância** é a figura de linguagem que consiste na repetição de sons vocálicos.

Anáfora

1. Leia o poema a seguir para responder às questões.

romance em doze linhas

quanto falta pra gente se ver hoje
quanto falta pra gente se ver logo
quanto falta pra gente se ver todo dia
quanto falta pra gente se ver pra sempre
quanto falta pra gente se ver dia sim dia não
quanto falta pra gente se ver às vezes
quanto falta pra gente se ver cada vez menos
quanto falta pra gente não querer se ver
quanto falta pra gente não querer se ver nunca mais
quanto falta pra gente se ver e fingir que não se viu
quanto falta pra gente se ver e não se reconhecer
quanto falta pra gente se ver e nem lembrar que um dia se conheceu.

Bruna Beber. romance em doze linhas. Em: *Rua da padaria*. 2. ed. Rio de Janeiro: Record, 2014. p. 27.

a) Esse poema aborda um romance com final feliz? Justifique a sua resposta.
b) Como era o romance no início do poema? Explique.
c) A partir de qual verso o romance começa a ficar abalado? Por quê?
d) Quais estruturas se repetem ao longo do poema?
e) Qual é o efeito de sentido produzido por essa repetição?

Damos o nome de **anáfora** à figura de linguagem que consiste na repetição de uma ou mais palavras no início de períodos, frases, orações ou versos.

2. Releia a última estrofe do poema "Primeiro mar".

Mesmo em tantas belezas celebradas
Por todas as palavras encantadas
Por mares nunca dantes entrevistos.

a) Identifique em seu caderno as palavras que marcam a anáfora nessa estrofe.
b) Qual o efeito provocado por essa repetição?
c) Localize no poema "Primeiro mar" outra estrofe que apresenta anáfora.

101

Estudo da língua

Orações subordinadas adverbiais II

Nesta seção você estudará mais dois tipos de orações adverbiais.

Oração subordinada adverbial condicional

1. Leia o poema a seguir e responda às questões.

Os meus versos

Rasga esses versos que eu te fiz, Amor!
Deita-os ao nada, ao pó, ao esquecimento,
Que a cinza os cubra, que os arraste o vento,
Que a tempestade os leve aonde for!

Rasga-os na mente, se os souberes de cor,
Que volte ao nada o nada dum momento!
Julguei-me grande pelo sentimento,
E pelo orgulho ainda sou maior!...

Tanto verso já disse o que eu sonhei!
Tantos penaram já o que eu penei!
Asas que passam, todo o mundo as sente...

Rasgas os meus versos... Pobre endoidecida!
Como se um grande amor cá nesta vida
Não fosse o mesmo amor de toda a gente!...

Florbela Espanca. Os meus versos. Em: *Poemas de Florbela Espanca*. São Paulo: Martins Fontes, 1996. p. 287.

a) Que sentimentos o eu lírico deixa transparecer em relação aos versos que fez para a sua amada? O que pode ter provocado esses sentimentos?

b) O verso "Rasga-os na mente, se os souberes de cor" é formado por um período simples ou composto? Explique.

c) Qual das orações desse período é a principal? E qual indica a condição para que o fato expresso na oração principal ocorra?

d) Que palavra introduz a oração que indica essa condição?

Você pôde notar que a ordem emitida pelo eu lírico deveria ser realizada desde que uma condição fosse atendida.

A oração que expressa a condição necessária para que a ação do verbo da oração principal aconteça é chamada de **oração subordinada adverbial condicional**.

As principais conjunções e locuções conjuntivas condicionais são: **se**, **caso**, **exceto**, **salvo**, **desde que**, **sem que**, **a menos que**, **a não ser que**.

Só viajaremos **caso** não chova.
↓ ↓
oração principal | oração subordinada adverbial condicional

Você vencerá **desde que** esteja preparada.
↓ ↓
oração principal | oração subordinada adverbial condicional

102

Oração subordinada adverbial conformativa

1. Leia o texto a seguir e responda às questões.

> [...]
>
> Não me indigno, porque a indignação é para os fortes; não me resigno, porque a resignação é para os nobres; não me calo, porque o silêncio é para os grandes. E eu não sou forte, nem nobre, nem grande. Sofro e sonho. Queixo-me porque sou fraco e, porque sou artista, entretenho-me a tecer musicais as minhas queixas e a arranjar meus sonhos conforme me parece melhor a minha ideia de os achar belos.
>
> Só lamento o não ser criança, para que pudesse crer nos meus sonhos, o não ser doido para que pudesse afastar da alma de todos os que me cercam. E tomar o sonho por real, viver demasiado os sonhos deu-me este espinho à rosa falsa de minha sonhada vida: que nem os sonhos me agradam, porque lhes acho defeitos.
>
> Nem com pintar esse vidro de sombras coloridas me oculto o rumor da vida alheia ao meu olhá-la, do outro lado.
>
> Ditosos os fazedores de sistemas pessimistas! Não só se amparam de ter feito qualquer coisa, como também se alegram do explicado, e se incluem na dor universal.
>
> Eu não me queixo pelo mundo. Não protesto em nome do universo. Não sou pessimista. Sofro e queixo-me, mas não sei se o que há de geral é o sofrimento nem sei se é humano sofrer. Que me importa saber se isso é certo ou não?
>
> Eu sofro, não sei se merecidamente. (Corça perseguida.)
>
> Eu não sou pessimista, sou triste.
>
> [...]
>
> Fernando Pessoa. *Livro do desassossego*: composto por Bernardo Soares, ajudante de guarda-livros na cidade de Lisboa. 3. ed. São Paulo: Companhia das Letras, 2011. p. 149-150.

a) Por que o narrador lamenta não ser criança?

b) Releia este trecho do texto.

> [...] entretenho-me a tecer musicais as minhas queixas e a arranjar meus sonhos **conforme me parece melhor a minha ideia** de os achar belos.

- Que sentido a oração subordinada em destaque expressa em relação às orações anteriores? Copie em seu caderno a alternativa correta.

  A condição   **B** conformidade   **C** tempo

- Que palavra é responsável por ligar as orações e estabelecer a relação de sentido entre elas? Que classificação ela recebe?

A **oração subordinada adverbial conformativa** estabelece uma ideia de conformidade, uma espécie de acordo com a ação do verbo da oração principal.

As principais conjunções e locuções conjuntivas conformativas são: **conforme**, **como**, **consoante**, **segundo**. Veja os exemplos.

Trouxe as malas **conforme** você pediu.

oração principal — oração subordinada adverbial conformativa

Segundo informou o jornal, choverá hoje.

oração subordinada adverbial conformativa — oração principal

103

Atividades

1. Leia esta quadra e responda às questões a seguir.

Se eu te pudesse dizer
O que nunca te direi,
Tu terias que entender
Aquilo que nem eu sei.

Fernando Pessoa. *Poesias*. Sueli Tomazini Cassal (Org.). Porto Alegre: L&PM, 1996. p. 129.

a) Quais são as pessoas gramaticais que participam dessa quadra?

b) Em sua opinião, o que o eu lírico teria para dizer ao seu interlocutor?

c) Com base no texto, algum dia o interlocutor teria que entender aquilo que o eu lírico não entende? Justifique sua resposta.

d) Localize, na quadra, uma oração adverbial. Em seguida, indique a oração principal em relação a ela e a circunstância que ela expressa.

2. Leia o anúncio de propaganda a seguir e responda às questões.

Apremavi. Anúncio de propaganda Eu respeito os animais da natureza e digo não à caça.

a) Com que intenção um texto como esse é publicado?

b) Qual é a sua posição em relação à temática abordada nesse anúncio?

3. Analise este período "Se você é contra a caça, compartilhe esta ideia!".

a) Essa mensagem ordena que a ideia seja compartilhada por todos? Explique.

b) Nesse período, há uma oração principal e uma subordinada. Identifique-as e indique a circunstância que a subordinada expressa em relação à principal.

c) Qual é a classificação dessa oração subordinada?

4. Leia um trecho do romance *Helena*, de Machado de Assis, em que as personagens Helena e Estácio dialogam. Em seguida, responda às questões.

> [...]
> Quando ali chegou, Helena passeava lentamente, com os olhos no chão. Estácio parou diante dela.
> — Já fora de casa! exclamou em tom de gracejo.
> Helena tinha a carta na mão esquerda; instintivamente a amarrotou como para escondê-la melhor. Estácio, a quem não escapou o gesto, perguntou-lhe rindo se era alguma nota falsa.
> — Nota verdadeira, disse ela, alisando tranquilamente o papel, e dobrando-o conforme recebera; é uma carta.
> [...]
>
> Machado de Assis. *Helena*. 4. ed. São Paulo: FTD, 1997. p. 55. (Coleção Grandes Leituras).

a) Helena tinha a intenção de mostrar a carta a Estácio? Explique sua resposta.
b) Em "alisando tranquilamente o papel, e dobrando-o conforme recebera", a ação de receber está relacionada a que outra ação citada?
c) Como é classificada a oração "conforme recebera"?

5. Leia a tirinha a seguir e responda às questões.

Alexandre Beck. *Armandinho Um*. Florianópolis: A. C. Beck, 2014. p. 87.

a) Você já ouviu falar em campanha de desarmamento? Converse com seus colegas a respeito do que você pensa sobre isso.
b) Para o pai de Armandinho, qual era o sentido da palavra **arma**? E para Armandinho?
c) Qual é o objetivo dessa tirinha?
d) Analise a seguinte fala, formada por um período composto: "Viemos recolher a arma, como solicitaram!".
  • Esse período é composto por coordenação ou subordinação? Justifique.
  • Que circunstância a oração "como solicitaram" expressa em relação à oração "Viemos recolher a arma"? Que outra(s) conjunção(ões) poderia(m) iniciar essa oração sem alterar a circunstância que ela expressa?

Escrita em foco

Processo de formação de palavras: hibridismo

Nesta seção, você vai estudar o processo em que novas palavras são criadas por meio da junção de termos de origem estrangeira.

1. Leia o anúncio de propaganda a seguir e responda às questões.

Cineclube Socioambiental Crisantempo. Anúncio de propaganda de sessões de cinema para discussões que promovam a consciência socioambiental.

a) Qual o objetivo desse anúncio publicitário?

b) Você sabe o significado da palavra **cineclube**? Em caso negativo, realize uma pesquisa em dicionários para descobrir.

c) A palavra **cineclube** é formada a partir da junção de que palavras?

d) Você conhece outras palavras da nossa língua que possuem a palavra **cine-** em sua composição? Cite algumas.

e) Leia a seguir trechos de dicionários e identifique a origem dessas palavras.

> **cine-** elemento de composição antepositivo, do gr. *kínésis, eós* 'movimento' [...]
>
> Antônio Houaiss e Mauro de Salles e Villar. *Dicionário eletrônico Houaiss da língua portuguesa de elementos mórficos.* Rio de Janeiro: Objetiva, 2009.

> **clube** [Do ingl. club.] Substantivo masculino. 1. Local de reuniões políticas, literárias ou recreativas. [...]
>
> Aurélio Ferreira. *Novo Dicionário Eletrônico Aurélio versão 7.0.* São Paulo: Positivo Informática, 2010.

Como você viu, a palavra **cineclube** é formada pela junção de elementos provenientes de línguas distintas: **cine-** tem origem no grego e **clube**, no inglês.

O processo de formação de palavras a partir de elementos de diferentes línguas é chamado **hibridismo**.

Empréstimo linguístico: estrangeirismo

Agora você estudará um fato comum às línguas, que consiste no empréstimo de palavras estrangeiras.

1. Leia a tirinha a seguir para responder às questões.

Gilmar. *Guilber*. São Paulo: SESI-SP Editora, 2016. p. 22.

a) Em que local as personagens estão? Como é possível identificá-lo?

b) O que Guilber, o menino de boné vermelho, aparenta estar sentindo? Qual é a causa desse sentimento?

c) O que levou Guilber à situação apresentada na tirinha?

d) O que é possível concluir que acontecerá com a personagem diante da situação apresentada?

2. Analise a palavra **videogame** e a expressão **game over** e responda às questões.

a) Essa palavra e expressão são de origem portuguesa ou elas são emprestadas de outra língua? Explique como você chegou a essa conclusão.

b) Qual é o significado dessas palavras?

c) Qual termo da língua portuguesa pode substituir a palavra *videogame* sem prejuízo de sentido? Copie em seu caderno a alternativa correta.

　　A videofrequência　　　B videojogo　　　C jogo de tabuleiro

d) Que relação pode ser estabelecida entre a expressão *game over*, utilizada por Guilber no último quadrinho, e a situação vivida por ele? O que essa relação promove na tirinha?

Veja que a expressão *game over* não possui um termo correspondente em português.

Estrangeirismo é o empréstimo de palavras ou expressões de outras línguas quando em nosso idioma não há uma correspondente.

Alguns estrangeirismos são utilizados em sua forma ortográfica original, como *show*, *pizza*, *réveillon*, etc. Outros sofrem um processo de aportuguesamento, que consiste na alteração ortográfica e na pronúncia, como: muçarela, garçom, xampu, etc.

107

Produção de texto

Poema parodiado

Neste capítulo, você conheceu os poemas "Vai, ano velho", de Affonso Romano de Sant'Anna, e "Primeiro mar", de Ana Maria Machado, que tratavam de diferentes temáticas por meio da linguagem poética.

Que tal experimentar a sensação de ser poeta? Em duplas, você e um colega vão recriar um poema utilizando o recurso da paródia, e depois com os demais alunos vão montar um **Livro de poemas parodiados da turma** que poderá ser disponibilizado na escola para que outras pessoas conheçam os textos de vocês.

Para começar

Definam qual poema gostariam de parodiar. As opções abaixo podem auxiliá-los nessa escolha.

Parodiar um dos poemas lidos no capítulo

Se essa for a opção de vocês, releiam os poemas "Vai, ano velho" e "Primeiro mar" e escolham qual deles vocês querem parodiar. Para isso, anotem algumas palavras-chave, bem como as palavras que rimam, a fim de ajudá-los na criação dessa produção.

Parodiar o poema "Canção do exílio"

Como vocês viram, o poema de Gonçalves Dias foi parodiado, por diferentes autores. Se vocês acharem a ideia interessante, pesquisem outras paródias que já foram feitas a partir desse poema e decidam como será o texto de vocês.

Parodiar outro poema

Nesse caso, vocês devem pesquisar em livros e na internet poemas que sejam famosos, pois é importante que o público identifique com facilidade a partir de qual poema vocês produziram a paródia. Vocês podem parodiar um poema dos livros indicados no boxe **Aprenda mais** e, se necessário, peçam ajuda ao professor.

Ilustrações: Rodrigo Gafa

108

► **Aprenda mais**

A poesia do encontro, escrito por Elisa Lucinda e Rubem Alves, é uma obra que explora a poesia, mediante o elo entre os dois autores, como a arte do encontro. A proposta dos autores é envolver o leitor de forma que ele aprecie cada poema. O livro ainda é acompanhado pelo DVD *Poesia à vista*, o qual apresenta algumas ilustrações e outros complementos que auxiliam o leitor a entender a ideia proposta e a sentir a emoção que os autores querem criar.

Elisa Lucinda e Rubem Alves. *A poesia do encontro*. Campinas: Papirus 7 Mares, 2015.

Adélia Prado, uma das mais célebres poetisas brasileiras, além de apresentar seus próprios poemas, em *Poesia reunida*, acrescentou nessa obra alguns poemas de Carlos Drummond de Andrade e Affonso Romano de Sant'Anna.

Adélia Prado. *Poesia reunida*. Rio de Janeiro: Record, 2015.

▌Estruturem seu texto

Após definirem o poema que vão parodiar, chegou o momento de estruturar a primeira versão dele. Para isso, sigam as orientações abaixo.

1 Lembrem-se de que um poema é escrito em versos que, por sua vez, são organizados em estrofes. Vocês podem escrever quantos versos e quantas estrofes preferirem.

2 No momento da escrita, relembrem-se de que a paródia costuma transmitir humor, ironia ou apresentar um tom crítico. Por isso, escolham uma dessas vertentes para seguir durante a produção.

3 Estabeleçam se o poema de vocês vai ou não apresentar rimas. Caso optem por apresentá-las, decidam por seguir ou não uma regularidade, como nos poemas estudados no capítulo. Por exemplo, o poema "Vai, ano velho" não possui uma regularidade no emprego das rimas, já o "Primeiro mar" apresenta rimas entre o primeiro e o segundo versos e entre o terceiro e o quarto versos.

4 A linguagem empregada em poemas costuma ser subjetiva, poética. Por isso, para explorar os sons, os sentidos das palavras e das expressões, empreguem figuras de linguagem, como antítese, eufemismo e aliteração. Além disso, vocês podem fazer uso também da sinestesia, outro recurso muito aplicado em poemas.

5 Para que o poema original seja facilmente reconhecido, mantenham alguns elementos dele na paródia que vocês vão criar. Vocês podem, por exemplo, fazer alguma referência a uma personagem ou a um acontecimento citado no texto original, ou ainda podem citar algum verso.

6 O registro da língua que vão utilizar pode ser mais ou menos formal, dependendo do assunto que vão abordar e da intenção comunicativa.

7 Por fim, elaborem um título bem criativo, que possa ou não dar pistas sobre o poema original.

Avaliem e reescrevam seu texto

Após escreverem a primeira versão do poema parodiado, releiam-no e verifiquem se vocês seguiram os itens abaixo.

- ✓ Escrevemos nosso poema em versos e estrofes?
- ✓ Utilizamos uma linguagem subjetiva e as figuras de linguagem para enriquecer nosso poema?
- ✓ O poema parodiado apresenta humor, crítica, ironia ou outro recurso, mas manteve alguma característica do poema original?
- ✓ Empregamos um registro da língua de acordo com o assunto tratado e a nossa intenção comunicativa?
- ✓ Elaboramos um título interessante para o poema parodiado?

Após conferir todos os itens, releiam o poema avaliando o que pode ser melhorado. Depois, verifiquem se, além dos apontamentos feitos, há mais alguma adequação a ser realizada e elaborem a última versão de seu texto.

Para verificar se os colegas conseguem identificar com facilidade o poema parodiado, combinem com o professor um momento para que vocês apresentem suas produções. Para isso, organizem-se em um círculo e, no momento da apresentação, posicionem-se de frente para os demais alunos, atentando ao ritmo e à entonação de voz adequada, utilizando gestos e expressões faciais que possam contribuir com os sentidos do poema parodiado.

Na sequência, vocês e seus colegas devem produzir o **Livro de poemas parodiados da turma**. Organizem-se em grupos para a realização das seguintes tarefas: produção da capa, produção do sumário, organização e paginação dos poemas e encadernação do livro. Vocês podem inserir o poema original acompanhando cada paródia, para que os leitores possam compará-los. Por fim, disponibilizem o livro à biblioteca da escola para que várias pessoas conheçam a produção de vocês.

Verifiquem seu desempenho

Chegou o momento de refletir sobre como foi desenvolver esta produção. Para isso, copiem o quadro a seguir em seus cadernos e respondam aos questionamentos propostos.

	👍	👉	👎
A Realizamos todas as etapas, buscando fazer uma boa produção?			
B Os colegas da turma conseguiram identificar com facilidade o poema original, por meio dos elementos que mantivemos no poema parodiado?			
C Auxiliamos na elaboração do **Livro de poemas parodiados da turma**?			
D Com base nas questões acima, escrevam o que pode ser melhorado nas próximas produções.			

110

Para saber mais

Você estudou na **Leitura 1** um poema sobre o Ano-Novo. Será que ele é igual em todos os países e culturas?

O **Ano-Novo chinês** acontece no fim de janeiro ou começo de fevereiro, já que os chineses seguem o calendário lunissolar (combinação entre o ciclo solar e o calendário lunar), em que a cada 12 anos se completa um ciclo que recebe o nome de um dos 12 animais do horóscopo chinês. Para afastar os maus espíritos, os chineses acreditam que a casa deve ser limpa antes da celebração e, à meia-noite, todos devem comer um pastel típico chamado *gyoza*. As festas têm duração de um mês.

Festividade comemorando o Ano-Novo chinês, em Foshan, China, 2013.

O **Ano-Novo islâmico** não possui data fixa, pois se baseia no calendário lunar, tendo meses com 29 ou 30 dias, o que provoca, anualmente, uma diferença de 10 ou 11 dias para o calendário solar utilizado pelos cristãos. A celebração dura dez dias e é um período de práticas de jejum e compaixão.

O **Ano-Novo japonês**, embora comece no mesmo dia que o nosso (1º de janeiro), dura três dias. Como tradição, os japoneses comem macarrão, alimento que, para eles, representa longevidade e o *mochi*, um bolo de arroz levemente doce, que, de acordo com a tradição, deve ser o primeiro alimento do ano. Em seguida, vão ao templo rezar pedindo sorte para si e pelo ano que começa.

Mochi, sobremesa tradicional japonesa.

Verificando rota

Concluído mais um capítulo, é o momento de rever o que foi estudado e verificar se os conteúdos foram bem apreendidos. Confira respondendo às questões abaixo.

1. Quais as principais características de um poema?

2. O que é paródia?

3. Qual a função das figuras de linguagem nos textos?

4. A oração subordinada adverbial exerce que função sintática em relação à oração principal? Quais relações semânticas essas orações podem estabelecer?

5. Explique com suas palavras o que é hibridismo e estrangeirismo.

6. Em trios, pesquisem em livros e na internet os conteúdos estudados neste capítulo. Com base nessa pesquisa e nas respostas das questões anteriores, elaborem juntos um esquema desses conteúdos a fim de auxiliá-los com os estudos.

CAPÍTULO 4

Leitura 1

Samba-enredo

Quais festas populares do Brasil você conhece? Em sua cidade, há desfiles de escolas de samba ou blocos de rua no Carnaval? Você já assistiu a algum desfile de escola de samba ao vivo ou pela televisão? O samba-enredo a seguir foi feito para o desfile da escola de samba Beija-Flor de Nilópolis, do Rio de Janeiro, em 1962. Com base no título dele, o que você imagina ser o Dia do Fico? Qual será o assunto abordado nesse samba-enredo?

Dia do Fico

"Como é para o bem de todos
E felicidade geral da nação
Diga ao povo que fico"

Isso aconteceu
No dia 9 de janeiro de 1822
Data que o brasileiro
Jamais esqueceu

Data bonita e palavras bem-ditas
Que todo o povo aplaudiu
Preconizando Dom Pedro I,
O grande defensor
Perpétuo do Brasil

Foi uma data de glória
Exuberante em nossa História
Esta marcante vitória deste povo
Varonil

Também
Exaltamos agora
Homens que lutaram pelo 'Fico' no Brasil

José Clemente Pereira e José Bonifácio
Que entregaram no palácio a petição
Rogando a Dom Pedro I
Que permanecesse em nossa nação

Cabana. Dia do Fico. Em: Maria Lucia Rangel e Tino Freitas. *Aula de samba*: a história do Brasil em grandes sambas-enredo. Ilustrações originais de Ziraldo. Rio de Janeiro: Edições de Janeiro; MaisArte, 2014. p. 30. © by Universal Music Publishing MGB Brasil Ltda.

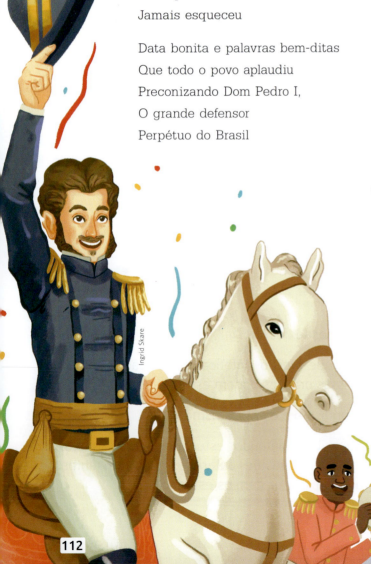

Para saber mais

Cabana (1924-1986), apelido de Silvestre Davi da Silva, foi um famoso compositor brasileiro de sambas-enredo. Nascido no Rio de Janeiro, foi integrante de várias escolas de samba: Beija-Flor, Portela, Deixa Malhar, União Entre Nós, Unidos do Barão de Petrópolis, entre outras. Sua composição mais conhecida é "Ilú Ayê", considerado um dos mais belos sambas-enredo de todos os tempos.

Estudo do texto

1. O conteúdo do samba-enredo é o mesmo que você imaginou antes da leitura? Converse com os colegas sobre isso.

2. Qual é o assunto abordado nesse samba-enredo? Copie em seu caderno a alternativa correta.

- **A** Uma festa popular criada por D. Pedro I para homenagear todos os imigrantes que decidiram ficar e morar no Brasil.
- **B** Um desfile realizado pela Corte Real para coroar D. Pedro I como príncipe regente e que foi reconhecido, posteriormente, como o primeiro desfile de Carnaval do Brasil.
- **C** Um acontecimento histórico do Brasil, em que D. Pedro I anunciou que permaneceria no Brasil e não voltaria para Portugal.

3. O samba-enredo apresenta uma visão crítica do assunto abordado? Explique.

4. Releia a primeira estrofe do samba-enredo.

> "Como é para o bem de todos
> E felicidade geral da nação
> Diga ao povo que fico"

a) Por que foram empregadas as aspas nessa estrofe?
b) Como essa estrofe se relaciona com o título do samba-enredo?

5. Quando aconteceu o evento mencionado no samba-enredo? Como essa data é caracterizada no texto?

6. No samba-enredo, são citadas algumas personagens históricas brasileiras.
a) Quem são elas?
b) O que é apresentado no samba-enredo a respeito da participação daqueles que lutaram pelo "Fico" no Brasil?
c) Junte-se a um colega e pesquisem sobre o papel que cada uma dessas pessoas desempenhou na história de nosso país.

Para saber mais

Quando D. Pedro I recebeu uma ordem de retorno a Portugal pelas Cortes Portuguesas, líderes brasileiros se rebelaram e pediram a permanência do príncipe regente no Brasil. D. Pedro I aceitou ficar e proferiu as palavras: "Se é para o bem de todos e felicidade geral da nação, estou pronto! Digam ao povo que fico.". Assim, o dia 9 de janeiro de 1822 ficou conhecido como o **Dia do Fico**, um dos episódios responsáveis pelo processo de independência do Brasil, declarada no dia 7 de setembro daquele mesmo ano.

Pintura *D. Pedro I do Brasil*, produzida por Simplício Rodrigues de Sá, em cerca de 1830. Óleo sobre tela. Museu Imperial de Petrópolis.

7. Releia outra estrofe do samba-enredo.

> Foi uma data de glória
> Exuberante em nossa História
> Esta marcante vitória deste povo
> Varonil

a) A que povo esses versos se referem?

b) De acordo com o samba-enredo, como o povo reagiu à decisão de D. Pedro I?

c) Leia a definição de um dicionário para a palavra varonil.

> **Varonil**, *adj.* Relativo a varão ou próprio dele; enérgico; forte; heroico. *va.ro.nil*
>
> Silveira Bueno. *Silveira Bueno*: minidicionário da língua portuguesa. 2. ed. São Paulo: FTD, 2007. p. 789.

Varonil poderia ser substituído por qual palavra sem mudar o sentido dos versos?

d) Que sentidos o emprego dos termos **exuberante**, **marcante** e **varonil** agrega a esse trecho do samba-enredo?

8. O samba-enredo é estruturado por meio de versos organizados em estrofes. A respeito dessa estrutura, responda às questões a seguir.

a) Quantas estrofes há nesse samba-enredo?

b) O número de versos em cada uma delas é o mesmo? Explique.

c) Essa estrutura se parece com a de quais outros gêneros?

9. Releia os seguintes trechos.

I
> Isso aconteceu
> No dia 9 de janeiro de 1822
> Data que o brasileiro
> Jamais esqueceu

II
> José Clemente Pereira e José Bonifácio
> Que entregaram no palácio a petição
> Rogando a Dom Pedro I
> Que permanecesse em nossa nação

a) Quais palavras desses versos rimam entre si? Elas ocorrem no final ou no meio dos versos?

b) De acordo com sua resposta ao item anterior, copie em seu caderno a alternativa correta.

A As rimas são irregulares, pois não há uma sequência que é repetida ao longo do samba-enredo.

B As rimas são regulares, pois há uma sequência que é repetida ao longo do samba-enredo.

C As rimas são regulares, pois elas ocorrem sempre no primeiro e terceiro versos de cada estrofe.

c) Qual a função do emprego das rimas em um samba-enredo?

10. Qual é a função social do samba-enredo?

11. Os versos desse samba-enredo são curtos ou longos? De que maneira essa característica pode auxiliar o intérprete e o público a cantá-lo durante o desfile da escola de samba?

12. O **samba-enredo** é composto de letra e música e produzido especialmente para o desfile das escolas de samba no Carnaval. Veja, a seguir, alguns temas que são recorrentes nesse gênero.

- literário
- biográfico
- Carnaval
- histórico
- crítica social
- geográfico

Para saber mais

Quando as escolas de samba surgiram ainda não havia o samba-enredo, somente o samba com pequenos versos e partes improvisadas, cujos temas eram juras e desilusões amorosas, a exaltação da natureza e o próprio samba. Em 1931, a Portela apresentou o que podia ser considerado um samba-enredo: *Sua majestade, o samba*. No entanto, o samba-enredo não tinha uma caracterização definida. Isso foi acontecer somente em 1952, quando se regulamentou a obrigatoriedade da fantasia, o que acabou influenciando na consolidação do samba-enredo tal qual o conhecemos hoje.

a) Em qual desses temas o samba-enredo "Dia do Fico" se enquadra?

b) Agora, leia os títulos de alguns sambas-enredo a seguir e relacione-os aos temas do quadro acima.
- "História do Carnaval carioca"
- "Cem anos de liberdade, realidade ou ilusão?"
- "O sabor poético da literatura de cordel"
- "Exaltação a Vinicius de Moraes"
- "João Pessoa, onde o sol nasce mais cedo"

13. O que você achou desse samba-enredo? Comente com os colegas suas impressões, diga se gostou ou não e justifique sua resposta.

14. O samba-enredo é um dos quesitos de avaliação em um desfile de Carnaval. Se você fosse um jurado, que nota (de 0 a 10) você daria ao samba-enredo lido nesta seção?

▶ **Aprenda mais**

O disco *Enredo*, de Martinho da Vila, reúne sambas-enredo compostos por ele para as escolas de samba Aprendizes da Boca do Mato e Unidos de Vila Isabel. A obra traz participações especiais de seus filhos, Mart'nália, Analimar e Martinho Tonho, além de grandes intérpretes do samba, como Alcione e Beth Carvalho.

Martinho da Vila. *Enredo*. Rio de Janeiro: Biscoito Fino, 2014. 1 CD.

Estudo da língua

Orações subordinadas adverbiais III

Nesta seção, vamos dar continuidade ao estudo das orações subordinadas adverbiais. Agora, você conhecerá mais dois tipos: a consecutiva e a concessiva.

Oração subordinada adverbial consecutiva

1. Leia o miniconto abaixo e responda às questões a seguir.

> **O indeciso**
>
> O homem entrou numa loja de antiguidades.
>
> Gostou tanto do que viu que não conseguia decidir o que levar.
>
> Passou tanto tempo nisto que foi posto à venda.
>
> Rui Costa. O indeciso. Em: Laís Chaffe (Org.). *Contos de algibeira*. Porto Alegre: Casa Verde, 2007. p. 45.

Giovana Medeiros

> **DICA!**
> Você já estudou as **figuras de linguagem**. Se necessário, volte à página **97** para relembrar esse conteúdo.

a) Que relação há entre o título do texto e a história narrada?
b) Por que o homem não conseguia decidir o que levar da loja?
c) Por que o homem foi posto à venda?
d) Qual é a figura de linguagem expressa nesse miniconto? Justifique.
  • Que efeito essa figura de linguagem cria no texto?

2. Agora analise o período "Passou tanto tempo nisto que foi posto à venda." e responda às questões a seguir.

a) Indique a oração principal e a oração subordinada.
b) Qual ideia é expressa pela oração subordinada em relação à oração principal: causa, consequência ou finalidade?

> A oração que expressa a consequência do fato mencionado na oração principal recebe o nome de **oração subordinada adverbial consecutiva**.

As principais conjunções e locuções subordinativas consecutivas são: **que** (precedida de **tão, tanto, tamanho** e **tal**), **de modo que, de sorte que**. Veja alguns exemplos de períodos com essas conjunções.

Tamanha era a alegria, **que** chorou de emoção.
↓   ↓
oração principal   oração subordinada adverbial consecutiva

Esfriou muito, **de modo que** colocou luvas.
↓   ↓
oração principal   oração subordinada adverbial consecutiva

116

Oração subordinada adverbial concessiva

1. Leia o artigo de curiosidade científica a seguir e responda às questões.

https://super.abril.com.br/mundo-estranho/o-que-e-poluicao-sonora/

O que é poluição sonora?

É todo ruído que pode causar danos à saúde humana ou animal. Existem diversas situações que causam desconforto acústico, como uma pessoa falando alto ao celular e um indivíduo ouvindo música sem fones. Mas, se não tiver potencial para causar dano, não é poluição sonora. Embora não se acumule no meio ambiente, como outros tipos de poluição, ela é considerada um dos principais problemas ambientais das grandes cidades e uma questão de saúde pública. Uma pessoa exposta a ruídos muito altos pode sofrer de insônia, depressão, perda de memória, gastrite, doenças cardíacas e, claro, surdez. Por isso, existem leis e normas para evitar altos níveis de ruídos. Entre os especialistas, o consenso é que o limite seguro é de 80 dB.

Inimigos do ouvido

Conheça algumas das fontes mais nocivas de decibéis ao seu redor

Tocador de música

Os aparelhos mais populares passam de 100 dB. O recomendável é não usar fones em volume mais alto do que a metade da capacidade do *player*: 15 minutos ouvindo música a mais de 110 dB bastam para causar um trauma acústico. E as células da audição não se regeneram, ou seja, o dano aos ouvidos é irreversível.

- Fogos de artifício – 125 dB
- Avião decolando – 140 dB
- Liquidificador – 85 dB
- Banda de *rock* – 100 dB
- Bronca – 84 dB
- Secador de cabelos – 95 dB

- Avenida em obras com britadeiras – 120 dB
- Trânsito congestionado – 80 a 90 dB
- Metrô – 90 dB
- Feira livre – 90 dB
- Trios Elétricos – 110 dB
- Latidos – 95 dB

O Congresso brasileiro estuda aprovar uma lei que obrigue os tocadores a mostrar o volume em decibéis

Consultoria Oswaldo Laercio M. Cruz, otorrinolaringologista do Hospital Sírio-Libanês, e Pedro Luiz Mangabeira Albernaz, otorrinolaringologista do Hospital Israelita Albert Einstein.

Luiza Sahb. O que é poluição sonora? *Superinteressante*, 4 jul. 2018. Mundo Estranho. Disponível em: <https://super.abril.com.br/mundo-estranho/o-que-e-poluicao-sonora/>. Acesso em: 29 out. 2018. © Luiza Sahb/Abril Comunicações S.A.

a) Não é qualquer incômodo acústico que pode ser considerado poluição sonora. Explique essa afirmação, de acordo com o texto lido.

b) Que comparação é feita entre a poluição sonora e os outros tipos de poluição?

c) O que você acha da criação de leis que regulamentam os níveis de ruídos a que podemos ficar expostos?

2. Releia o período abaixo e responda às questões.

> Embora não se acumule no meio ambiente, [...] ela é considerada um dos principais problemas ambientais das grandes cidades e uma questão de saúde pública.

a) Indique a oração principal e a oração subordinada desse período.
b) Que termo do texto o pronome **ela** está retomando no trecho acima?
c) Qual é a ideia expressa na oração principal? Esse fato é positivo ou negativo?
d) O fato apresentado na oração subordinada é positivo ou negativo? Explique.
e) Qual é a relação existente entre a oração subordinada e a oração principal?

A **oração subordinada adverbial concessiva** exprime uma ideia contrária, que poderia impedir o fato mencionado na oração principal, mas não o faz.

As principais conjunções e locuções subordinativas concessivas são: **embora**, **ainda que**, **não obstante**, **mesmo que**, **apesar de que**, **se bem que**, **por mais que**. Veja alguns exemplos de períodos com orações subordinadas adverbiais concessivas.

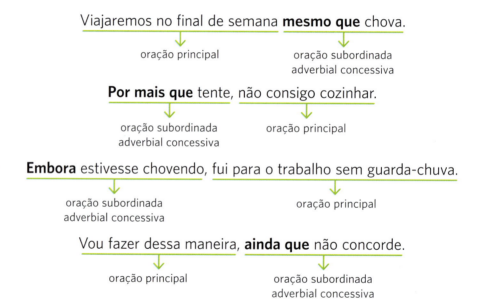

Para saber mais

No período com **oração principal + oração subordinada adverbial concessiva**, há sempre duas ideias explícitas e uma ideia implícita. Veja:

Embora os ingressos fossem caros, o público lotou a casa de espetáculos.
↓ ↓
oração subordinada oração principal
adverbial concessiva

Ideias explícitas: Os ingressos eram caros e o público lotou a casa de espetáculos.
Ideia implícita: Quando os ingressos são caros, o público não costuma lotar a casa de espetáculos.

Atividades

1. Leia um trecho de notícia abaixo e responda às questões.

> ## Como as baleias passaram de caça a atração turística em Santa Catarina
>
> [...]
>
> A população de baleias-francas diminuiu de forma exponencial durante o século 19, de forma que a espécie foi declarada sob proteção após tratados internacionais de 1937. Em Santa Catarina, a caça foi interrompida por alguns anos, mas as armações de Florianópolis e Garopaba retomaram as atividades de forma esporádica até os anos 1950. Apesar dos milhares de abates, os animais continuavam pelo litoral catarinense.
>
> [...] Se antes os humanos eram o perigo, agora os animais da espécie optam por ficar próximos à costa para se proteger dos predadores, que são orcas e tubarões.
>
> [...]
>
> Gabriel Lima. Como as baleias passaram de caça a atração turística em Santa Catarina. *GaúchaZH*, Porto Alegre, 16 set. 2018. Ambiente. Disponível em: <https://gauchazh.clicrbs.com.br/ambiente/noticia/2018/09/como-as-baleias-passaram-de-caca-a-atracao-turistica-em-santa-catarina-cjm5cz4qa01y701pxq8jawc1v.html>. Acesso em: 31 out. 2018.

a) Que fato essa notícia apresenta?

b) Qual é o público-alvo dessa notícia?

c) Considere este período do texto para responder às questões.

> A população de baleias-francas diminuiu de forma exponencial durante o século 19, de forma que a espécie foi declarada sob proteção após tratados internacionais de 1937.

- Qual é a oração principal desse período?
- Que relação a oração subordinada desempenha em relação à oração principal? Classifique-a.

2. Leia outro trecho de notícia a seguir.

> [...]
>
> LEBRON PERDE MAIS UMA – **Embora tenha conseguido fazer um "*double-double*" de 29 pontos e dez rebotes, LeBron James amargou mais uma derrota com o Los Angeles Lakers** ao cair junto com a equipe por 124 a 120 diante do Minnesota Timberwolves, fora de casa, em outro confronto da rodada desta segunda-feira da NBA.
>
> [...]
>
> Com recorde histórico de Thompson, Golden State Warriors arrasa o Chicago Bulls. *IstoÉ*, 30 out. 2018. Esportes. Disponível em: <https://istoe.com.br/com-recorde-historico-de-thompson-golden-state-warriors-arrasa-o-chicago-bulls/>. Acesso em: 30 out. 2018.

a) A que público essa notícia poderia interessar?

b) Observe o trecho em destaque e identifique a oração principal e a subordinada.

c) Qual é a relação que existe entre a oração principal e a oração subordinada?

d) Como essa oração subordinada é classificada?

*Na **Leitura 1**, você leu um samba-enredo do Carnaval de 1962. Agora, vai conhecer o samba-enredo da escola Unidos de Vila Isabel no Carnaval de 2012, considerado pelo jornal O Globo o melhor daquele ano. Leia o título, observe a ilustração e formule uma hipótese sobre o tema abordado no samba-enredo.*

Você semba lá... Que eu sambo cá! O canto livre de Angola

Vibra, oh, minha Vila
A tua alma tem negra vocação
Somos a pura raiz do samba
Bate meu peito à tua pulsação
Incorpora outra vez kizomba e segue na missão
Tambor africano ecoando, solo feiticeiro
Na cor da pele, o negro
Fogo aos olhos que invadem
Pra quem é de lá
Forja o orgulho, chama pra lutar

**Reina, ginga, ê, matamba, vem ver
a lua de Luanda nos guiar
Reina, ginga, ê, matamba, negra de zambi,
sua terra é seu altar**

Somos cultura que embarca
Navio negreiro, correntes da escravidão
Temos o sangue de Angola
Correndo na veia, luta e libertação
A saga de ancestrais
Que por aqui perpetuou
A fé, os rituais, um elo de amor
(Pelos terreiros) dança, jongo, capoeira
(Nascia o samba) ao sabor de um chorinho
Tia Ciata embalou
Nos braços de violões e cavaquinhos a tocar
(Nesse cortejo) a herança verdadeira
(A nossa Vila) agradece com carinho
Viva o povo de Angola e o negro rei Martinho

**Semba de lá que eu sambo de cá
Já clareou o dia de paz
Vai ressoar o canto livre
Nos meus tambores, o sonho vive (a Vila).**

Arlindo Cruz e outros. Você semba lá... Que eu sambo cá! O canto livre de Angola. Intérprete: Tinga. Em: *Sambas de Enredo 2012*. Rio de Janeiro: Universal Music, 2011. 1 CD. Faixa 4.
© Editora Musical Escola de Samba.

Estudo do texto

1. A hipótese formulada sobre o tema do samba-enredo se confirmou após a leitura? Explique.

2. O título do samba-enredo faz referência a qual país? Compartilhe com a turma o que você sabe sobre esse país e sua cultura.

3. Qual é a temática desse samba-enredo?

4. Releia a primeira estrofe do samba-enredo para responder às questões a seguir.
   a) Por que a palavra **Vila** foi escrita com letra inicial maiúscula?
   b) Segundo o samba-enredo, quem é a "pura raiz do samba"?

5. Leia as informações a seguir a respeito da palavra **kizomba**, citada no quinto verso.

> Kizomba é um ritmo africano originário de Angola. Esse termo significa "festa" em uma das línguas nacionais do país, o kimbundu. O kizomba tornou-se muito popular a partir dos anos 1950 e 1960, quando se teve notícias das primeiras "kizombadas", grandes festas onde se reuniam inúmeros estilos musicais angolanos, como o merengue, o semba, a maringa e o caduque.

   a) Sabendo disso, explique qual é a relação entre a palavra **kizomba** e o tema tratado no samba-enredo.
   b) Em 1988, a escola de samba Unidos de Vila Isabel cantou o centenário da abolição da escravatura com o enredo "Kizomba, festa da raça" e ganhou seu primeiro título. Qual é a relação desse fato com o verso "Incorpora outra vez kizomba e segue na missão"?

Desfile da escola de samba Unidos de Vila Isabel, 1988.

Para saber mais

A língua oficial de Angola, assim como no Brasil, é a língua portuguesa. Mas, além desta, há outras línguas nacionais, como: **côkwe**, **kikongo**, **kimbundu**, **umbundu**, **nganguela** e **kwanyama**.

6. Releia a seguinte estrofe do samba-enredo.

> Reina, ginga, ê, matamba, vem ver
> a lua de Luanda nos guiar
> Reina, ginga, ê, matamba, negra de zambi
> sua terra é seu altar

a) Leia, ao lado, o boxe **Para saber mais** e, de acordo com as informações dele, explique o que é abordado nessa estrofe.

b) A respeito das palavras empregadas nesses versos, copie a alternativa correta.

A Os versos apresentam palavras que foram criadas para compor as rimas dos versos, elas não possuem significado algum.

B Os versos mesclam palavras da língua portuguesa e palavras de origem africana.

C Os versos apresentam adjetivos que caracterizam a cultura de Angola.

Para saber mais

Nzinga Mbandi (1582-1663), também conhecida como Rainha Ginga, é uma heroína angolana. Ela foi rainha dos reinos de Ndongo e Matamba, atual Angola, no século XVII. Nzinga Mbandi esteve no poder durante 40 anos e ficou famosa por sua luta contra os invasores portugueses e contra o tráfico de escravos.

c) De que forma o emprego de palavras como **ginga** e **matamba** contribui para construir o sentido desse samba-enredo?

7. Na terceira estrofe, o eu lírico faz alusão a alguns elementos que se referem ao povo africano. Identifique os versos que abordam as seguintes temáticas.

a) escravidão   b) religiosidade   c) cultura

8. Releia um trecho da terceira estrofe.

> (Nascia o samba) ao sabor de um chorinho
> Tia Ciata embalou
> Nos braços de violões e cavaquinhos a tocar
> (Nesse cortejo) a herança verdadeira
> (A nossa Vila) agradece com carinho
> Viva o povo de Angola e o negro rei Martinho

a) Nesse trecho é citado o nome de uma mulher que foi importante para o samba no Brasil. Quem é ela?

b) De que forma o trecho "embalou/ Nos braços de violões e cavaquinhos a tocar" expressa a contribuição dela para o samba?

c) O último verso menciona o povo de Angola e Martinho da Vila. Qual a possível explicação para que eles sejam exaltados nesse samba-enredo?

9. Releia a última estrofe do samba-enredo.

> Semba de lá que eu sambo de cá
> Já clareou o dia de paz
> Vai ressoar o canto livre
> Nos meus tambores, o sonho vive (a Vila)

a) A que lugares se referem as palavras **lá** e **cá** do primeiro verso?

b) Leia a definição de um dicionário para a palavra **semba**.

> **semba** [Do quimb.] *S. m.* e *f. Angol. Santom.* Dança popular, originariamente da área de Luanda: "Dançávamos semba / Impedidos muitas vezes / Porque o patrão dizia que dançar era um sinal de protesto" (Carlos Espírito Santo, *Poesia do Colonialismo*, p. 19).

Aurélio Buarque de Holanda Ferreira. *Dicionário Aurélio da língua portuguesa*. 5. ed. Curitiba: Positivo, 2010. p. 1909.

Agora que você conhece o significado da palavra **semba**, explique o primeiro verso dessa estrofe e o título do samba-enredo.

10. Esse samba-enredo apresenta rimas? Justifique com exemplos.

11. Por que alguns versos aparecem destacados (em negrito) nesse samba-enredo? Qual é a sua importância para esse gênero?

12. Copie o quadro a seguir em seu caderno e complete-o com base nos dois sambas-enredo lidos no capítulo.

	"Dia do Fico"	"Você semba lá... Que eu sambo cá! O canto livre de Angola"
Tema		
Escola de samba		
Compositor		
Ano		

13. O que você achou do samba-enredo? Em sua opinião, ele mereceu ser considerado o melhor samba do ano de 2012? Converse com os colegas a respeito.

▶ **Aprenda mais**

No *Portal oficial do governo da República de Angola*, você poderá conhecer ainda mais sobre a história, a cultura e a tradição desse país. O *site* contém informações como a localização geográfica de Angola, as províncias, o clima, a fauna e a flora, além de disponibilizar as últimas notícias do país.

Portal oficial do governo da República de Angola. Disponível em: <http://linkte.me/gvirr>. Acesso em: 1º nov. 2018.

Ampliando fronteiras

O samba: no pé e na história

Neste capítulo, você conheceu dois sambas-enredo, gênero que é uma das vertentes do samba. Muitos autores divergem sobre onde esse gênero musical nasceu, uns afirmam que foi na Bahia durante o período escravista e outros, no Rio de Janeiro, no final da década de 1920. Todos concordam com o fato de que o samba se tornou grande símbolo da cultura popular brasileira, por isso o dia 2 de dezembro é dedicado a ele.

Os escravos e o "semba"

Um dos ícones da união entre as culturas africana e brasileira, o samba é um ritmo que simboliza a resistência da cultura negra. Seu nome originou-se do africano "semba", que significa "umbigada". Devido às suas origens, o samba e a capoeira foram criminalizados tempos depois da abolição da escravidão, aparecendo no Código Penal de 1890 e perseguidos no início do século XX. Deixaram de ser considerados práticas criminosas durante a Era Vargas, que pretendia valorizar aspectos da cultura popular brasileira.

As mulheres negras e o samba

Após o período abolicionista, os homens negros foram perseguidos e presos por ociosidade, muitos deles eram sambistas. Como forma de resistência, as mulheres negras, conhecidas como "tias", abrigavam esses compositores. É em nome dessa história que as escolas de samba homenageiam as mulheres que apoiaram esse gênero musical com a Ala das Baianas. A primeira mulher a fazer parte da ala dos compositores foi Dona Ivone Lara (1921-2018).

Da censura ao sucesso

Apesar de ter sofrido com o preconceito, a censura e a criminalização, o samba passou a ser visto como símbolo da cultura popular brasileira. Muitos sambistas que, no passado, foram censurados, hoje são muito valorizados, como Martinho da Vila, Nei Lopes e Leci Brandão. Ainda hoje o samba é visto como gênero de resistência e representatividade negra.

1. Você acredita que ainda existe preconceito em relação ao samba? Comente a respeito.

2. Qual a importância do reconhecimento desse gênero musical em relação à cultura popular brasileira?

3. Que tal aprender um pouco mais sobre o samba? Em duplas, vocês deverão pesquisar a respeito de uma das características do samba (origem, história, compositores ou intérpretes representantes, os sambas mais conhecidos, suas vertentes, entre outras). Anotem as informações mais importantes para apresentar oralmente aos colegas em um dia previamente agendado. Para finalizar, montem em conjunto uma *playlist* com os sambas preferidos da turma e postem o *link* dela com uma resenha crítica no *blog* da turma ou da escola.

Vertentes e instrumentos do samba

Desde a sua origem, o samba criou muitas vertentes, como o samba de raiz, partido-alto, samba de roda e samba-enredo. No início, os principais instrumentos utilizados eram o violão, cavaquinho, pandeiro, tamborim e surdo. Com o passar dos anos, outros instrumentos foram sendo incorporados, como o bandolim, banjo, repique, cuíca, agogô e atabaque.

Para saber mais

Teresa Cristina é uma das cantoras de maior representatividade do samba carioca. Nascida no Rio de Janeiro em 1968, é formada em Letras e iniciou sua carreira artística há mais de vinte anos, fazendo composições e cantando em rodas de samba. Depois de se apresentar em diversos eventos e conquistar o cenário da MPB, gravou seu primeiro CD em 2002, chamado *A música de Paulinho da Viola*.

Foto de Teresa Cristina, 2016.

Estudo da língua

Orações subordinadas adverbiais IV

Nesta seção você estudará os dois últimos tipos de oração adverbial: temporal e proporcional.

Oração subordinada adverbial temporal

1. Por meio da música, é possível expressar diferentes sentimentos. Além disso, ela pode ser um importante instrumento para protestar politicamente. Leia a seguir um texto sobre a artista Nina Simone e descubra como ela lutou contra o racismo.

Música contra o racismo

Eunice Waymon (1933-2003) foi a sexta de uma família de sete filhos, muito pobre, da Carolina do Norte, estado americano onde havia sérios problemas de discriminação racial. Criança-prodígio, com apenas quatro anos tocava piano como se fosse uma artista adulta. Em Nova York, adotou o nome artístico de **Nina Simone** e passou a tocar em cabarés. Rapidamente se destacou entre outros cantores e passou a usar a fama para levantar uma bandeira contra o racismo. Nessa ocasião, manteve uma relação de amizade com o pastor e pacifista Martin Luther King, porque se identificava com a luta dele contra a discriminação dos negros. Quando ele foi assassinado, Nina fez questão de cantar durante o enterro. Por causa disso, foi perseguida e ameaçada. Passou, então, a usar a música para defender o fim do racismo.

Nina Simone ao vivo no Piano Europe, na década de 1970.

Curiosidades

- Foi a primeira artista negra a estudar na Julliard School of Music, uma das mais importantes de Nova York.
- Quando quatro crianças negras foram assassinadas numa igreja americana, em 1963, ela compôs Mississippi Goddamn, que se tornou um hino em favor da causa dos negros.
- Esteve no Brasil duas vezes.
- Seu repertório era rico; incluía gospel, *jazz*, música clássica, ópera, *blues*, *soul* e até música de tribos africanas.
- Lamentando o racismo dos americanos, ela se mudou dos Estados Unidos em 1974. Foi viver em Barbados, depois na Libéria, na Suíça, em Paris e na Holanda.
- Em 1998, foi convidada especial para o aniversário de oitenta anos do líder africano Nelson Mandela, de quem havia se tornado amiga.
- Morreu no sul da França. Deixou um pedido para que fosse cremada e suas cinzas jogadas em diferentes países africanos.

Marcelo Duarte e Inês de Castro. *O guia das curiosas*. São Paulo: Panda Books, 2008. p. 195-196.

a) Você conhecia essa artista? Já ouviu alguma de suas músicas? Expresse seus conhecimentos para os colegas.

b) Você conhece outros artistas que se propõem a protestar, por meio da música, sobre questões sociais, culturais ou políticas? Em caso afirmativo, cite-os.

c) Em sua opinião, a música tem a obrigação de se posicionar em relação a problemas desse tipo? Justifique sua resposta.

2. Se você tivesse que escrever sobre algum artista, quem você escolheria e que informações você apresentaria?

3. Releia um trecho do texto e responda às questões.

> Quando ele foi assassinado, Nina fez questão de cantar durante o enterro.

a) Esse trecho é formado por um período composto por subordinação. Indique a oração principal e a subordinada.

b) Qual circunstância a oração subordinada expressa? Copie a alternativa correta no caderno.

A consequência   **B** tempo   **C** proporcionalidade

c) Que palavra inicia a oração subordinada?

A **oração subordinada adverbial temporal** indica circunstância de tempo em que ocorre o fato expresso na oração principal.

4. Qual é a importância das orações subordinadas adverbiais temporais em textos como o que você leu?

As principais conjunções e locuções conjuntivas temporais são: **quando**, **enquanto**, **mal**, **assim que**, **sempre que**, **logo que**, **depois que**, **até que**, **desde que**, **antes que**, entre outras. Abaixo, há exemplos de períodos com orações adverbiais temporais. Leia-os e atente-se para as conjunções e locuções conjuntivas empregadas.

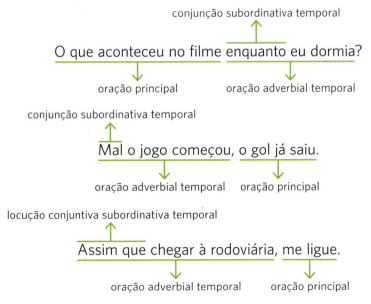

Oração subordinada adverbial proporcional

1. Leia o trecho de uma notícia a seguir.

https://afnoticias.com.br/vida-sociedade/geleiras-suicas-descobrem-segredos-do-passado-humano-a-medida-que-derretem

Geleiras suíças descobrem segredos do passado humano à medida que derretem

Arcos de madeira neolíticos, pontas de flechas de quartzo e um livro de preces.

"Se você está em uma geleira, qualquer pedaço de madeira que você encontrar provavelmente foi trazido para lá por um humano. Se a madeira é diferente e parece ter sido trabalhada pelo homem, você deve entrar em contato com o serviço arqueológico", declara Pierre-Yves Nicod.

O arqueólogo e curador do Museu de História do Valais, na região sudoeste da Suíça, inaugurou recentemente a exposição "Mémoires de glace: vestiges en péril" (Memórias de gelo: vestígios em perigo) na cidade de Sion, capital do estado. Uma pequena, mas importante coleção de objetos que datam de 6.000 a.C. até o século passado e que foram congelados no tempo nas geleiras alpinas. A maioria foi encontrada por caminhantes ou esquiadores em alta altitude e depois verificados por arqueólogos usando técnicas de datação por carbono.

Entre os mais recentes vestígios estão as pesadas botas pretas que pertenciam a Marcelin Dumoulin e sua esposa Francine. O casal de Savièse, acima de Sion, desapareceu em 15 de agosto de 1942 por causa do mau tempo enquanto cuidavam de seu gado em um pasto alpino. [...]

> Nielcem Fernandes. Geleiras suíças descobrem segredos do passado humano à medida que derretem. *AF Notícias*, Tocantins, 24 out. 2018. Vida e Sociedade. Disponível em: <https://afnoticias.com.br/vida-sociedade/geleiras-suicas-descobrem-segredos-do-passado-humano-a-medida-que-derretem>. Acesso em: 30 out. 2018.

a) Qual a relação entre o título da exposição e os objetos expostos?

b) Na notícia, afirma-se que os objetos encontrados foram verificados por arqueólogos usando técnicas de datação por carbono. Pesquise a respeito dessa técnica e explique-a resumidamente.

c) O título dessa notícia é formado por um período composto por subordinação. Qual é a oração principal e qual é a oração subordinada?

d) Que circunstância a oração subordinada expressa?

e) Que locução inicia a oração subordinada?

f) Copie a alternativa que apresenta qual das locuções conjuntivas a seguir poderia substituir a locução empregada, sem que o sentido fosse alterado.

A ainda que   **B** à proporção que   **C** para que

A **oração subordinada adverbial proporcional** indica proporcionalidade em relação à oração principal.

As principais conjunções e locuções conjuntivas proporcionais são: **à proporção que**, **à medida que**, **(quanto mais...) mais**, **(quanto menos...) menos**, **ao passo que**, entre outras.

128

Atividades

1. Leia os títulos de notícia a seguir e responda às questões.

"Quanto mais chovia, mais gritavam": fiel abraça Corinthians em noite tensa na arena

Meu Timão, 27 out. 2018. Disponível em: <https://www.meutimao.com.br/noticias-do-corinthians/302756/quanto-mais-chovia-mais-gritavam-fiel-abraca-corinthians-em-noite-tensa-na-arena>. Acesso em: 30 out. 2018.

"Zika é culpada até que se prove o contrário", diz OMS sobre microcefalia

UOL, 24 fev. 2016. Disponível em: <https://noticias.uol.com.br/saude/ultimas-noticias/redacao/2016/02/24/zika-e-culpada-ate-que-se-prove-o-contrario-diz-oms-sobre-microcefalia.htm>. Acesso em: 30 out. 2018.

a) Qual é a oração principal e a subordinada de cada um dos trechos em destaque desses títulos de notícias?
b) Que ideia cada uma das orações subordinadas indica em relação às principais?
c) Que conjunção ou locução conjuntiva inicia cada oração subordinada?

2. Leia a seguir um trecho do romance *O mundo de Sofia*, que explica como funcionam o afastamento das galáxias e o fenômeno conhecido como *Big Bang*.

A grande explosão
... nós também somos poeira estelar...

[...]

— Ao que tudo indica, nenhuma galáxia do universo está parada. Todas as galáxias se movem pelo espaço e se afastam umas das outras numa velocidade inimaginável. **Quanto mais distantes de nós, mais rápido parecem se afastar.** Quer dizer, a distância entre as galáxias só aumenta.

— Estou tentando imaginar como seria isso.

— Se você pegar uma bexiga e pintá-la toda com bolinhas pretas, **elas vão se afastar umas das outras à medida que você for enchendo a bexiga de ar.** Assim é com as galáxias no universo. Dizemos que o universo está se expandindo.

— Como pode ser?

— A maioria dos astrônomos é unânime em afirmar que a expansão do universo só pode ter uma explicação: certo dia, há cerca de quinze bilhões de anos, tudo que existe no universo estava condensado numa área bem pequena. A matéria era tão densa que a força da gravidade fez que a temperatura se elevasse ao extremo. Por fim, o calor e a densidade assumiram uma proporção tal que aquilo tudo explodiu, num fenômeno a que demos o nome de *Big Bang*, em inglês, ou *grande explosão*.

[...]

Jostein Gaarder. A grande explosão ... nós também somos poeira estelar... Em: *O mundo de Sofia*: romance da história da filosofia. Tradução de Leonardo Pinto Silva. São Paulo: Companhia das Letras, 2012. p. 544.

a) Identifique a oração principal e a oração subordinada em cada um dos trechos em destaque no texto.
b) Que sentido a oração subordinada de cada trecho estabelece em relação à oração principal? Com base nisso, classifique-as.

Oração subordinada adverbial reduzida

1. Leia a tirinha a seguir e responda às questões.

Bill Watterson. *Os dias estão todos ocupados*: as aventuras de Calvin e Haroldo. Tradução de Alexandre Boide. São Paulo: Conrad, 2011. p. 107.

a) No terceiro quadrinho, Calvin declara sentir pena do pai por ele estar preso no escritório enquanto estava um dia lindo. Esse sentimento de pena é verdadeiro? Justifique sua resposta.

b) Em sua opinião, por que Calvin telefonou para o pai?

c) O que causa humor na tirinha?

2. Releia este período que compõe a fala de Calvin. Em seguida, responda às questões.

> A infância existe para acabar com a graça da vida adulta.

> **DICA!**
> As formas nominais do verbo são: **infinitivo**, **gerúndio** e **particípio**.

a) Qual é a oração que indica a finalidade da ideia expressa pelo verbo da oração principal?

b) Que palavra inicia essa oração? Classifique-a morfologicamente.

c) Quais são as formas verbais presentes na oração principal e na oração que indica finalidade?

d) Qual dessas formas verbais é uma forma nominal?

Note que há orações subordinadas adverbiais que não são introduzidas por conjunção e não possuem o verbo conjugado, como você já estudou.

> A oração que possui função de advérbio, sem conjunção ou iniciada por preposição, e com o verbo na forma nominal, é chamada **oração subordinada adverbial reduzida**.

Veja uma possibilidade de reescrita do período apresentado na atividade **2** com uma **oração adverbial desenvolvida**.

A infância existe / para que se acabe com a graça da vida adulta.
↓ ↓
oração principal | oração subordinada adverbial final

Atividades

1. Leia os títulos de notícia a seguir e classifique as orações que os compõem.

I
> Casal se surpreende com jacaré ao chegar na porta da residência em Cuiabá

Circuito Mato Grosso, 17 out. 2018. Disponível em: <http://circuitomt.com.br/editorias/cidades/134301-casal-se-surpreende-com-jacare-no-portao-de-casa-em-cuiaba.html>. Acesso em: 13 nov. 2018.

II
> Havendo vaga, aprovado em cadastro reserva não pode ter nomeação negada

Consultor Jurídico, 15 fev. 2016. Disponível em: <https://www.conjur.com.br/2016-fev-15/havendo-vaga-aprovado-cadastro-reserva-nomeado>. Acesso em: 31 out. 2018.

2. Leia o anúncio de propaganda abaixo e responda às questões.

a) Qual é o objetivo desse anúncio de propaganda?

b) Em que modo estão as formas verbais **evite** e **participe**? Que efeito de sentido o emprego delas gera no anúncio?

3. Releia um trecho do anúncio.

> Feche o registro ao se ensaboar.

a) Identifique a oração principal e a oração subordinada desse trecho.

b) Qual das formas verbais empregadas nesse trecho é uma forma nominal?

c) Que circunstância a oração subordinada indica em relação à oração principal?

- **A** tempo
- **B** espaço
- **C** proporção
- **D** causa

d) Como essa oração subordinada é classificada?

Prefeitura de Vargem Grande do Sul e Serviço Autônomo de Água e Esgoto. Anúncio de propaganda Evite o racionamento de água.

Escrita em foco

Processo de formação de palavras: neologismo

No capítulo anterior, você estudou o hibridismo e o estrangeirismo. Agora, vai estudar um processo que consiste na criação de palavras novas.

1. Leia a tirinha a seguir e responda às questões.

Fernando Gonsales. *Níquel Náusea*: um tigre, dois tigres, três tigres. São Paulo: Devir, 2009. p. 9.

a) Que personagem está representada no primeiro quadrinho dessa tirinha?

b) Leia a legenda do primeiro quadrinho. De acordo com o folclore, o que ocorre em noites de lua cheia?

c) Observe o último quadrinho. Em que a personagem foi transformada?

d) O que provoca o humor nessa tirinha?

e) Por que o garoto empregou a palavra **hienomem** para se referir a esse ser?

f) É possível encontrar a palavra **hienomem** no dicionário?

g) A formação da palavra **hienomem** segue as regras da língua portuguesa para a formação de palavras? Justifique sua resposta.

> **Neologismo** é a criação de novas palavras, derivadas ou formadas de outras já existentes, ou a atribuição de novos significados para palavras que já existem.

Os neologismos podem surgir por meio da criação de palavras completamente novas ou seguir os demais processos de formação de palavras. Veja alguns exemplos.

- **Composição por aglutinação**: hienomem, exotiquário.
- **Derivação prefixal** (formação de uma nova palavra por meio do acréscimo de um prefixo): superdecoração, multidobrar.
- **Derivação sufixal** (formação de uma nova palavra por meio de acréscimo de um sufixo): namorico, caetanear.

Atividades

1. Observe as capas dos livros a seguir.

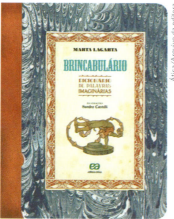

Leo Cunha. *Cantigamente*. Ilustrações de Marilda Castanha e Nelson Cruz. Rio de Janeiro: Nova Fronteira, 2012.

Marta Lagarta. *Brincabulário*: dicionário de palavras imaginárias. Ilustrações de Sandro Castelli. São Paulo: Ática, 2012.

Mia Couto. *Estórias abensonhadas*. São Paulo: Companhia das Letras, 2016.

a) Observando as capas, é possível identificar o conteúdo de cada livro?

b) Identifique o neologismo empregado em cada uma dessas capas e explique o que cada um deles significa.

c) Qual é o processo de formação de palavras empregado em cada um desses neologismos?

2. Leia o início do conto a seguir para responder às questões.

As margens da alegria

Esta é a estória. Ia um menino, com os Tios, passar dias no lugar onde se construía a grande cidade. Era uma viagem inventada no feliz; para ele, produzia-se em caso de sonho. Saíam ainda com o escuro, o ar fino de cheiros desconhecidos. A Mãe e o Pai vinham trazê-lo ao aeroporto. A Tia e o Tio tomavam conta dele, justinhamente. Sorria-se, saudava-se, todos se ouviam e falavam. O avião era da Companhia, especial, de quatro lugares. Respondiam-lhe a todas as perguntas, até o piloto conversou com ele. O voo ia ser pouco mais de duas horas. O menino fremia no acorçoo, alegre de se rir para si, confortavelzinho, com um jeito de folha a cair. A vida podia às vezes raiar numa verdade extraordinária. Mesmo o afivelarem-lhe o cinto se segurança virava forte afago, de proteção, e logo novo senso de esperança: ao não-sabido, ao mais. Assim um crescer e desconter-se — certo como o ato de respirar — o de fugir para o espaço em branco. O Menino.

[...]

João Guimarães Rosa. As margens da alegria. Em: *Primeiras estórias*. 15. ed. Rio de Janeiro: Nova Fronteira, 2001. p. 49.

a) De que trata esse trecho do conto?

b) Identifique no texto quatro neologismos e explique o que cada um deles significa.

c) Esses neologismos são palavras completamente novas ou seguiram algum processo de formação de palavras? Qual(is)?

Produção de texto

Seminário

Neste capítulo, você leu dois sambas-enredo: "Dia do Fico" e "Você semba lá... Que eu sambo cá! O canto livre de Angola" e conheceu um pouco mais sobre as características desse gênero.

Agora, você e seus colegas vão produzir um seminário e apresentar à turma para que todos possam aprender ainda mais sobre a história do samba-enredo e do Carnaval. Lembrem-se de que o seminário é uma exposição oral, cujo objetivo é informar aos ouvintes sobre determinado tema. Para realizar essa produção, vejam as orientações a seguir.

Para começar

Para realizar os seminários, a turma será organizada em grupos. Cada grupo abordará um dos seguintes temas ou outro que acharem importante em sua apresentação.

Quando surgiram os desfiles das escolas de samba?

Caso esse seja o tema de vocês, discorram sobre a história dos desfiles de escolas de samba no Brasil, por exemplo: quando foi o primeiro, quais escolas participaram dele, quais foram os sambas-enredo dessas escolas, quem foi a campeã, etc.

Como é escolhido o samba-enredo de uma escola de samba?

Para esse tema, vocês podem apresentar informações sobre como ocorre o processo de escolha de um samba-enredo, desde a definição do tema e enredo da escola de samba até a elaboração do samba-enredo.

Como são escolhidas as pessoas que participam de um desfile de escola de samba?

Se esse for o tema de vocês, apresentem os componentes das escolas de samba, como eles são escolhidos e a função de cada um, por exemplo: a rainha de bateria, o mestre-sala e a porta-bandeira, os destaques, etc.

Ilustrações: Dnepwu

134

Preparem o seminário

Definido o tema do grupo, chegou o momento de organizar o seminário. Para isso, sigam estas orientações.

1 Pesquisem sobre o tema escolhido em livros, revistas, enciclopédias e na internet. Reúnam o material pesquisado e anotem as informações mais importantes, que serão utilizadas no seminário.

2 Organizem essas informações em tópicos e desenvolvam um roteiro. Isso facilita no momento de se organizar para a apresentação.

3 Pesquisem imagens que ilustrem a fala de vocês, como fotos, gráficos, infográficos, ilustrações, etc.

4 Providenciem cartazes ou elaborem uma apresentação em *slides* com as imagens selecionadas e com textos curtos, com os tópicos a serem abordados ou, ainda, pequenas citações sobre o assunto.

5 Dividam o seminário nas seguintes partes:

1º **Abertura:** cumprimentem a turma e apresentem o grupo.

2º **Introdução:** apresentem o tema do seminário.

3º **Desenvolvimento:** apresentem com detalhes o tema do seminário e a pesquisa realizada.

4º **Conclusão:** finalizem a apresentação com a conclusão do grupo sobre o tema.

5º **Encerramento:** despeçam-se e agradeçam os colegas.

"Nós vamos falar sobre o surgimento das escolas de samba."

"As escolas de samba surgiram em..."

"Em relação ao assunto abordado, o grupo concluiu que..."

"Obrigada a todos pela atenção."

Ilustrações: Dnepwu

6 Lembrem-se de manter uma postura corporal adequada, manter contato visual com a plateia, empregar um tom de voz adequado e falar pausadamente, para que todos compreendam o que vocês dizem.

7 Sincronizem o tempo de fala com a apresentação das imagens, dos cartazes ou *slides*. Utilizem-nos apenas para consulta, evitando lê-los o tempo todo.

8 Empreguem o registro formal e evitem utilizar expressões como **né**, **tipo** e **daí**.

135

▎Realizem o seminário

No dia do seminário, organizem com o professor a ordem de apresentação dos grupos e certifiquem-se de que providenciaram o material que vão utilizar. Quando chegar a vez de seu grupo se apresentar, mantenham-se calmos e concentrados nas informações que devem apresentar. Fiquem sempre de frente para os colegas e falem tranquilamente. Se for preciso, levem anotações para consultá-las caso se esqueçam de algo. Quando for a vez de os colegas se apresentarem, fiquem em silêncio e prestem atenção. O professor vai gravar as apresentações para que vocês possam analisar a desenvoltura nesta atividade.

▎Avaliem o seminário

Depois de finalizar o seminário, o grupo deve assistir à apresentação e avaliá-la para verificar se os seguintes pontos foram contemplados.

- ✓ Pesquisamos sobre o tema, reunimos o material e anotamos as informações importantes?
- ✓ Selecionamos as informações mais relevantes, as organizamos em tópicos e produzimos um roteiro?
- ✓ Pesquisamos imagens, produzimos cartazes ou *slides* para enriquecer nossa apresentação de seminário?
- ✓ Dividimos nosso seminário em abertura, introdução, desenvolvimento, conclusão e encerramento?
- ✓ Todos os integrantes do grupo empregaram movimentos corporais e um tom de voz adequados, falaram pausadamente e mantiveram contato visual com a plateia?
- ✓ Utilizamos o registro formal em nossa apresentação?

▎Verifiquem seu desempenho

Chegou o momento de avaliar a atividade e verificar o que pode ser melhorado nas próximas apresentações. Para isso, copiem o quadro a seguir no caderno e respondam às questões.

	👍	🤟	👎
A Realizamos satisfatoriamente todas as etapas dessa produção: pesquisamos, preparamos, apresentamos e avaliamos o seminário?			
B Conseguimos trabalhar bem em grupo e dividimos igualmente a pesquisa e a apresentação do seminário?			
C Realizamos uma boa apresentação, informando os colegas sobre o tema escolhido?			
D Com base nas questões acima, escreva o que poderia ser melhorado nas próximas produções.			

Para saber mais

Já parou para pensar em como o Carnaval é comemorado em outros lugares do mundo?

No Canadá, a festa de Carnaval é bem diversificada: além de festas nas ruas, existem competições esportivas, feiras gastronômicas, músicas e desfiles, e até o mergulho na neve. Isso mesmo! Em um frio que pode chegar a - 20 °C, os foliões "mergulham" na neve com trajes de banho e se divertem nos 17 dias de comemorações.

Principal evento esportivo do Carnaval canadense: corrida internacional de canoa no gelo no rio St. Lawrence, em Quebec, Canadá, 2009.

Participantes fantasiados no Carnaval de Montevidéu, Uruguai, 2011.

O evento mais longo acontece no Uruguai. Com mais de 2 500 instrumentos na avenida, o Carnaval uruguaio dura 45 dias. Os desfiles conhecidos como *Llamadas*, que relembram o encontro dos escravos durante os séculos XVIII e XIX, são os mais aguardados e duram dois dias. As cidades de Rivera, Artígas e Melo, que estão mais perto do Brasil, trazem elementos do Carnaval brasileiro em suas festas.

Verificando rota

Concluído mais um capítulo, chegou o momento de rever o que foi estudado e verificar se os conteúdos foram bem compreendidos ou se precisam de mais atenção. Confira respondendo às questões abaixo.

1. Quais são as principais características do samba-enredo?

2. A oração "Embora seja longe, irei com você" é subordinada adverbial consecutiva ou concessiva? Explique.

3. Qual a diferença entre as orações subordinadas adverbiais temporais e proporcionais?

4. Leia a informação a seguir e justifique em seu caderno por que ela é verdadeira ou falsa.

   A **oração subordinada adverbial reduzida** tem a função de advérbio, é iniciada por preposição ou conjunção e apresenta verbo na forma nominal.

5. Como são formados os neologismos?

6. Pesquise em livros e na internet os conteúdos estudados neste capítulo. Com base nessa pesquisa e nas respostas das questões anteriores, elabore um esquema desses conteúdos a fim de auxiliá-lo com os estudos.

UNIDADE

3

Anúncio de propaganda e anúncio publicitário

Agora vamos estudar...

- os gêneros anúncio de propaganda e anúncio publicitário;
- o pronome relativo;
- as orações subordinadas adjetivas;
- os homônimos e os parônimos;
- a concordância nominal;
- os recursos que auxiliam a persuasão nos anúncios;
- a concordância verbal;
- a denotação e a conotação.

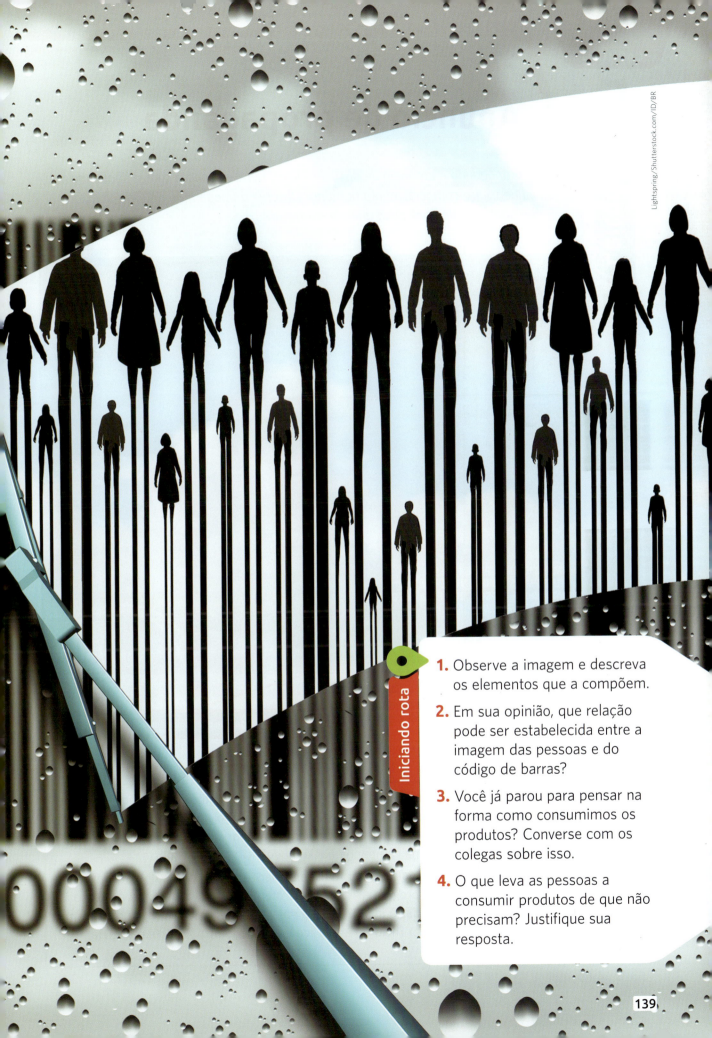

Iniciando rota

1. Observe a imagem e descreva os elementos que a compõem.
2. Em sua opinião, que relação pode ser estabelecida entre a imagem das pessoas e do código de barras?
3. Você já parou para pensar na forma como consumimos os produtos? Converse com os colegas sobre isso.
4. O que leva as pessoas a consumir produtos de que não precisam? Justifique sua resposta.

139

CAPÍTULO 5

Anúncio de propaganda

Leitura 1

A propaganda é um meio de divulgar ideias, bens e serviços com a finalidade de influenciar o comportamento humano. Observe a imagem do anúncio abaixo. Sobre qual assunto você acha que ele vai tratar?

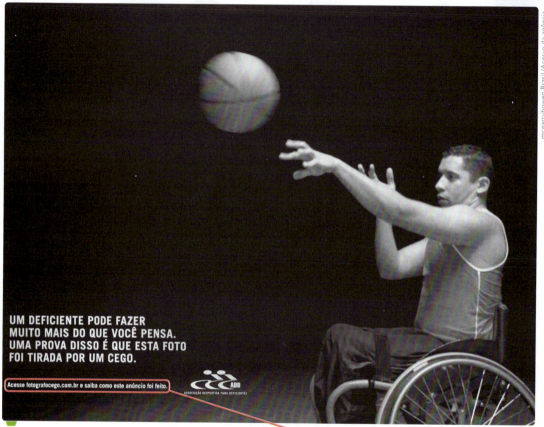

ADD – Associação Desportiva para Deficientes. Anúncio de propaganda de incentivo ao esporte, 2009.

Acesse fotografocego.com.br e saiba como este anúncio foi feito.

Para saber mais

A ADD (Associação Desportiva para Deficientes) é uma instituição sem fins lucrativos. Fundada em 1996, tem o objetivo de desenvolver diversos projetos de inclusão e integração da pessoa com deficiência. O anúncio acima, por exemplo, foi produzido em 2009, a fim de divulgar uma campanha nacional de incentivo ao esporte.

No *site* da ADD você poderá obter mais informações sobre o trabalho desenvolvido pela instituição, como os programas de esporte oferecidos. Além disso, terá acesso às últimas notícias relacionadas à instituição e à galeria de fotos e vídeos que destacam competições e eventos, por meio do endereço eletrônico <http://linkte.me/q01at> (acesso em: 2 out. 2018).

Estudo do texto

1. O assunto que o anúncio de propaganda aborda é o mesmo que você imaginou antes da leitura?

2. Em relação ao texto verbal do anúncio, responda às questões.

   a) Que texto está em destaque? Que recurso foi utilizado para produzir esse efeito?

   b) Que texto tem menor destaque?

3. A imagem ao lado representa uma instituição. Observe essa **logomarca** e responda às questões.

   a) A qual instituição pertence essa logomarca e o que a imagem dela representa?

   b) Que relação há entre a logomarca e o trabalho que a instituição desenvolve?

4. Releia o texto abaixo.

> Um deficiente pode fazer mais do que você pensa.
> Uma prova disso é que esta foto foi tirada por um cego.

   a) A quem o anúncio se dirige? Justifique sua resposta.

   b) Que suposição é feita a respeito do interlocutor do anúncio?

5. Reveja uma parte do texto verbal do anúncio.

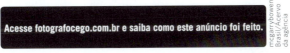

   a) Em que modo estão as formas verbais **acesse** e **saiba** nessa frase?

   b) Que efeito de sentido o emprego desse modo verbal produz em um anúncio de propaganda?

6. A respeito do texto não verbal do anúncio, responda às questões a seguir.

   a) Descreva a foto que compõe o anúncio. Qual é a relação dela com o texto verbal?

   b) A foto aparece no anúncio com bastante destaque. Por que isso acontece?

   c) De que forma a cor predominante no anúncio contribui com a construção do sentido? Copie em seu caderno a alternativa correta.

   A A cor preta representa a falta de visão dos deficientes visuais e demonstra que, mesmo sem enxergar, o deficiente visual pode ser um fotógrafo.

   B A cor preta representa a escuridão na qual os deficientes visuais vivem e as restrições que eles têm.

141

7. O texto que você leu é um **anúncio de propaganda**. Leia as características abaixo e anote em seu caderno aquelas que dizem respeito a esse gênero.

A Pretende vender ideias ou fazer o leitor se engajar em determinadas causas.

B Procura vender um produto com objetivo de obter lucro.

C O público-alvo são as pessoas que jogam basquete e possuem algum tipo de deficiência.

D O público-alvo são as pessoas que de alguma forma se sensibilizaram com o anúncio e podem ajudar a instituição.

E A linguagem é simples e direta, o texto verbal é curto e de fácil compreensão.

F A linguagem é mais elaborada, o texto verbal é longo, com detalhes técnicos sobre a foto e, por isso, de difícil compreensão.

8. O anúncio de propaganda lido foi publicado na internet. Em quais outros suportes esse gênero pode ser encontrado?

9. Quais estratégias o anunciante utilizou para convencer os interlocutores a apoiar a ADD?

10. O anúncio de propaganda lido ressalta a capacidade das pessoas com deficiência. Leia os seguintes títulos e linhas finas de notícia sobre um deficiente visual e uma portadora de síndrome de Down que se destacam em suas profissões.

> **Deficiente visual completa 10 anos de fotografia em Sorocaba, SP**
>
> Teco Barbero aprendeu a superar sua deficiência para registrar o mundo. Fotógrafo também é jornalista, assessor de imprensa e professor.

STILLFX/Shutterstock. com/ID/BR

G1, 22 abr. 2012. Disponível em: <http://g1.globo.com/sao-paulo/sorocaba-jundiai/noticia/2012/04/deficiente-visual-completa-10-anos-de-fotografia-em-sorocaba-sp.html>. Acesso em: 2 nov. 2018.

> **Baiana Cacai Bauer é a primeira *youtuber* brasileira com síndrome de Down**
>
> A garota de 22 anos tem mais de 8 mil inscritos em sete meses de canal

STILLFX/Shutterstock. com/ID/BR

O Povo online, 6 out. 2016. Disponível em: <https://www.opovo.com.br/noticias/brasil/2016/10/cacai-bauer-e-a-primeira-youtuber-brasileira-com-sindrome-de-down.html>. Acesso em: 2 nov. 2018.

a) Por que as histórias de Teco e Cacai foram noticiadas?

b) É possível dizer que eles alcançaram êxito em suas profissões? Explique.

c) Por que é importante que notícias como essas ganhem cada vez mais espaço na mídia?

11. Quais foram suas impressões sobre o anúncio de propaganda lido? Você se sentiu sensibilizado e interessado em engajar-se na causa ou em ajudar a instituição? Compartilhe com os colegas.

Conexões textuais

Observando rapidamente a imagem do anúncio de propaganda a seguir, você consegue imaginar o objetivo dessa campanha?

Unicef. Anúncio de propaganda da campanha Por uma infância sem racismo.

O Brasil tem 31 milhões de crianças negras e indígenas. A maioria sofre com a discriminação racial, sem ter acesso à educação, à saúde e ao desenvolvimento. Ajude a mudar essa realidade. Contribua para uma infância sem racismo.
Participe desta campanha. Acesse: www.unicef.org.br

1. Releia o texto verbal de maior destaque no anúncio.

EM UM MUNDO DE DIFERENÇAS ENXERGUE A IGUALDADE

a) Que mensagem esse texto pretende transmitir?

b) É possível perceber que o tamanho da fonte e a cor da primeira parte desse texto (primeira linha) são diferentes da segunda parte (segunda linha). Qual a possível explicação para esse contraste?

2. Releia o texto verbal reproduzido abaixo do anúncio e responda às questões.

a) O que a informação estatística apresentada no início desse texto revela sobre a campanha promovida no anúncio?

b) Qual é a consequência de a maioria das crianças negras e indígenas sofrer com a discriminação?

c) De acordo com as informações apresentadas nesse texto, qual o objetivo desse anúncio?

d) Analise o seguinte trecho.

> Ajude a mudar essa realidade. Contribua para uma infância sem racismo.

- Que modo verbal foi utilizado nesse trecho? Como o emprego desse modo verbal contribui com o objetivo do anúncio?

3. Copie em seu caderno a alternativa que apresenta a logomarca da instituição responsável por elaborar esse anúncio.

4. O que a foto utilizada nesse anúncio mostra? Qual a função dela no anúncio?

5. Em relação ao anúncio produzido pelo Unicef e o anúncio produzido pela ADD (Associação Desportiva para Deficientes), responda às seguintes questões.

a) O que as instituições que produziram os anúncios apresentam em comum?

b) Que relação pode ser estabelecida entre o objetivo dos anúncios?

c) Quais as semelhanças e diferenças entre as fotos dos anúncios e as cores predominantes nelas?

d) Os anúncios utilizaram as mesmas estratégias para convencer os interlocutores a apoiar as causas apresentadas? Explique.

Estudo da língua

Pronome relativo

Nesta seção, você vai estudar os pronomes relativos, os quais são importantes elementos de coesão textual.

1. Leia o anúncio de propaganda a seguir e responda às questões.

Prefeitura Municipal de Triunfo. Anúncio de propaganda Campanha arrecadação de livros, 2018.

a) Qual é a finalidade desse anúncio de propaganda?
b) Qual é a importância desse tipo de campanha?

2. Releia um trecho do anúncio.

> Você possui livros que não vai ler mais?

a) Quais são as orações que formam esse período?
b) Essas orações são dependentes ou independentes uma da outra?
c) A palavra **que**, além de ligar a primeira oração à segunda, substitui um termo empregado na primeira oração. Que termo é esse?

Ao responder às questões acima, é possível perceber a palavra **que** ligando duas orações e retomando um termo mencionado anteriormente. Dessa forma, ela evita repetições desnecessárias e estabelece uma relação de coesão no texto.

Pronome relativo é aquele que, além de retomar um termo citado anteriormente, liga duas orações dependentes.

Observe a estrutura do período que compõe o anúncio de propaganda da página anterior e como o pronome relativo se comporta nele.

termos repetidos

Você possui livros **que** não vai ler mais?

pronome relativo ligando duas orações e retomando um termo mencionado anteriormente

O quadro abaixo apresenta os principais pronomes relativos. Note que alguns são variáveis, ou seja, podem concordar em gênero (masculino e feminino) e número (singular e plural) com a palavra a que se referem, e outros, invariáveis, mantêm uma forma fixa.

Pronomes relativos	
Variáveis	Invariáveis
o qual, a qual, os quais, as quais	que
cujo, cuja, cujos, cujas	quem
quanto, quanta, quantos, quantas	onde, aonde

A oração introduzida pelo pronome relativo pode ser intercalada na oração da qual depende. Veja.

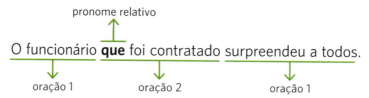

Em alguns contextos, o pronome relativo pode ser acompanhado de preposição (**a**, **de**, **contra**, **em**, **sobre**, etc.). Isso ocorre de acordo com a exigência feita por algum termo da segunda oração. Analise alguns exemplos.

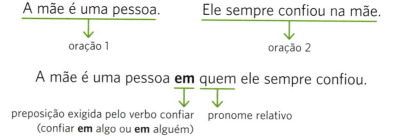

A mãe é uma pessoa **em** quem ele sempre confiou.

preposição exigida pelo verbo confiar   pronome relativo
(confiar **em** algo ou **em** alguém)

Para saber mais

Em situações informais, a preposição costuma ser omitida. Veja.
O livro **que** te falei está esgotado nas lojas.

pronome relativo com a preposição **de** omitida (O livro **de que**)

146

Veja como identificar a função sintática que o pronome relativo desempenha na oração:

- primeiro substitua-o pelo termo antecedente.

O livro **que** você quer chegou.

termo antecedente — pronome relativo

- depois descubra que função esse termo exerce na segunda oração.

primeira oração | segunda oração

O livro chegou. Você quer **o livro**.

VTD — OD

Dessa forma, o pronome relativo exerce a mesma função sintática que o termo antecedente (o livro) desempenharia nela: objeto direto. Veja.

O livro **que** você quer chegou.

OD

Para saber mais

O pronome relativo **cujo** e suas variações é empregado sempre entre dois termos estabelecendo uma relação de posse entre eles.

O rio **cujas** águas são cristalinas transbordou.

rio cujas águas = águas do rio

Os pronomes relativos **onde** e **aonde** são empregados apenas para substituir lugares. Veja as situações de uso e alguns exemplos.

onde = lugar em que   **aonde** = lugar a que

A cidade **onde** moro é pequena.   Já conheço o país **aonde** vou no próximo mês.

onde = em que   aonde = a que

Atividades

1. Leia os títulos de notícia a seguir para responder às questões.

I

A salada russa, uma iguaria cujo ingrediente chave é a batata

TRT, 21 out. 2018. Disponível em: <http://www.trt.net.tr/portuguese/vida-e-saude/2018/10/21/a-salada-russa-uma-iguaria-cujo-ingrediente-chave-e-a-batata-1072618>. Acesso em: 31 out. 2018.

II

O estúdio de tatuagem em Porto Alegre onde homens não entram

GaúchaZH, 31 out. 2018. Disponível em: <https://gauchazh.clicrbs.com.br/porto-alegre/noticia/2018/10/o-estudio-de-tatuagem-em-porto-alegre-onde-meninos-nao-sao-bem-vindos-cjnwc06e609us01rxbz6nb2fm.html>. Acesso em: 31 out. 2018.

III

Piloto de avião, a profissão para a qual não há crise

G1, 16 out. 2018. Disponível em: <https://g1.globo.com/educacao/guia-de-carreiras/noticia/2018/10/16/piloto-de-aviao-a-profissao-para-a-qual-nao-ha-crise.ghtml>. Acesso em: 31 out. 2018.

a) Identifique o pronome relativo de cada um dos títulos de notícia lidos.

b) A que termo do título de notícia cada um desses pronomes se refere?

c) Que outro pronome relativo poderia ser empregado no título de notícia **II** sem alteração de sentido?

    A quem   **B** no qual   **C** quanto

2. Leia o anúncio de propaganda a seguir.

Prefeitura Municipal de Joinville. Anúncio de propaganda Prevenção contra a gripe Influenza H1N1.

Que ideia é divulgada por esse anúncio?

3. Releia o período do anúncio e responda às questões.

> A ingestão de frutas, fibras, água, sucos naturais e chás é hábito que deve fazer parte da rotina o ano todo.

a) Qual pronome relativo foi utilizado? Que termo esse pronome substitui?

b) Copie em seu caderno a opção que apresenta a função sintática do termo a que o pronome relativo se refere.

    A sujeito   **C** predicativo do sujeito

    B objeto indireto   **D** complemento nominal

c) De que forma o pronome relativo contribui para a fluidez desse texto?

4. Una as duas orações a seguir utilizando o pronome relativo **cujo**. Faça as alterações necessárias.

> **DICA!**
> Comece pela primeira oração de modo que a segunda fique intercalada e entre vírgulas.

> A aluna visitará uma grande universidade.
> O projeto da aluna foi premiado.

Você vai ler dois anúncios de propaganda de uma mesma campanha: um deles foi produzido para ser publicado em uma revista e o outro é um flyer (frente e verso). Observando apenas os elementos visuais, você consegue identificar o assunto que será abordado nessa campanha?

Prefeitura de Betim. Anúncio de propaganda para revista População consciente para uma coleta eficiente, 2018.

[II]

Prefeitura de Betim. Frente do *flyer* População consciente para uma coleta eficiente, 2018.

Prefeitura de Betim. Verso do *flyer* População consciente para uma coleta eficiente, 2018.

Estudo do texto

1. O assunto que você tinha imaginado antes de ler os anúncios de propaganda se confirmou após a leitura? Converse com os colegas a respeito.

2. Como você estudou, um anúncio de propaganda possui o objetivo de conscientizar ou incentivar as pessoas a aderir a determinada ideia.

   a) Copie em seu caderno a alternativa que apresenta a qual área o anúncio lido está ligado.

   A alimentação

   B meio ambiente

   C cultura

   b) Qual é o objetivo desse anúncio, ou seja, qual ideia ele promove?

3. Um anúncio de propaganda geralmente é formado por linguagem verbal e não verbal.

   a) Quais são os elementos não verbais empregados no anúncio de propaganda **I**?

   b) O que há de diferente em relação aos elementos não verbais empregados no anúncio de propaganda **II**?

   c) De que maneira o texto verbal se relaciona com os elementos não verbais dos anúncios?

   d) Quais cores se destacam nesses anúncios? De que maneira elas se relacionam com o conteúdo da campanha?

   e) Os elementos apresentados a seguir aparecem nos dois anúncios.

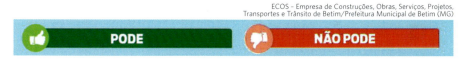

ECOS – Empresa de Construções, Obras, Serviços, Projetos, Transportes e Trânsito de Betim/Prefeitura Municipal de Betim (MG)

   De que maneira os ícones ilustrados e as cores utilizadas nesse trecho auxiliam na complementação da informação?

4. Por que a caçamba ilustrada no anúncio apresenta a logomarca do programa EcoEntulho?

5. Uma das características de um anúncio de propaganda é apresentar argumentos para persuadir o leitor a aderir a determinada ideia. Qual é o principal argumento empregado nesse anúncio?

6. O anúncio apresenta diversas informações para o leitor realizar uma coleta eficiente. Quais são elas?

7. Qual é a relação entre a ideia divulgada nos anúncios e o anunciante?

8. Qual é o público-alvo dos anúncios lidos?

9. Releia dois trechos de um dos anúncios de propaganda.

> Confira o que deve ser descartado nas caçambas do ECO**ENTULHO**

> **ATENÇÃO**: a coleta de lixo doméstico e orgânico continuará acontecendo normalmente, sendo as caçambas do EcoEntulho para uso exclusivo da coleta de entulhos de obras.

ECOS – Empresa de Construções, Obras, Serviços, Projetos, Transportes e Trânsito de Betim/Prefeitura Municipal de Betim (MG)

a) Em que modo está a forma verbal **confira**? Qual é o efeito criado pelo emprego dessa forma verbal no anúncio?

b) Copie em seu caderno a alternativa correta a respeito da locução verbal **continuará acontecendo**.

A Ela expressa certeza, indicando ao leitor fatos a respeito da campanha.

B Ela indica apelo, solicitando ao leitor que faça o que o anúncio pede.

C Ela expressa dúvida, apresentando ao leitor hipóteses sobre as ações a serem realizadas.

10. Observe que os dois anúncios lidos são da mesma campanha, mas foram produzidos para ser publicados em suportes diferentes. O primeiro é um anúncio de revista e o segundo é um *flyer*.

a) Como você viu, os anúncios **I** e **II** apresentam basicamente o mesmo texto verbal e não verbal. O que os diferencia então, além do suporte em que foram produzidas para ser publicados?

b) Copie em seu caderno as alternativas que justificam o motivo de os anúncios serem apresentados de maneira diferente em cada suporte.

A O anúncio de propaganda **I** é mais completo por ser publicado em uma revista, em que o leitor dispõe de um tempo maior para ler.

B O anúncio de propaganda **I** é maior porque o seu objetivo é atingir o público que gosta de anúncios grandes e atraentes.

C O anúncio de propaganda **II** dividiu as informações de modo que o público leitor possa ter acesso apenas às que ele desejar.

D O suporte do anúncio de propaganda **II** é menor que uma página de revista, possui dois lados (frente e verso) e precisa chamar a atenção do leitor, por isso os textos devem ser mais curtos e atraentes.

c) Essas diferenças comprometem o objetivo do anúncio? Por quê?

d) Se esse mesmo anúncio fosse veiculado em um *outdoor* haveria mudanças no texto verbal ou no texto não verbal? Explique.

11. Compare os anúncios estudados na **Leitura 1** e na **Leitura 2** deste capítulo em relação aos itens listados a seguir.

a) assunto **b)** recursos visuais **c)** anunciante

12. Qual dos anúncios você achou mais persuasivo? E qual achou mais criativo? Converse com os colegas a respeito.

152

Estudo da língua

Orações subordinadas adjetivas

Você já estudou que o adjunto adnominal é o termo da oração responsável por especificar um nome (substantivo, adjetivo ou advérbio). Agora você vai ver que esse termo pode ser representado por uma oração.

1. Leia o anúncio de propaganda a seguir e responda às questões.

Fecomércio/PR, Sesc/PR, Senac/PR e GRPCOM. Anúncio de propaganda Sua roupa usada precisa de alguém para passear.

a) A que público esse anúncio é destinado?

b) Que efeito de sentido é construído por meio da interação entre a linguagem verbal e a linguagem não verbal nesse anúncio?

c) Você considera esse tipo de anúncio importante? Por quê?

2. Releia o período a seguir, retirado do anúncio acima, e responda às questões.

> Sua roupa **usada** precisa de alguém para passear

a) A que palavra o termo destacado se refere? Qual é a classe gramatical dessa palavra?

b) Que função sintática o termo em destaque exerce em relação ao termo a que se refere? Justifique sua resposta.

153

3. Agora releia outro período retirado do anúncio e analise a oração em destaque.

> Doe as roupas **que você não usa** para quem precisa

a) A que palavra essa oração se refere?

b) Que função sintática ela representa em relação a essa palavra? Anote a informação correta.

    A Adjunto adnominal, pois lhe especifica.

    B Complemento nominal, pois completa o seu sentido.

    C Adjunto adverbial, pois expressa uma circunstância de modo.

c) Que palavra introduz essa oração? A que classe gramatical ela pertence?

Ao responder a essas questões, você pôde notar que o substantivo **roupa** foi caracterizado tanto por um adjetivo quanto por uma oração. Essa oração exerce a função sintática de adjunto adnominal.

> A oração com valor de um adjetivo que funciona como adjunto adnominal e modifica um termo da oração principal é chamada de **oração subordinada adjetiva**.

A oração subordinada adjetiva é introduzida pelos pronomes relativos **que**, **quem**, **onde**, **o qual**, **a qual**, **os quais**, **as quais**, **cujo**, **cuja**, **cujos** e **cujas**.

Veja abaixo exemplos de períodos com orações adjetivas e a sua reescrita com o adjetivo correspondente.

Os novos computadores possuem certas funções **que surpreendem**.
      ↓
    oração subordinada adjetiva

Os novos computadores possuem certas funções **surpreendentes**.
      ↓
    adjetivo

Trata-se de uma história **que causa espanto**.
      ↓
    oração subordinada adjetiva

Trata-se de uma história **espantosa**.
      ↓
    adjetivo

A conversa **que se espalhou** foi essa.
    ↓
  oração subordinada adjetiva

A conversa **espalhada** foi essa.
    ↓
  adjetivo

Para saber mais

Para verificar se uma oração é adjetiva, tente substituir o pronome relativo por **o(a) qual** ou **os(as) quais** de acordo com o contexto. Essa dica só não pode ser aplicada aos conectivos **cujo** e suas variantes e **onde** que indica lugar, que são sempre pronomes relativos. Veja um exemplo.

Já li o livro **que** você me emprestou.   Já li o livro **o qual** você me emprestou.

Oração subordinada adjetiva explicativa

1. Leia a sinopse do filme a seguir e responda às questões.

Onde vivem os monstros. *AdoroCinema*. Disponível em: <http://www.adorocinema.com/filmes/filme-54502/>. Acesso em: 31 out. 2018.

a) Qual é a função de uma sinopse?

b) Você já conhecia esse filme? Teve vontade de assistir a ele após ler a sinopse? Comente.

c) Onde essa sinopse foi publicada originalmente? Em que outros veículos é possível encontrar sinopses de filmes?

2. Releia um trecho da sinopse para responder às questões.

> Lá ele encontra vários monstros, que vivem em bando.

a) Quantas orações formam esse período? Identifique suas formas verbais.

b) Qual dessas orações é a principal e qual é a subordinada?

c) A oração subordinada se refere a que termo da oração principal?

d) Que sinal de pontuação foi utilizado para separá-la da oração principal?

e) Qual a função dessa oração subordinada?

A oração que acrescenta uma informação ou uma explicação suplementar para um termo antecedente, ampliando-o ou detalhando-o, recebe o nome de **oração subordinada adjetiva explicativa**.

A oração subordinada adjetiva explicativa é sempre separada por vírgulas ou travessões.

155

Oração subordinada adjetiva restritiva

1. Leia o anúncio de propaganda a seguir e responda às questões.

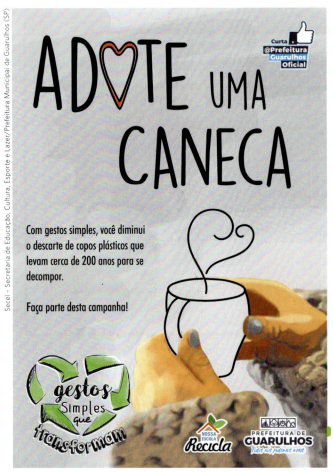

a) Qual é o objetivo desse anúncio de propaganda?

b) Releia este período do texto e responda às questões.

> Com gestos simples, você diminui o descarte de copos plásticos que levam cerca de 200 anos para se decompor.

- Identifique a oração principal e a oração subordinada desse trecho.
- A oração subordinada se refere a que termo da oração principal?
- Que importância a oração subordinada tem nesse contexto?

Prefeitura de Guarulhos. Anúncio de propaganda da campanha Gestos simples que transformam.

A oração que acrescenta uma informação ou uma explicação essencial para o sentido de um termo antecedente, particularizando-o, restringindo-o ou limitando-o, recebe o nome de **oração subordinada adjetiva restritiva**.

A **oração subordinada adjetiva restritiva** não é separada por qualquer sinal de pontuação e é indispensável para o sentido que se pretende criar no período.

Observe no quadro abaixo as diferenças de sentido produzidas pelas orações subordinadas adjetivas explicativas e restritivas.

Orações adjetivas	
Explicativa	Restritiva
Os estudantes, **que se inscreveram**, compareceram ao evento. (Todos os estudantes se inscreveram, e todos compareceram ao evento).	Os estudantes **que se inscreveram** compareceram ao evento. (Só alguns estudantes se inscreveram, e só alguns compareceram ao evento).

156

Oração subordinada adjetiva reduzida

1. Leia o anúncio de propaganda a seguir e responda às questões.

Agência de Defesa e Fiscalização Agropecuária de Pernambuco (Adagro). Anúncio de propaganda da campanha contra a raiva.

a) Que elementos desse anúncio de propaganda remetem ao gênero cordel?

DICA!
Se necessário, pesquise as principais características de um cordel.

b) Qual é o objetivo desse anúncio? A que público ele é destinado?

c) O que são animais hematófagos?

2. Analise este período: "A raiva é uma doença séria e contagiosa, transmitida pela mordida de morcegos hematófagos." e responda às questões.

a) Quantas orações há nesse período? Indique-as.

b) Qual delas exerce a função de um adjetivo em relação à oração principal?

c) Essa oração é introduzida por um pronome relativo?

d) Qual é a forma verbal empregada nela?

e) Essa forma verbal está no infinitivo, no gerúndio ou no particípio?

Como você pôde notar, há orações subordinadas adjetivas que, quanto à forma, diferenciam-se das orações adjetivas estudadas nas páginas anteriores.

As **orações subordinadas adjetivas reduzidas** possuem um verbo em uma das formas nominais e não são introduzidas por pronome relativo.

Veja agora duas possíveis formas de reescrever equivalentes ao período analisado.

> A raiva é uma doença séria e contagiosa, **que se transmite pela mordida de morcegos hematófagos**.

> A raiva, **que é transmitida pela mordida de morcegos hematófagos**, é uma doença séria e contagiosa.

Ao ser introduzida por pronome relativo e possuir verbo conjugado, trata-se de uma **oração desenvolvida**.

Atividades

1. Leia a tirinha a seguir e responda às questões.

Alexandre Beck. *Armandinho dois*. Florianópolis: A. C. Beck, 2014. p. 58.

a) O que a palavra **agora** revela quanto às diárias anteriores de Armandinho no hotel?

b) Que argumento o pai de Armandinho lhe apresenta como justificativa para deixarem o hotel?

c) Por que Armandinho propõe ao pai não saírem do hotel nunca mais?

d) Observe a expressão da personagem nos três quadrinhos da tirinha. O que cada uma delas revela?

e) De que forma essas expressões se relacionam com o texto verbal de cada quadrinho?

f) O que provoca o humor na tirinha?

2. Analise o período que compõe a fala de Armandinho no segundo quadrinho e responda às questões.

> Mas vocês só pagam na hora de sair [...]

a) Quais são as formas verbais presentes nas orações desse período?

b) A que termo a oração "de sair" se refere?

c) Que função essa oração exerce em relação à oração principal?

d) De acordo com sua estrutura, como ela é classificada?

e) Transforme o trecho em uma oração desenvolvida.

3. Leia o anúncio de propaganda a seguir e responda às questões.

Câmara de Goioerê. Anúncio de propaganda Vida no trânsito.

a) Qual é o objetivo desse anúncio? Justifique sua resposta.
b) Que comparação é feita no texto principal do anúncio?
c) De que forma essa comparação contribui para que o objetivo do anúncio seja alcançado?

4. Releia este período retirado do anúncio.

> O melhor presente que você pode dar para alguém é chegar bem.

a) Quais termos caracterizam o substantivo **presente**?
b) Qual desses termos é uma oração?
c) Que palavra introduz essa oração? Identifique-a e classifique-a.
d) Qual é a classificação dessa oração? Justifique sua resposta.

159

5. Leia o anúncio de propaganda a seguir de uma campanha lançada pelo Ibama em parceria com o Amazonas Tur e responda às questões.

Ibama-AM. Anúncio de propaganda Não incentive o turismo que maltrata os animais.

a) Você já estudou que um anúncio de propaganda tem a finalidade de engajar o interlocutor em determinada causa. Em qual causa esse anúncio pretende que o leitor se engaje?

   A Na adoção de animais silvestres.

   B No combate aos maus-tratos dos animais silvestres.

   C Na propagação de turismo a locais onde vivem os animais silvestres.

b) Um anúncio de propaganda pode compor-se de texto verbal e elementos não verbais.
   - Que elementos não verbais compõem o anúncio?
   - Explique como o texto verbal se relaciona com os elementos não verbais nesse anúncio.

6. Releia este período retirado do anúncio acima. Depois, responda às questões.

> Não incentive o turismo que maltrata os animais.

a) Identifique a oração adjetiva presente nele.
b) Que termo essa oração caracteriza no período acima?
c) Nesse período, o que essa oração adjetiva permite afirmar?

   A Que nem todo turismo maltrata os animais.

   B Que todo e qualquer turismo maltrata os animais.

   - Com base na sua resposta acima, classifique essa oração adjetiva em explicativa ou restritiva. Justifique sua classificação.

160

Escrita em foco

Homônimos

Agora, você vai estudar as palavras conhecidas como homônimas, que se dividem em três tipos.

1. Leia os títulos de notícia a seguir e responda às questões.

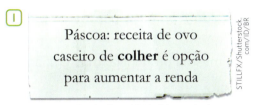

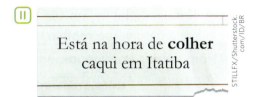

G1, 27 fev. 2016. Disponível em: <http://g1.globo.com/to/tocantins/noticia/2016/02/pascoa-receita-de-ovo-caseiro-de-colher-e-opcao-para-aumentar-renda.html>. Acesso em: 1º out. 2018.

G1, 6 mar. 2016. Disponível em: <http://g1.globo.com/sao-paulo/sorocaba-jundiai/nosso-campo/noticia/2016/03/esta-na-hora-de-colher-caqui-em-itatiba.html>. Acesso em: 1º out. 2018.

a) A palavra em destaque apresenta o mesmo significado nos dois títulos de notícia? Explique.

b) Copie a alternativa correta sobre o uso da palavra **colher** nos títulos acima.

  A Apresenta mesma grafia e pronúncia.

  B Apresenta grafia igual, mas pronúncia diferente.

  C Apresenta pronúncia igual, mas grafia diferente.

2. Leia a tirinha a seguir.

Will Leite. O lobo mau mal. *Will Tirando*, 23 out. 2015. Disponível em: <http://www.willtirando.com.br/o-lobo-mau-mal/>. Acesso em: 1º nov. 2018.

a) A que conto infantil essa tirinha se refere? Você conhece essa história?

b) Qual das duas versões da tirinha é mais fiel à história original?

c) Qual é a diferença entre o **lobo mau** e o **lobo mal** nessa tirinha?

d) Copie a alternativa correta sobre as palavras **mau** e **mal**.

  A Apresentam mesma grafia e pronúncia.

  B Apresentam grafia igual, mas pronúncia diferente.

  C Apresentam pronúncia igual, mas grafia diferente.

Palavras que apresentam significados diferentes e podem ou não ter a grafia ou a pronúncia iguais são chamadas de **homônimos**.

Veja como os **homônimos** podem ser classificados.

- **Homônimos perfeitos**: apresentam pronúncia e grafia idênticas. Por exemplo: manga (fruta / parte de uma roupa).

- **Homônimos homógrafos**: apresentam a mesma grafia, mas pronúncia diferente. Por exemplo: molho (de chaves ou caldo / primeira pessoa do presente do indicativo do verbo **molhar**).

- **Homônimos homófonos**: apresentam a mesma pronúncia, mas grafia diferente. Por exemplo: seção/sessão.

Parônimos

Algumas palavras podem nos confundir por apresentar grafia ou pronúncia muito parecidas. Vamos estudá-las agora.

1. Leia o trecho da notícia a seguir e responda às questões.

> ### Túnel encontrado no Centro de Blumenau era uma galeria <u>fluvial</u>
>
> *Pesquisadores afirmam que local servia para o escoamento de água.*
>
> *Analistas contaram com ajuda de bisneto de antigo morador da região.*
>
> [...]
>
> A diretora do arquivo histórico do município reafirma a tese dos pesquisadores de que o local era uma rede de escoamento <u>pluvial</u>: "Realmente essa é uma das várias galerias que nós temos na nossa cidade. Não é a única, mas as lendas continuarão", comenta Sueli Petry.
>
> Túnel encontrado no Centro de Blumenau era uma galeria fluvial. *G1*, 21 jan. 2015. Santa Catarina. Disponível em: <http://g1.globo.com/sc/santa-catarina/noticia/2015/01/tunel-encontrado-no-centro-de-blumenau-era-uma-galeria-fluvial.html>. Acesso em: 1º nov. 2018.

a) Qual é o fato central dessa notícia?

b) De acordo com o trecho da notícia, o que esse túnel era e para que servia no passado?

c) Observe as palavras sublinhadas no título e na notícia. O que cada uma dessas palavras significa? Se for necessário, pesquise-as em um dicionário.

d) É possível que haja alguma dificuldade no momento de empregar essas palavras? Por quê?

Palavras que possuem significados diferentes, mas apresentam grafia e pronúncia parecidas são chamadas de **parônimos**.

162

Produção de texto

Anúncio de propaganda

Na **Leitura 2** você estudou dois anúncios de propaganda que tratavam da coleta de entulhos, mas que foram veiculados em mídias diferentes: um em uma revista e outro em um *flyer*.

Agora, você e seus colegas vão produzir anúncios de propaganda e realizar uma campanha cujo mesmo anúncio será veiculado em diferentes mídias a fim de mobilizar e sensibilizar a comunidade escolar em relação às atitudes divulgadas na campanha realizada pela turma.

Para começar

Primeiramente, vocês devem definir sobre qual assunto o anúncio de propaganda vai tratar. Para isso, escolham uma das opções a seguir.

Anúncio para ajudar uma instituição da cidade

Se essa for a opção da turma, vocês devem pesquisar as instituições da cidade que precisam de ajuda para divulgar seu serviço ou que necessitam de arrecadação de itens. Vocês podem, por exemplo, ajudar um asilo a arrecadar fraldas geriátricas, alimentos ou cobertores; ou promover uma campanha de doação de brinquedos ou alimentos a um orfanato.

Anúncio para conscientizar as pessoas da escola ou do bairro

Se a turma escolher essa opção, vocês devem discutir quais problemas afligem a escola ou o bairro onde moram. Podem ser tratadas questões como descarte correto de resíduos, importância da economia de água e de energia, etc.

163

▶ **Aprenda mais**

O Clube de Criação foi fundado em 1975 por publicitários da área de criação a fim de valorizar e preservar a criatividade da propaganda brasileira. No *site* do Clube de Criação é possível encontrar os anúncios mais criativos veiculados na mídia brasileira. Além disso, todos os anos, é lançado o Anuário de Criação com o melhor da propaganda feita durante o ano.

Clube de Criação. Disponível em: <http://linkte.me/o412j>. Acesso em: 29 out. 2018.

▌ Estruturem seu texto

Após escolher o assunto que motivará a turma a produzir os anúncios e a realizar a campanha, chegou o momento de planejar a primeira versão do anúncio de propaganda. Para isso, observem as orientações a seguir.

1. Anotem as ideias que surgirem sobre a forma de abordar o tema. Essa primeira conversa vai direcionar a elaboração do texto verbal e a escolha das imagens.

2. Definam quais imagens podem representar a ideia que vão defender. Elas podem ser usadas em todas as mídias, ou na maioria delas, como vocês viram na **Leitura 2**. Lembrem-se de que elas devem ser atrativas e despertar o interesse do leitor, além de dialogar com o texto verbal que vocês criarão.

3. Escolham também as cores que vão predominar no anúncio (nas imagens, nos textos verbais, no fundo) de modo a destacar a mensagem a ser divulgada.

4. Elaborem uma frase que servirá de texto principal para o anúncio e pensem se será necessário um texto secundário. Lembrem-se de que os anúncios de propaganda apresentam textos curtos e atrativos.

5. Recordem quais recursos argumentativos podem ser empregados de modo a convencer o leitor: verbos no modo imperativo, adjetivos, conjunções, uso de humor, repetições, figuras de linguagem, registro da língua mais informal, etc.

6. Criem uma logomarca ou logotipo para representar a turma a fim de indicar que vocês são os anunciantes.

7. Verifiquem se tanto o texto verbal quanto o texto não verbal vão ao encontro das ideias que a turma quer divulgar.

8. Por fim, confiram se há necessidade de ajustar as ideias apresentadas e mãos à obra!

Agora que já definiram como será o anúncio de propaganda da turma, é o momento de criar as diversas peças que vão compor a campanha. Organizem-se em grupos e verifiquem quais ficarão responsáveis pela produção dos anúncios em suportes variados, como os sugeridos a seguir.

Cartaz

Verifiquem quantos cartazes são necessários, quais materiais vão usar para produzi-los e os locais em que eles podem ser fixados.

Banner

Vejam quantos *banners* são necessários e o que precisam para confeccioná-los.

Fôlder

Os fôlderes deverão ser entregues para a comunidade escolar a fim de divulgar a campanha e conscientizar a população, por isso façam uma estimativa de quantos serão necessários.

Anúncio para internet e rádio

O grupo responsável deverá elaborar um anúncio que possa ser veiculado na internet e outro que seja oral, a fim de ser enviado a uma emissora de rádio da cidade.

Ilustrações: Rodrigo Gafa

- Pesquisem como cada suporte se estrutura antes de iniciar a produção do anúncio.
- Para a escolha do suporte, considerem também os locais em que a campanha será divulgada e as pessoas que terão acesso a ela.
- Lembrem-se de que os anúncios que vão compor a campanha não precisam ser idênticos em todos os suportes, mas é necessário que alguns elementos sejam mantidos para que a campanha seja facilmente identificada, por exemplo, o texto verbal e a imagem principais.
- O grupo responsável em criar um anúncio para uma emissora de rádio deve definir se criarão um *jingle*, se produzirão um texto para ser lido, etc., e também escolher a rádio para a qual enviarão o anúncio.
- O grupo responsável em elaborar um anúncio para ser veiculado na internet deverá verificar se além do *blog* da turma é possível postá-lo em algum veículo de comunicação *on-line*, como o jornal da cidade.

Avaliem e reescrevam seu texto

Após elaborar a primeira versão dos anúncios de propaganda no suporte definido, verifiquem se os itens a seguir foram contemplados.

- ✓ As cores e as imagens que escolhemos estão em harmonia e representam a ideia que defendemos e queremos veicular?
- ✓ O texto verbal é curto e adequado ao anúncio?
- ✓ Utilizamos recursos linguísticos que auxiliam na persuasão do anúncio?
- ✓ Criamos uma logomarca ou um logotipo interessante e que está de acordo com a mensagem que queremos propagar?
- ✓ O anúncio que será enviado a uma emissora de rádio está de acordo com as demais peças da campanha? O registro da língua empregado está de acordo com a situação comunicativa?

Releiam os anúncios com atenção e, se necessário, façam adequações. Finalizadas as produções, chegou o momento de organizar a campanha.

Definam uma data para o lançamento da campanha e qual será sua duração. No dia marcado para o início, fixem os cartazes e *banners* nos locais que julgarem adequados e se organizem para distribuir os fôlderes e explicar às pessoas o objetivo da campanha.

O grupo responsável por publicar o anúncio na internet deverá ir ao laboratório de informática da escola e fazer a postagem junto com uma explicação de como a campanha será realizada.

O grupo responsável em criar o anúncio para uma emissora de rádio também deverá enviá-lo no início da campanha.

Finalizada a campanha, conversem com a turma sobre o trabalho que tiveram e se já perceberam alguma mobilização da comunidade escolar em relação à questão tratada na campanha.

Verifiquem seu desempenho

Chegou o momento de verificar o desempenho do grupo nessa produção. Para isso, reúnam-se, copiem o quadro no caderno e respondam aos questionamentos.

	👍	✊	👎
A Realizamos todas as etapas dessa produção com dedicação: planejamos, pesquisamos, estruturamos o anúncio e verificamos o que poderia ser melhorado?			
B Conseguimos produzir um anúncio criativo e convincente?			
C Trabalhamos bem em equipe?			
D Escrevam, com base nas respostas das questões anteriores, o que poderia ser melhorado nas próximas produções.			

Para saber mais

Nas seções **Leitura 1** e **Leitura 2** deste capítulo, você leu dois anúncios de propaganda: o primeiro foi promovido pela instituição ADD que, além de apresentar o trabalho realizado com deficientes, propõe uma campanha de incentivo ao esporte; já o segundo foi promovido pela Prefeitura de Betim, a qual propõe uma campanha de conscientização em relação ao descarte correto de entulhos. Assim como a ADD e a Prefeitura de Betim, outros órgãos institucionais utilizam anúncios para apresentar uma ideia, empregando estratégias para convencer o interlocutor a apoiar determinadas causas. Conheça, agora, duas organizações que promovem campanhas voltadas a objetivos diferentes.

O **Greenpeace** foi criado por um grupo de jornalistas e ecologistas, em 1971, que tinha por objetivo a tentativa de impedir testes nucleares realizados em ilhas do Alasca. Financiada por seus apoiadores, o Greenpeace é uma instituição sem fins lucrativos, que atua em mais de 55 países desenvolvendo campanhas com o objetivo de conscientizar a população na luta pela preservação do planeta, a fim de garantir um ambiente com mais qualidade para todos os seres vivos.

Logotipo da ONG Greenpeace.

Logomarca da ONU.

A **ONU** (Organização das Nações Unidas) é uma organização intergovernamental criada em 1945, após o término da Segunda Guerra Mundial, a fim de impedir que outro conflito como aquele ocorresse novamente. Seus principais objetivos são manter a segurança e a paz mundial, promover os direitos humanos, auxiliar no desenvolvimento econômico e no progresso social, proteger o meio ambiente e prover ajuda humanitária em casos de fome, desastres naturais e conflitos armados. A ONU possui alguns órgãos, agências e entidades que atuam em áreas específicas, como a Unesco (Organização das Nações Unidas para a Educação, a Ciência e a Cultura), cujo objetivo é contribuir para a paz e a segurança no mundo por meio da educação, ciência e cultura, e a ONU Mulheres, que promove o empoderamento das mulheres e a igualdade de gênero.

Encerrado mais um capítulo, chegou a hora de retomar o que foi estudado e verificar se os conteúdos foram compreendidos. Confira, respondendo às questões abaixo.

1. Quais são as principais características de um anúncio de propaganda?

2. Na oração "O livro que você queria ainda não chegou", qual é o pronome relativo? Por quê?

3. Qual é a função das orações subordinadas adjetivas?

4. Qual a diferença entre homônimos e parônimos? Dê exemplos.

5. Pesquise em livros e na internet os conteúdos estudados neste capítulo. Com base nessa pesquisa e nas respostas das questões anteriores, elabore um esquema desses conteúdos a fim de auxiliá-lo com os estudos.

CAPÍTULO 6

Anúncio publicitário

Leitura 1

Em nosso dia a dia nos deparamos com diversos anúncios. Pode ser em jornais, revistas, na rua, na televisão ou na internet. Você se deixa influenciar por esses anúncios na hora de comprar um produto ou utilizar um serviço? O anúncio que você vai ler foi publicado na revista Ragga, de Minas Gerais, destinada ao público jovem e que deixou de circular em 2013. De acordo com os elementos não verbais do anúncio, o que você acha que ele está divulgando?

Planeta Brasil. Anúncio publicitário Planeta Brasil, publicado na revista *Ragga*, Belo Horizonte, n. 53, set. 2011.

[As marcas apresentadas são utilizadas para fins estritamente didáticos, portanto não representam divulgação de qualquer tipo de produto ou empresa.]

168

Estudo do texto

1. As hipóteses que você levantou antes de ler o anúncio se comprovaram? Converse com seus colegas a respeito.

2. Qual é o objetivo desse anúncio? Copie em seu caderno a alternativa correta.

A Divulgar uma ideia de cunho social.

B Promover um evento.

C Pedir patrocínio.

3. Responda às questões a seguir em relação ao contexto de produção do anúncio publicitário lido.

a) O que está sendo divulgado nesse anúncio?

b) Quem é o anunciante, ou seja, quem está divulgando esse anúncio?

c) Quem é o público-alvo desse anúncio? Justifique sua resposta.

d) Em que meio de comunicação ele está sendo veiculado? Em que outros meios de comunicação é possível encontrar anúncios publicitários?

4. Um anúncio publicitário geralmente apresenta os seguintes elementos.

> - *slogan* (texto verbal curto, de fácil memorização, utilizado em peças de campanhas publicitárias com objetivo de lançar um produto ou vender uma ideia)
> - texto verbal
> - elementos não verbais
> - identificação do anunciante (também pode ser feita por meio de logotipo, logomarca ou marca)
> - nome da agência que produziu o anúncio

Identifique no anúncio da página anterior esses elementos.

5. Observe os elementos não verbais desse anúncio e responda às questões.

a) Que relação pode ser estabelecida entre a imagem da guitarra e o fato de se tratar de um evento sustentável?

b) O que as lâmpadas da imagem podem representar?

c) Em sua opinião, o que mais chama a atenção do leitor no anúncio da página anterior? Justifique sua resposta.

Para saber mais

Você sabe a diferença entre logotipo, logomarca ou marca?

Logotipo é um símbolo empregado para identificar a empresa, marca ou instituição e consiste geralmente na estilização de uma letra ou grupo de letras com *design* característico.

Marca é um símbolo gráfico que identifica a empresa, produto, serviço ou instituição.

Logomarca é o símbolo (marca) acompanhado por letras que também identifica a empresa, marca ou instituição.

169

6. Releia um trecho do anúncio e responda às questões.

a) Que palavra caracteriza o evento divulgado nesse anúncio? O que essa palavra significa?

b) A que classe gramatical essa palavra pertence?

c) De acordo com o anúncio, qual é a relação entre o evento ser sustentável e a música ser boa?

d) Que ideia o anunciante pretende transmitir com essa informação?

e) Que efeito de sentido essa afirmação provoca no anúncio?

7. Copie em seu caderno a alternativa correta a respeito da linguagem empregada nesse anúncio publicitário.

A A linguagem é elaborada e distante do público-alvo.

B A linguagem é simples, direta e voltada para o público-alvo.

C A linguagem apresenta gírias e verbos no imperativo, para persuadir o leitor.

8. Analise as cores utilizadas no anúncio e responda às questões a seguir.

a) Qual cor predomina nesse anúncio?

b) Você acha que a escolha das cores pode influenciar na mensagem a ser divulgada em um anúncio publicitário?

Para saber mais

A escolha das cores é um recurso muito utilizado em anúncios. Veja os possíveis significados de algumas delas.

- **Azul**: serenidade, segurança e bem-estar. Usada em anúncios com o objetivo de demonstrar confiança.
- **Amarelo**: otimismo, alegria e jovialidade. Frequentemente usada em anúncios de alimentos.
- **Vermelho**: energia, força e paixão. Geralmente é empregada em anúncios de esportes e alimentos.
- **Verde**: natureza, liberdade e dinheiro. Muito utilizada em anúncios relacionados à natureza.

9. O que você achou desse anúncio publicitário? Você o considera criativo e persuasivo? Em sua opinião, ele consegue atingir o público-alvo? Converse com os colegas a respeito.

Estudo da língua

Concordância nominal

Vamos estudar como o substantivo se relaciona com os termos que o acompanham.

1. Leia a tirinha a seguir para responder às questões.

Chicolam. *A notícia*, Joinville, 17 abr. 2009.

a) Observe a expressão do caranguejo no primeiro quadrinho. O que ela indica?

b) De que forma essa expressão se relaciona com o texto do balão do primeiro quadrinho da tirinha?

c) O que a atitude do menino, no segundo quadrinho, demonstra em relação ao meio ambiente?

d) Explique a quebra de expectativa que ocorre entre o segundo e o terceiro quadrinho da tirinha.

e) Quais problemas podemos enfrentar caso as pessoas não se conscientizem em relação à reciclagem do lixo?

f) Além de jogar o lixo na lixeira, que outras pequenas atitudes podem fazer parte da solução desse problema?

2. Releia o texto do primeiro balão da tirinha.

> Qual o **problema** de todo mundo? Está cheio de lixo por aí!

a) A que classe gramatical o termo destacado pertence?

b) Em que gênero e número ele está flexionado?

c) Qual palavra o acompanha? A que classe gramatical ela pertence?

d) Em que gênero e número essa palavra está flexionada? Por que isso ocorre?

As palavras que se referem ao substantivo ou o acompanham concordam com ele em gênero e número.

Concordância nominal consiste em adaptar as palavras variáveis (artigos, adjetivos, numerais e pronomes) ao gênero e número do substantivo que acompanham.

Você viu na página anterior o princípio geral da concordância nominal. Agora estudará alguns **casos particulares** que merecem atenção.

Adjetivo acompanhando mais de um substantivo

Observe o adjetivo quando posicionado **depois** dos substantivos.

- O adjetivo fica no plural para concordar com todos os substantivos ou pode concordar apenas com o mais próximo.

- O adjetivo se flexiona no masculino plural se os substantivos forem de gêneros diferentes.

Observe o adjetivo quando posicionado **antes** dos substantivos.

- Se o adjetivo tem função sintática de adjunto adnominal, concorda com o substantivo mais próximo.

Dois ou mais adjetivos acompanhando um substantivo

O substantivo fica no singular e insere-se um artigo antes do último adjetivo.

O substantivo vai para o plural e não se insere artigo antes do último adjetivo.

Anexo / incluso / mesmo / obrigado

Quando em função adjetiva, essas palavras concordam com o termo que acompanham.

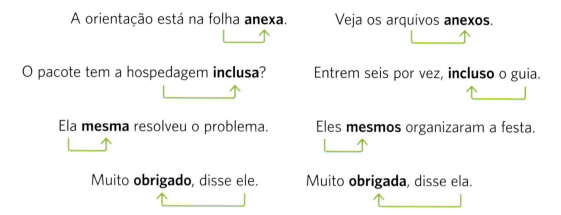

A orientação está na folha **anexa**.

Veja os arquivos **anexos**.

O pacote tem a hospedagem **inclusa**?

Entrem seis por vez, **incluso** o guia.

Ela **mesma** resolveu o problema.

Eles **mesmos** organizaram a festa.

Muito **obrigado**, disse ele.

Muito **obrigada**, disse ela.

Bastante / caro / barato / meio

Essas palavras são invariáveis se estiverem exercendo função de advérbio. Contudo, são variáveis caso exerçam a função de adjetivo, pronome adjetivo ou numeral (no caso da palavra **meio**) e, nesse caso, concordam com o substantivo que acompanham.

O carro amassou **bastante**.
advérbio

Ele possui uma frota com **bastantes** carros.
pronome adjetivo

Esses produtos custam **caro**.
advérbio

Estes são os produtos **caros** de que falei.
adjetivo

Algumas lojas cobram **barato**.
advérbio

Há lojas com produtos **baratos**.
adjetivo

As meninas estão **meio** ocupadas.
advérbio

Eu quero duas **meias** entradas.
numeral

Para saber mais

Há, ainda, outros casos de concordância nominal. Por exemplo, as palavras **alerta** e **menos** sempre são invariáveis (Eles estavam **alerta** para qualquer problema. / Havia **menos** gente na sessão de hoje.). Já as expressões **é bom**, **é preciso** e **é necessário** podem variar se houver artigo antes do sujeito ou são invariáveis se não houver o artigo (**É necessário** calma. / **É necessária** a calma.).

Atividades

1. Leia a anedota abaixo e responda às questões.

> Naquele dia o lelé estava todo concentrado, escrevendo uma carta.
>
> O enfermeiro passou perto e viu que o envelope já estava pronto e subscritado para ele **mesmo**. Curioso, perguntou:
>
> — Que é isso? Escrevendo carta para você mesmo, amigo?
>
> — Sim, que mal há nisso?
>
> — Nada. E o que diz a carta?
>
> — Como é que eu vou saber? Ainda não recebi!
>
> Ziraldo. *Mais anedotinhas do bichinho da maçã*. São Paulo: Melhoramentos, 1988. p. 8-9.

a) De que forma o uso do discurso direto contribui para provocar o humor dessa anedota?

b) Observe a palavra em destaque na anedota. Nesse contexto, ela foi empregada com função adjetiva? Justifique sua resposta.

c) Se a paciente fosse uma mulher, como ficaria o trecho da anedota em que essa palavra foi empregada?

2. Leia os títulos de notícia a seguir.

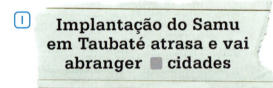

I Implantação do Samu em Taubaté atrasa e vai abranger ▇ cidades

G1, 9 nov. 2015. Disponível em: <http://g1.globo.com/sp/vale-do-paraiba-regiao/noticia/2015/11/implantacao-do-samu-em-taubate-atrasa-e-vai-abranger-menos-cidades.html>. Acesso em: 3 nov. 2018.

II Turista se junta a operação de resgate para encontrar... ela ▇

UOL, 28 ago. 2012. Disponível em: <https://noticias.uol.com.br/tabloide/ultimas-noticias/tabloideanas/2012/08/28/turista-se-junta-a-operacao-de-resgate-para-encontrar-ela-mesma.htm>. Acesso em: 3 nov. 2018.

III Carol Portaluppi manda feliz Dia dos Pais: "▇ atrasada, mas tá valendo"

Ego, 28 ago. 2013. Disponível em: <http://ego.globo.com/famosos/noticia/2013/08/carol-portaluppi-manda-feliz-dia-dos-pais-meio-atrasada-mas-ta-valendo.html>. Acesso em: 3 nov. 2018.

IV Portugal: ▇ brasileiro e mexicano mostram arte urbana em Fafe

Portugal digital, 13 jun. 2018. Disponível em: <https://portugaldigital.com.br/portugal-artistas-brasileiro-e-mexicano-mostram-arte-urbana-em-fafe/>. Acesso em: 3 nov. 2018.

a) Copie em seu caderno a alternativa que apresenta as palavras que completam adequadamente cada título de notícia, respectivamente.

A menos, mesmo, meio, artista

B menos, mesmo, meia, artista

C menos, mesma, meio, artistas

D menas, mesma, meia, artistas

b) Agora, justifique o emprego de cada uma das palavras nos títulos acima.

3. Leia o trecho da notícia a seguir e responda às questões.

> ### Banksy: o anônimo mais famoso do mundo
>
> [...] Em Bristol, os donos de uma casa com um mural de Banksy em uma parede não colocaram o imóvel à venda em uma imobiliária, mas em uma galeria de arte, listada como "mural com uma casa **anexa**". Já em Liverpool, uma casa caindo aos pedaços alcançou o preço notável de R$ 300 mil, só porque em um dos lados do prédio há uma gigantesca cabeça de rato desenhada pelo grafiteiro famoso.
>
> [...]
>
> Melissa Becker Banksy: o anônimo mais famoso do mundo. *Superinteressante*, 31 out. 2016. Cultura. Disponível em: <https://super.abril.com.br/cultura/banksy-o-anonimo-mais-famoso-do-mundo/>. Acesso em: 3 nov. 2018.

a) Sabendo que Banksy é um dos artistas de rua mais famosos do mundo, por que os donos do imóvel o anunciaram como "mural com uma casa anexa"?

b) A que termo da notícia a palavra **anexa** se refere? Ela concorda com esse termo? Por que isso ocorre?

c) Releia um trecho da notícia.

> [...] em um dos lados do prédio há uma **gigantesca** cabeça de rato desenhada pelo grafiteiro **famoso**.

- A que classe gramatical pertencem as palavras em destaque?
- A que palavras desse trecho elas se referem? Ocorre a concordância nominal entre elas? Explique.

4. Leia a tirinha a seguir para responder às questões

Antonio Luiz Ramos Cedraz. *Xaxado Ano 1*. Salvador: Editora e Estúdio Cedraz, 2003. p. 17.

a) Qual era o problema de Zé Pequeno e qual a causa dele?

b) Analise a fala de Zé Pequeno no último quadrinho. Por que não houve concordância entre o artigo e o substantivo?

c) Em sua opinião, esse tipo de concordância ocorre em outras situações?

> **Para saber mais**
>
> Os desvios de concordância são bem comuns em conversas informais e em textos ficcionais. Nestes últimos, eles têm o objetivo de caracterizar e marcar a identidade de determinadas personagens, como Chico Bento (da Turma da Mônica) e Jeca Tatu (de Monteiro Lobato).

*Na **Leitura 1**, você leu um anúncio publicitário que promovia um festival de música. Além de eventos, o que mais pode ser divulgado em um anúncio publicitário? Com base na imagem a seguir, o que você acha que está sendo divulgado nesse anúncio?*

[As marcas apresentadas são utilizadas para fins estritamente didáticos, portanto não representam divulgação de qualquer tipo de produto ou empresa.

Para quem lê a Super.

Apenas 0,3% de toda água do planeta é doce e líquida.

Beber 2 litros de água por dia? Mito. Não há provas de que isso melhore a saúde.

A produção mundial de água engarrafada dobrou nos últimos 7 anos.

Água mineral estraga. Dependendo da embalagem, bastam 6 meses para coliformes fecais se desenvolverem na garrafa.

Os EUA gastam, todo ano, 17 milhões de barris de petróleo para produzir garrafas plásticas de água.

enxergue super

● Superinteressante. Anúncio publicitário Enxergue Super.

Estudo do texto

1. Suas hipóteses sobre o que está sendo divulgado nesse anúncio se confirmaram após a leitura? Converse com os colegas a respeito.

2. Qual é o objetivo desse anúncio?

3. Como você estudou, o **anúncio publicitário** tem o objetivo de promover um produto, um serviço, um evento, uma marca ou uma empresa com finalidade comercial. Assim como o anúncio de propaganda, ele é construído por meio de texto verbal e elementos não verbais.

   a) Que produto está sendo promovido nesse anúncio? Você já o conhecia?

   b) O que está sendo representado pelos elementos não verbais desse anúncio publicitário?

   c) Releia os trechos a seguir.

   > Para os otimistas, 50% cheio.

   > Para os pessimistas, 50% vazio.

   De que forma esses textos se relacionam à imagem do lado esquerdo do anúncio?

4. Agora, releia este trecho do anúncio.

   > Para quem lê a Super.

   a) De que forma esse texto se relaciona à imagem do lado direito do anúncio publicitário?

   b) Que informações são apresentadas do lado direito do anúncio? O que todas elas possuem em comum?

   c) De que forma essas informações contribuem com a persuasão do anúncio?

5. Quais são as cores predominantes nesse anúncio?

6. Sobre o *slogan* desse anúncio, responda.

   a) Qual é o *slogan* da revista *Superinteressante*?

   b) Em que modo está a forma verbal empregada nele? Que efeito de sentido essa escolha provoca no *slogan*?

   c) Que relação ele tem com a mensagem transmitida pelo anúncio?

   d) Crie um novo *slogan* para a revista, lembrando-se de que ele consiste em uma frase ou expressão curta, fácil de lembrar, associada à marca ou ao produto anunciado, com o objetivo de facilitar sua identificação pelos consumidores.

   e) Quais outros *slogans* você conhece?

7. Observe o cartum a seguir.

Mônico Reis. *Cartum consumismo*. 20 maio 2011. Disponível em: <http://monicoreis.blogspot.com/2011/05/cartum-consumismo.html>. Acesso em: 4 nov. 2018.

a) O que está sendo retratado no cartum?
b) Que crítica o cartum sugere?
c) Que relação pode ser estabelecida entre a crítica presente no cartum e os anúncios publicitários?
d) Qual é a sua opinião a respeito do consumismo e da influência da mídia e da publicidade em nosso dia a dia?
e) De que forma é possível evitar o consumo exagerado por meio da influência da mídia?

8. Copie o quadro a seguir em seu caderno e preencha-o com base nos dois anúncios publicitários lidos neste capítulo.

	Planeta Brasil	Revista *Superinteressante*
Público-alvo		
Anunciante		
Objetivo		
Principal argumento		
Elementos visuais		

9. O que você achou desse anúncio? Em sua opinião, ele atinge o público-alvo?

10. Qual dos dois anúncios publicitários lidos neste capítulo você achou mais interessante ou persuasivo? Converse com os colegas a respeito.

179

Conexões textuais

Neste capítulo, você leu dois anúncios publicitários. O que será que esses anúncios e um poema podem ter em comum? Leia o título do poema a seguir. Sobre o que você imagina que ele vai tratar?

Eu, etiqueta

Em minha calça está grudado um nome
que não é meu de batismo ou de cartório,
um nome... estranho.
Meu blusão traz lembrete de bebida
que jamais pus na boca, nesta vida.
Em minha camiseta, a marca de cigarro
que não fumo, até hoje não fumei.
Minhas meias falam de produto
que nunca experimentei
mas são comunicados a meus pés.
Meu tênis é proclama colorido
de alguma coisa não provada
por este provador de longa idade.
Meu lenço, meu relógio, meu chaveiro,
minha gravata e cinto e escova e pente,
meu copo, minha xícara,
minha toalha de banho e sabonete,
meu isso, meu aquilo,
desde a cabeça ao bico dos sapatos,
são mensagens,
letras falantes,
gritos visuais,
ordens de uso, abuso, reincidência,
costume, hábito, premência,
indispensabilidade,
e fazem de mim homem-anúncio itinerante,
escravo da matéria anunciada.
Estou, estou na moda.
É doce estar na moda, ainda que a moda
seja negar minha identidade,
trocá-la por mil, açambarcando
todas as marcas registradas,
todos os logotipos do mercado.
Com que inocência demito-me de ser
eu que antes era e me sabia
tão diverso de outros, tão mim-mesmo,
ser pensante, sentinte e solidário
com outros seres diversos e conscientes
de sua humana, invencível condição.
Agora sou anúncio,
ora vulgar ora bizarro,
em língua nacional ou em qualquer língua
(qualquer, principalmente).
E nisto me comprazo, tiro glória
de minha anulação.
Não sou — vê lá — anúncio contratado.
Eu é que mimosamente pago
para anunciar, para vender
em bares festas praias pérgulas piscinas,
e bem à vista exibo esta etiqueta
global no corpo que desiste
de ser veste e sandália de uma essência
tão viva, independente,
que moda ou suborno algum a compromete.

Onde terei jogado fora
meu gosto e capacidade de escolher,
minhas idiossincrasias tão pessoais,
tão minhas que no rosto se espelhavam,
e cada gesto, cada olhar,
cada vinco da roupa
resumia uma estética?
Hoje sou costurado, sou tecido,
sou gravado de forma universal,
saio da estamparia, não de casa,
da vitrina me tiram, recolocam,
objeto pulsante mas objeto
que se oferece como signo de outros
objetos estáticos, tarifados.
Por me ostentar assim, tão orgulhoso
de ser não eu, mas artigo industrial,
peço que meu nome retifiquem.
Já não me convém o título de homem.
Meu nome novo é coisa.
Eu sou a coisa, coisamente.

Carlos Drummond de Andrade. Eu, etiqueta. Em: *Nova reunião*: 23 livros de poesia. Rio de Janeiro: BestBolso, 2009. v. 3. p. 471-473. © Graña Drummond. www.carlosdrummond.com.br

Para saber mais

Carlos Drummond de Andrade (1902-1987) nasceu em Itabira, Minas Gerais, e foi um dos principais poetas da segunda geração do Modernismo brasileiro. Além de poemas, escreveu contos e crônicas e traduziu obras de vários autores estrangeiros. Suas obras são marcadas por traços de ironia e humor e abordam observações do cotidiano, questões sociais, existenciais e a própria poesia.

Foto de Carlos Drummond de Andrade, 1987.

1. O conteúdo do poema é o mesmo que você imaginou antes da leitura? Converse com seus colegas a respeito.

2. Releia os primeiros versos do poema.

> Em minha calça está grudado um nome
> que não é meu de batismo ou de cartório,
> um nome... estranho.

a) A que nome o eu lírico se refere nesses versos?

b) Além da calça, que outras roupas e objetos pessoais são citados no início do poema?

c) O que todos esses itens têm em comum?

d) O que o eu lírico expressa quando afirma que todas as roupas e objetos pessoais são "ordens de uso, abuso, reincidência, costume, hábito, premência, indispensabilidade"?

3. Por que o eu lírico se considera um "homem-anúncio itinerante"?

4. Como o eu lírico reconhece as marcas das roupas e dos objetos que usa? Cite um trecho do poema que justifique sua resposta.

5. Releia mais dois versos do poema.

> É doce estar na moda, ainda que a moda
> Seja negar minha identidade

a) Por que o eu lírico afirma que é "doce estar na moda"?

b) Por que, para estar na moda, o eu lírico nega sua identidade?

6. De acordo com o poema, como o eu lírico se via antes e como se vê agora?

7. Ao declarar o anúncio como "mimosamente pago para anunciar, para vender", que relação pode ser estabelecida entre essa percepção do eu lírico e os anúncios publicitários lidos neste capítulo?

8. Releia os últimos versos do poema.

> Meu nome novo é coisa.
> Eu sou a coisa, coisamente.

a) Por que o eu lírico retifica o seu nome para "coisa"?

b) A palavra **coisamente** existe ou é uma criação do autor?

c) Por que esse neologismo foi empregado nesse verso?

9. Por que "para estar na moda", muitas vezes, perdemos a nossa identidade?

10. O objetivo e as ideias desse poema são semelhantes ou diferentes do objetivo e das ideias apresentadas nos anúncios publicitários? Explique.

11. Esse poema foi escrito por Carlos Drummond de Andrade e publicado pela primeira vez em 1984.

a) Qual é a sua opinião sobre a temática abordada nesse poema? Você concorda com o posicionamento do eu lírico?

b) Em sua opinião, a temática abordada no poema continua atual? Explique.

12. Qual é a influência da publicidade na valorização da identidade criada pela moda e, consequentemente, pelas marcas? Em sua opinião, ela é positiva ou negativa? Justifique.

13. Em sua opinião, as pessoas são mais influenciadas a comprar um produto por anúncios publicitários ou ao ver que outras pessoas estão adquirindo e usando o produto? Justifique sua resposta.

Linguagem em foco

Os recursos que auxiliam a persuasão nos anúncios

Você já estudou alguns mecanismos linguísticos que auxiliam a persuasão dos textos argumentativos. Agora, você conhecerá outros recursos que também têm essa finalidade nos anúncios publicitários e de propaganda.

1. Leia o anúncio publicitário a seguir e responda às questões.

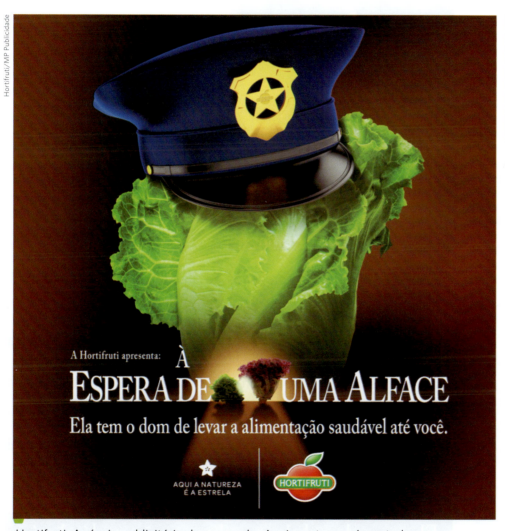

As marcas apresentadas são utilizadas para fins estritamente didáticos, portanto não representam divulgação de qualquer tipo de produto ou empresa.

Hortifruti. Anúncio publicitário da campanha Aqui a natureza é a estrela.

a) Qual é o objetivo desse anúncio?

b) Qual texto verbal recebe destaque no anúncio? De que maneira ele se diferencia dos demais textos verbais presentes no anúncio?

c) Qual imagem aparece em primeiro plano no anúncio, ou seja, com mais destaque?

d) De que maneira o texto verbal em destaque se relaciona com a imagem que está em primeiro plano?

2. Responda às questões a seguir sobre os recursos que foram utilizados nesse anúncio publicitário.

a) Um dos recursos empregados nesse anúncio foi a **intertextualidade**. Observe a capa do DVD do filme *À espera de um milagre* e leia o boxe **Para saber mais**. Em seguida, explique de que maneira o anúncio dialoga com o filme.

Para saber mais

Dirigido por Frank Darabont, o filme *À espera de um milagre* foi lançado no ano de 1999. Ele narra o convívio entre Paul, um agente penitenciário, e John Coffey, prisioneiro condenado à morte pelo suposto assassinato de duas meninas.

O filme recebeu quatro indicações ao Oscar, nas categorias de "Melhor filme", "Melhor ator coadjuvante", "Melhor som" e "Melhor roteiro adaptado".

À espera de um milagre. Direção de Frank Darabont. Estados Unidos, 1999 (188 min).

b) Quais recursos foram empregados no anúncio que remetem ao universo cinematográfico?

c) Como você estudou, o *slogan* é um texto verbal curto, de fácil memorização, utilizado em peças de campanhas publicitárias a fim de lançar um produto ou uma ideia. Identifique no anúncio o *slogan* da campanha.

d) As **cores** desempenham papel importante nos anúncios, pois também são responsáveis por causar determinadas sensações no público-alvo. Que sensações as cores utilizadas no anúncio causam em você?

e) Qual é a **logomarca** da empresa anunciante? De que forma ela se relaciona com a empresa e os produtos anunciados?

f) Releia o seguinte trecho do anúncio.

Hortifruti/MP Publicidade

Ela tem o dom de levar a alimentação saudável até você.

- A que se refere o pronome ela?
- Identifique qual adjetivo foi empregado nessa oração e explique qual a importância dele nesse contexto.
- Copie em seu caderno a alternativa que apresenta o sentido que a palavra **dom** expressa nesse contexto.

A aptidão inata   **B** graça   **C** talento

184

Alguns recursos são utilizados intencionalmente nos anúncios com o objetivo de persuadir o leitor. Entre eles estão a escolha de cores específicas para cada produto, o *slogan* criado, a intertextualidade, o uso de frases curtas com emprego de adjetivos, advérbios, conjunções, verbos no modo imperativo e repetições, além do tamanho e o destaque das letras.

Atividades

1. Leia o anúncio de propaganda a seguir e responda às questões.

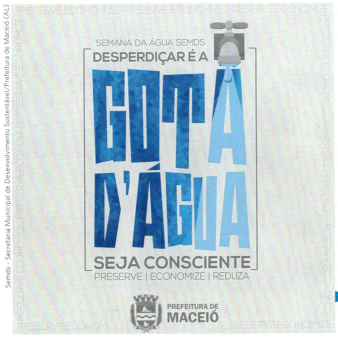

Prefeitura de Maceió. Anúncio de propaganda do projeto A gota d'água, 2017.

a) Qual é o sentido da expressão "gota-d'água"? De que maneira ela se relaciona com a mensagem do anúncio?

b) Que relação há entre o texto verbal e o não verbal do anúncio?

c) Descreva quais outros recursos foram empregados a fim de atingir o objetivo do anúncio.

2. Em duplas, escolham um anúncio publicitário que esteja sendo exibido na TV e analisem o efeito de sentido e de que maneira os recursos empregados se relacionam de modo a persuadir o público-alvo. Depois, compartilhem essa análise com a turma. Vejam alguns recursos que vocês podem analisar.

- uso das cores;
- texto verbal;
- *jingle* ou trilha sonora;
- imagens em movimento;
- duração do anúncio;
- relação entre linguagem verbal e não verbal.

Ampliando fronteiras

A persuasão dos anúncios

Neste capítulo, você viu que um anúncio publicitário pode promover um evento, uma ideia ou uma marca, etc., mas já parou para pensar como os anúncios trabalham nossas emoções e sentidos a fim de criar uma necessidade de consumo?

Atualmente, a publicidade está em toda parte, nas rádios, TV, internet e em praticamente todos os lugares onde estamos e, por isso, é muito difícil escapar dos apelos dos anunciantes. Mas será que realmente precisamos de tudo o que compramos? Leia os textos para ver como os anúncios publicitários podem nos levar ao consumo desenfreado.

A publicidade manipula as emoções do interlocutor fazendo que ele se sinta incompleto e imperfeito. Ela apresenta imagens prazerosas que o levam a entender que determinado produto preencherá esse vazio e o fará uma pessoa feliz e completa.

As mensagens dos produtos anunciados muitas vezes disseminam estereótipos, por exemplo, só se é bem aceito se tiver um veículo zero quilômetro, ou que a sua aparência precisa ser de determinado modo, criando, dessa forma, insegurança e insatisfação no consumidor, gerando uma vontade de comprar, ainda que inconscientemente.

1. Você já conhecia as estratégias persuasivas apresentadas? Quais outras você conhece?

2. Você procura refletir sobre a necessidade de adquirir um produto novo? Comente.

3. Em sua opinião, por que, muitas vezes, mesmo não precisando de algo, as pessoas acabam cedendo ao desejo de comprar? Explique.

4. Agora que você conhece um pouco das estratégias de persuasão dos anúncios que contribuem para o consumismo, que tal trazer a temática para o ambiente escolar? Em grupos, desenvolvam uma ação dentro da escola a fim de conscientizar a comunidade a consumir apenas o que realmente precisa. Vocês podem elaborar cartazes criativos com informações que levem as pessoas a refletir sobre o assunto.

Determinadas marcas e lojas utilizam certos recursos para vender seus produtos. Veja alguns exemplos.

- Ilustram a capa ou embalagem do produto com personagens sorrindo a fim de que o consumidor sinta-se feliz ao adquiri-lo.
- Utilizam mascotes que estimulam o consumidor a pensar que o produto lhe é familiar.
- Espalham essências, de canela, por exemplo, pela loja, pois de acordo com alguns estudos esses tipos de cheiro podem estimular a compra.
- Ligam músicas dançantes que incentivam compras rápidas e por impulso.
- Produzem *jingles* de curta duração que fixam no consumidor o nome do produto, fazendo que ele pense que é necessário adquiri-lo.

Estudo da língua

Concordância verbal

Vamos estudar agora como o sujeito se relaciona com o verbo nas orações.

1. Leia este anúncio de propaganda.

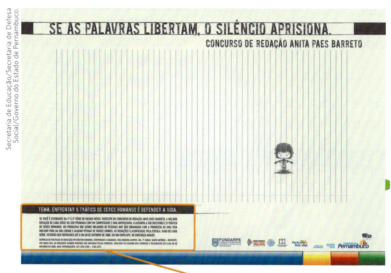

Secretaria de Educação de Pernambuco. Anúncio de propaganda Se as palavras libertam, o silêncio aprisiona.

Agora releia esta parte do anúncio e responda às questões.

SE AS PALAVRAS LIBERTAM, O SILÊNCIO APRISIONA.

a) Que relação existe entre esse período e os elementos não verbais do anúncio?

b) Quais são as duas formas verbais empregadas nesse período? Que efeito de sentido elas criam no anúncio?

c) Por que uma forma verbal está no plural e a outra está no singular?

Ao responder a essas questões, você pôde notar que a flexão do verbo em uma oração é determinada de acordo com o sujeito a que ele se refere.

> **Concordância verbal** ocorre quando o verbo concorda com o sujeito em número e pessoa.

Este é o princípio básico da concordância verbal: o verbo concorda com o(s) núcleo(s) do sujeito. A seguir, você conhecerá alguns casos especiais que merecem atenção.

Concordância do verbo com o sujeito simples

1. Leia as frases a seguir e complete-as com uma das formas verbais entre parênteses. Depois leia as informações sobre os casos de concordância do verbo com o sujeito simples, releia suas respostas e confira se você acertou.

a) Um cacho de bananas ■ ter de 5 a 20 pencas. (costuma/costumam)

b) A maioria das pessoas já ■. (chegou/chegaram)

c) Fomos nós que ■ o bolo de chocolate. (fez/fizemos)

d) Fomos nós quem ■ a torta de legumes. (preparou/preparamos)

- Quando o sujeito simples é representado por um **substantivo coletivo**, apesar da ideia de pluralidade, a orientação é manter o verbo no singular.

- Quando o sujeito é formado por **um termo que indica parte** (expressão partitiva) + **palavra no plural**, o verbo pode ser flexionado tanto no singular quanto no plural.

- Quando o sujeito é representado pelo **pronome relativo que**, o verbo concorda com o termo que antecede o pronome.

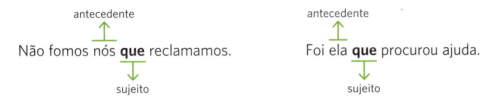

- Quando o sujeito é representado pelo **pronome relativo quem**, a orientação é flexionar o verbo na terceira pessoa do singular.

Para saber mais

Nas expressões **um dos que**; **uma das que**, a concordância pode ser, indiferentemente, no singular ou no plural.

Chico Buarque é **um dos** artistas **que** se **apresentavam/apresentava** nos festivais.

189

Concordância do verbo com o sujeito composto

1. Leia as frases a seguir e complete-as com uma das formas verbais entre parênteses. Depois leia as informações sobre os casos de concordância do verbo com o sujeito composto, releia suas respostas e confira se você acertou.

   a) Manuela e Maria Luiza ■ irmãs. (é/são)

   b) ■ o livro pai e a filha. (Leu/Leram)

   c) Tu e ela ■ futebol muito bem. (joga/jogam)

   d) Eu e ele ■ ao cinema. (foram/fomos)

   Agora você conhecerá alguns casos em que a posição do sujeito composto na oração pode influenciar na flexão do verbo.

   • Quando o sujeito composto é anteposto ao verbo, este se flexiona no plural.

   • Quando o sujeito composto é posposto ao verbo, este pode ser flexionado no plural ou concordar com o núcleo mais próximo.

   • Quando o sujeito composto é formado por diferentes pessoas gramaticais, o verbo flexiona-se no plural.

   • Caso seja empregada a segunda pessoa (tu e vós), pode ser feita a concordância com o verbo na segunda ou na terceira pessoa.

   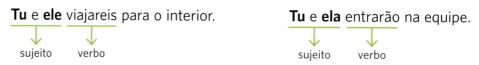

   • Se a primeira pessoa (eu ou nós) fizer parte do sujeito composto, o verbo deve fazer concordância com o pronome **nós**.

   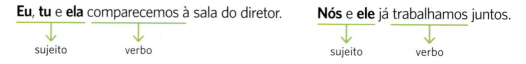

   Para saber mais

   A locução **a gente**, apesar de equivaler a **nós** e estabelecer uma ideia de plural, faz o verbo ser flexionado no singular:

   Nós **somos** amigos. / A gente **é** amigo.

Concordância do verbo *ser*

1. Leia as frases a seguir e complete-as com uma das formas verbais entre parênteses. Depois leia as informações sobre os casos de concordância do verbo **ser**, releia suas respostas e confira se você acertou.

a) As crianças ■ a minha alegria. (é/são)

b) ■ uma hora da tarde. (É/São)

c) Daqui até a praia ■ duzentos metros. (é/são)

d) Hoje ■ dia 31? (é/são)

- O verbo **ser** como verbo de ligação flexiona-se para concordar tanto com o sujeito quanto com o predicativo.

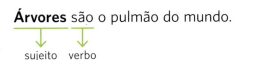

- Se algum desses termos (sujeito ou predicativo) designar ser humano, a concordância do verbo **ser** deve, obrigatoriamente, ser feita com ele.

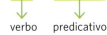

- Ao indicar hora e distância, o verbo **ser** concorda com o numeral.

> **Para saber mais**
>
> A concordância do verbo **ser** com os substantivos **meio-dia** e **meia-noite** deve ser feita sempre no singular:
>
> **É** meio-dia e meia.
>
> **É** meia-noite e dez.

- Ao indicar data, o verbo **ser** concorda com a palavra **dia**(s).

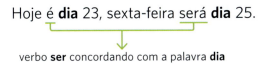

- Nas expressões indicativas de quantidade (pouco, muito, suficiente, demais), o verbo **ser** se flexiona apenas no singular.

Outros casos de concordância

- Os verbos impessoais **fazer** (exprimindo tempo passado), **haver** (com sentido de existir ou indicando tempo) e **verbos indicadores de fenômenos meteorológicos** mantêm-se flexionados na terceira pessoa do singular.

- Os verbos transitivos diretos com o pronome apassivador **se** concordam normalmente com o sujeito.

- Os verbos transitivos indiretos, intransitivos e de ligação acompanhados do pronome **se** como índice de indeterminação do sujeito flexionam-se no singular porque o sujeito deles é indeterminado.

Atividades

1. Leia esta tirinha e responda às questões.

Charles M. Schulz. *Ser cachorro é um trabalho de tempo integral.* Tradução de Tatiana Öri-Kovács. São Paulo: Conrad, 2004. p. 21.

a) Snoopy faz algumas considerações sobre o futuro de Woodstock. Do segundo ao último quadrinho, há uma gradação decrescente, isto é, uma série de frases cujas informações vão se atenuando, enfraquecendo.
- Quais são essas informações?
- O que leva Snoopy a reconsiderar o futuro do amigo?

b) No último quadrinho da tirinha, o verbo **andar** foi flexionado no plural.
- Releia o pensamento de Snoopy e explique esse caso de concordância de acordo com o que você estudou na seção.
- Reescreva o período do último quadrinho com a outra possibilidade de flexão do verbo **andar** para esse caso.

2. Leia o anúncio de propaganda a seguir e responda às questões.

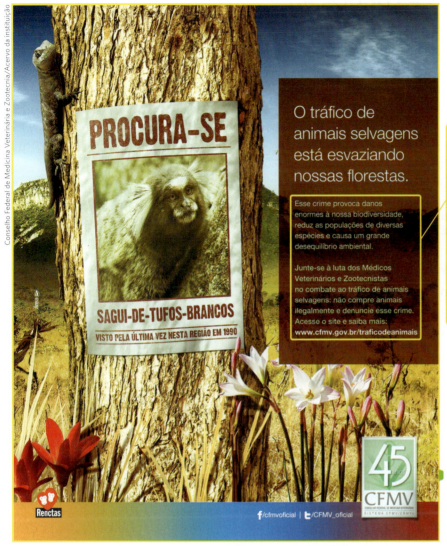

Conselho Federal de Medicina Veterinária. Anúncio de propaganda da campanha nacional de combate ao tráfico de animais selvagens.

a) Observe atentamente o cartaz com a imagem do sagui-de-tufos-brancos fixado na árvore.
- A que tipo de cartaz, muito comum nos filmes policiais, ele faz referência?
- Qual é o motivo pelo qual esse animal está sendo procurado?

b) Qual é o objetivo desse anúncio de propaganda?

c) Explique os casos de concordância verbal em cada um dos trechos a seguir, considerando as formas verbais em destaque.

I. O tráfico de animais selvagens **está** esvaziando nossas florestas.

II. Esse crime **provoca** danos enormes à nossa biodiversidade, **reduz** as populações de diversas espécies e **causa** um grande desequilíbrio ambiental.

III. **Procura**-se sagui-de-tufos-brancos.

193

Linguagem em foco

Denotação e conotação

Vamos estudar agora dois sentidos que as palavras podem ter de acordo com o contexto em que são empregadas.

1. Leia o haicai e o verbete de dicionário a seguir e responda às questões.

> Silêncio na casa,
>
> poemas são vaga-lumes
>
> atrás de um poeta.
>
> Roseana Murray. Em: *O xale azul da sereia*. Ilustrações de Edith Derdyk. São Paulo: Larousse do Brasil, 2006. p. 31.

> **Po.e.ma** *subst. masc.* **1.** Obra literária com valor poético [...] **2.** Composição poética de certa extensão.
>
> Aurélio Buarque de Holanda Ferreira. *Aurélio Júnior*: dicionário escolar da língua portuguesa. 2. ed. Curitiba: Positivo, 2011. p. 691.

a) Como você compreende a relação entre poemas e vaga-lumes feita no haicai?

b) Quanto à forma, qual é principal diferença entre os dois textos?

c) Apesar dessa diferença, ambos os textos apresentam definições para o mesmo termo. Qual é esse termo?

d) Qual dos textos apresenta uma definição objetiva e impessoal, com palavras usadas em seu sentido usual, comum?

e) E qual apresenta uma definição subjetiva, isto é, particular? Que efeito essa definição cria para o leitor?

Ao associar poemas a vaga-lumes, percebemos um sentido figurado, capaz de revelar as emoções do eu lírico no haicai; já no verbete de dicionário, a definição se limita a transmitir informações literais e objetivas sobre o que é um poema.

O emprego das palavras com seu sentido próprio, literal, que consta nos dicionários, é chamado de **denotação**.

O emprego das palavras com sentido figurado, subjetivo, que depende de um contexto específico, é chamado de **conotação**.

Dessa forma, a definição de poema no haicai foi feita com sentido **conotativo**, enquanto no verbete de dicionário o termo foi definido em seu sentido **denotativo**.

2. Agora, elabore uma definição para a palavra **poema** utilizando o sentido conotativo. Você pode escrever em forma de haicai ou como preferir.

Para saber mais

A **linguagem denotativa** é muito utilizada em textos jornalísticos e científicos, em que as palavras e expressões são empregadas com seu sentido literal. Em letras de canção, anúncios publicitários e textos literários, como poemas e contos, a **linguagem conotativa** é empregada para possibilitar múltiplas interpretações e criar diversos efeitos de sentido.

Atividades

1. Leia o anúncio de propaganda a seguir e responda às questões.

Fundação SOS Mata Atlântica. Anúncio de propaganda em comemoração ao Dia mundial da água.

a) Qual é a relação entre os elementos não verbais e o texto verbal desse anúncio?

b) Que sentido a expressão "lavar as mãos" apresenta no contexto desse anúncio?

c) O sentido dessa expressão no anúncio é denotativo ou conotativo?

d) De que forma o emprego dessa expressão com esse sentido contribui para a transmissão da mensagem do anúncio?

2. Leia os títulos de notícia a seguir e identifique em quais deles as palavras destacadas apresentam sentido denotativo ou conotativo.

I

Coração da América guarda mais precioso paraíso selvagem do planeta

G1, 25 jun. 2010. Disponível em: <http://g1.globo.com/globo-reporter/noticia/2010/06/coracao-da-america-guarda-mais-precioso-paraiso-selvagem-do-planeta.html>. Acesso em: 3 nov. 2018.

II

Chuva de meteoros risca o céu com **estrelas** cadentes

O Globo. Disponível em: <https://oglobo.globo.com/sociedade/ciencia/chuva-de-meteoros-risca-ceu-com-estrelas-cadentes-9476940>. Acesso em: 3 nov. 2018.

III

Cientistas criam **coração** artificial com células estaminais

Diário de Notícias, 28 mar. 2016. Disponível em: <https://www.dn.pt/sociedade/interior/cientistas-criam-coracao-artificial-com-celulas-estaminais-5097293.html>. Acesso em: 3 nov. 2018.

IV

Kristen Stewart é a grande **estrela** do próximo filme do Woody Allen

Cinemascope, 10 mar. 2015. Disponível em: <http://cinemascope.com.br/noticias/kristen-stewart-e-a-grande-estrela-do-proximo-filme-do-woody-allen/>. Acesso em: 3 nov. 2018.

195

Produção de texto

Debate

Neste capítulo, você leu dois anúncios publicitários: um divulgava um evento; o outro, um produto. Você também estudou sobre a persuasão dos anúncios e refletiu sobre a influência da publicidade em nossa vida.

Agora, chegou o momento de produzir um debate para discutir uma questão polêmica relacionada à publicidade.

> O **debate** consiste na exposição oral de argumentos para defender determinado ponto de vista a respeito de um assunto polêmico.

Para começar

Você e seus colegas vão se dividir em dois grupos, posicionando-se sobre a questão a seguir.

Você é a favor ou contra a publicidade infantil?

A favor

O grupo que se posicionar a favor da publicidade infantil deverá apresentar argumentos e dados que sustentem esse ponto de vista, por exemplo, a questão da liberdade de expressão e do poder de escolha das pessoas.

Contra

O grupo que se posicionar contrário à publicidade infantil deverá expor argumentos e dados que sustentem esse ponto de vista. Por exemplo, o fato de a publicidade dirigida às crianças ser considerada abusiva, de acordo com o Código de Defesa do Consumidor.

Ilustrações: Dnepwu

▌Preparem o debate

Definido o posicionamento de cada grupo, chegou o momento de estruturar e ensaiar o debate. Para isso, sigam as orientações abaixo.

1 Pesquisem sobre o tema nas mais diferentes fontes possíveis, atentem para que sejam confiáveis. O Estatuto da Criança e do Adolescente (ECA) e o Conselho Nacional dos Direitos da Criança e do Adolescente (Conanda) podem ser boas fontes. Além disso, pesquisem na internet e tentem conversar com especialistas no assunto, como pedagogos e publicitários.

2 Listem as principais ideias pesquisadas e elaborem argumentos para sustentar o ponto de vista do grupo durante o debate.

3 Pesquisem falas de especialistas, dados estatísticos, citações de leis, etc. para construir argumentos sólidos e não "achismos".

"Somos a favor, porque de acordo com o Estatuto da Criança e do Adolescente..."

4 Elaborem possíveis perguntas para fazer ao outro grupo durante o debate e tentem antecipar os possíveis argumentos deles, para que vocês definam quais serão os contra-argumentos.

"Por que, na opinião de vocês, os anúncios devem ser dirigidos às crianças se são os pais ou responsáveis que compram os produtos?"

5 Definam quem serão os debatedores representantes do grupo ou se todos os alunos vão participar do debate.

6 Estipulem um tempo para cada grupo, portanto preparem seus argumentos considerando o tempo de apresentação. Lembrem-se de que é importante expor os argumentos de forma sucinta e objetiva para não extrapolar o tempo.

7 Durante o debate, vocês podem utilizar expressões como: "Em minha opinião", "Acredito que", "Penso que", "Para mim", "Concordo que", "Discordo porque", entre outras.

"Discordo porque de acordo com o que defendemos..."

8 Procurem empregar o registro formal durante o debate e evitem o uso de gírias e expressões como **né**, **daí** e **tipo**.

9 Empreguem um tom de voz adequado no momento da fala, alto o suficiente para que todos compreendam, e falem pausadamente.

Ilustrações: Dnepwu

UNIDADE 3

197

▌ Realizem o debate

No dia reservado para o debate, organizem a sala de aula, formando um semicírculo com as carteiras. Antes de iniciá-lo, vocês devem definir quem será o **moderador**, a pessoa responsável por mediar o debate, indicar de quem é a vez de falar, marcar o tempo de cada um, etc. Essa pessoa pode ser o professor ou um aluno.

No momento do debate, quando o outro grupo estiver falando, ouçam o que dizem com atenção e aguardem a vez de responder. Quando for a vez do seu grupo, empreguem os argumentos pesquisados e elaborados. Esse debate é uma troca de reflexões e não uma disputa de quem está certo ou errado, por isso respeitem as opiniões divergentes.

▌ Avaliem o debate

Após finalizarem o debate, reúnam-se em grupos e conversem sobre como foi o desempenho de vocês. As perguntas abaixo podem direcionar essa avaliação.

√ Pesquisamos o tema em diferentes fontes? Elas eram confiáveis?

√ Elaboramos os argumentos para empregar durante o debate ou respondíamos conforme o outro grupo perguntava?

√ Pesquisamos falas de especialistas, dados estatísticos, citações de leis, etc. e outros dados para apresentar argumentos sólidos?

√ Empregamos expressões como "Em minha opinião", "Acredito que", "Penso que", "Para mim", "Concordo que", "Discordo porque" para iniciar nossas falas?

√ Utilizamos o registro formal e evitamos o uso de gírias e expressões próprias da nossa idade?

√ Empregamos um tom de voz adequado e falamos pausadamente?

▌ Verifiquem seu desempenho

Agora, chegou o momento de verificar o desempenho do grupo durante toda a atividade e avaliar o que pode ser melhorado nas próximas produções. Para isso, copiem o quadro a seguir no caderno e respondam às questões.

A Realizamos satisfatoriamente todas as etapas dessa produção: pesquisamos, planejamos e estruturamos o debate e verificamos o que precisava melhorar?			
B Conseguimos realizar um bom debate, argumentando sobre nosso ponto de vista e respeitando o outro grupo?			
C Com base nas questões acima, escreva o que poderia ser melhorado nas próximas produções.			

Para saber mais

Você estudou neste capítulo os anúncios publicitários e os recursos que colaboram com a persuasão do público-alvo. Mas você sabia que existem órgãos responsáveis para fiscalizar anúncios publicitários?

O Conselho Nacional de Autorregulação Publicitária (Conar) fiscaliza e até mesmo proíbe anúncios que pareçam enganosos, que causem constrangimentos ou que contenham algum conteúdo abusivo para o consumidor.

Órgãos como esse são importantes na proteção dos direitos humanos e em relação à saúde dos consumidores. Um exemplo de uma dessas ações foi a proibição de propagandas de cigarros, que eram muito comuns nos anos 1990.

Hoje, a grande preocupação está em anúncios voltados ao público infantil, principalmente em relação à alimentação. Desde 2010, a Organização Mundial da Saúde (OMS) recomenda a redução da exposição de crianças a publicidades voltadas a alimentos, especialmente os que contêm muito açúcar e gordura.

Para a Organização Pan-Americana da Saúde (OPAS), a regulamentação dos anúncios precisa continuar, pois já aumentamos em dez vezes o número de crianças e adolescentes obesos. Mas nós também podemos ajudar esses órgãos fiscalizadores, estando sempre atentos ao que é anunciado e denunciando as propagandas que possam ferir os nossos direitos.

Terminado mais um capítulo, chegou o momento de rever o que foi estudado e verificar se os conteúdos foram compreendidos. Confira respondendo às questões abaixo.

1. Quais são as características de um anúncio publicitário?

2. Em que circunstância a palavra **bastante** deve ser flexionada no plural?

3. A concordância verbal foi realizada adequadamente na oração a seguir? Justifique sua resposta em seu caderno.

> A maioria dos alunos já chegaram. Então, vamos começar!

4. Qual a finalidade dos recursos argumentativos em anúncios publicitários e de propaganda?

5. Explique a diferença entre denotação e conotação e cite exemplos.

6. Pesquise em livros e na internet os conteúdos estudados neste capítulo. Com base nessa pesquisa e nas respostas das questões anteriores, elabore um esquema desses conteúdos a fim de auxiliá-lo com os estudos.

Uma leitura a mais

O fenômeno das fake news (em português, notícias falsas) tem crescido cada vez mais, fomentando principalmente as redes sociais com notícias falsas a respeito dos mais variados assuntos. Você já leu uma fake news acreditando que se tratava de uma notícia verdadeira? Em sua opinião, por que os usuários de redes sociais cada vez mais têm acreditado nas fake news, a ponto de compartilhá-las? Leia o título da reportagem a seguir e levante hipóteses sobre as razões pelas quais as pessoas disseminam esse tipo de notícia.

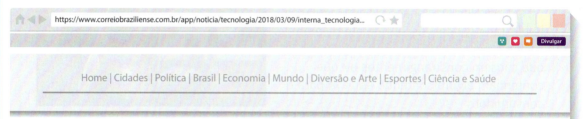

Pesquisa mostra que "*fake news*" são disseminadas por pessoas, não por robôs

Pesquisadores dos EUA analisaram 126 mil tuítes em cascata. Notícias mais compartilhadas são aquelas que aparentam ter informações inéditas

Os fabricantes de *fake news* têm à disposição um exército de usuários da internet, sempre prontos para disseminar o conteúdo falso aos seguidores, sem questioná-lo nem checar a veracidade das fontes. E não se trata de robôs nem de pessoas pagas para isso. No primeiro estudo a investigar a forma como informações mentirosas são replicadas na rede, pesquisadores do Instituto Tecnológico de Massachusetts (MIT), nos Estados Unidos, descobriram que, ao contrário do imaginado, os *bots* (aplicativos que se comportam como humanos) não são os principais responsáveis por compartilhar as *fake news*. Em vez disso, quem desempenha esse papel é o cidadão comum.

Especialmente depois das eleições norte-americanas de 2016, quando uma máfia russa plantou informações falsas sobre a candidata democrata, Hillary Clinton, nas redes sociais, a preocupação com as *fake news* se intensificou não só no meio político, mas no acadêmico. A constatação de especialistas em tecnologia, comunicação, sociologia e psicologia é de que, por enquanto, o mundo está diante de um inimigo imbatível. Pouco se sabe sobre o fenômeno, tanto no que diz respeito à motivação do usuário para compartilhar os boatos quanto aos padrões de disseminação das mentiras pela internet.

Para investigar essa segunda questão, Soroush Vosoughi e Deb Roy, do Laboratório de Mídia da instituição norte-americana, e Sinan Aral, da Faculdade Sloan de Gestão do MIT, realizaram o maior estudo longitudinal sobre o espalhamento das *fake news* no ambiente virtual. Eles se debruçaram sobre todas as histórias falsas e verdadeiras verificadas por seis organizações independentes de checagem de fatos que foram distribuídas no Twitter de 2006 a 2017. Os pesquisadores analisaram aproximadamente 126 mil tuítes em cascata — quando uma postagem é replicada em cadeia sobre notícias falsas e verdadeiras compartilhadas por 3 milhões de pessoas, 4,5 milhões de vezes. Os resultados surpreenderam os pesquisadores por revelarem padrões diferentes dos imaginados.

https://www.correiobraziliense.com.br/app/noticia/tecnologia/2018/03/09/interna_tecnologia...

Um dos focos de interesse da equipe era descobrir o que faz um tuíte ser compartilhado em cascata. A primeira constatação foi de que informações falsas são disseminadas mais rápido e têm um alcance bem maior do que as verdadeiras. Isso, independentemente do teor: matérias de política, saúde, ciência, economia ou sobre tragédias e fenômenos naturais. No geral, as *fake news* têm 70% mais chance de serem retuitadas do que as reais, diz o trabalho, publicado na edição desta semana da revista *Science*.

Embora esse não tenha sido o escopo do estudo, os pesquisadores acreditam que isso ocorre pelo caráter quase sempre surpresa das notícias falsas que, justamente por não terem compromisso com a verdade, podem ser tão "emocionantes" quanto uma obra ficcional. [...]

Romanceadas

A equipe quis verificar se, de fato, usuários do Twitter tendem a repassar mais informações no estilo romanceado e, para isso, conduziu outra pesquisa paralela. "As *fake news* que se espalham mais rápido são mais 'inéditas' e romanceadas. Esse tipo de notícia falsa é a que tem maior quantidade de compartilhamento", observa Soroush Vosoughi. "As histórias falsas inspiram sensações como medo, nojo e surpresa. Por outro lado, as verdadeiras trazem mais comentários com conteúdo expressando tristeza, alegria ou confiança", continua.

Segundo Sinan Aral, embora seja preciso investigar melhor essa questão, teorias da ciência da informação podem oferecer explicações. "A novidade atrai a atenção humana porque atualiza nossa compreensão do mundo. Quando a informação é nova, não é só surpreendente, mas mais valiosa, no sentido de que aquele que a possui ganha *status* social", diz.

Os cientistas também queriam saber quem é o maior responsável pela disseminação das mentiras. Para tanto, utilizaram um algoritmo para eliminar os *bots* do universo de pesquisa. Descobriram que o homem é o principal redistribuidor de *fake news*. Outra constatação inesperada foi a de que os usuários que espalham notícias falsas reproduzidas em cascata não são populares: no geral, têm poucos seguidores e não são tão ativos na rede.

Para os pesquisadores, essas descobertas merecem estudos adicionais, que aprofundem o conhecimento sobre *fake news*. "Esperamos que nosso trabalho inspire mais pesquisa de larga escala sobre as causas e as consequências da disseminação das notícias falsas, assim como as curas em potencial", escreveram no artigo.

Esforço conjunto

A escalada das *fake news* preocupa um grupo de 15 cientistas que, na edição desta semana da revista *Science*, fez uma chamada global para tentar combatê-las. "O que nós queremos transmitir é que as *fake news* são um problema real, um problema complicado, e que requer pesquisa séria para solucionar", diz um dos coautores do artigo, Filippo Menczer, professor da Faculdade de Informática, Computação e Engenharia da Universidade de Indiana. Segundo ele, é necessária uma investigação coordenada sobre os mecanismos sociais, psicológicos e tecnológicos por trás das notícias falsas.

https://www.correiobraziliense.com.br/app/noticia/tecnologia/2018/03/09/interna_tecnologia...

O artigo estima que o número de *bots* no Facebook seja 60 milhões, e 48 milhões no Twitter, com base em um estudo recente de Menczer. Diminutivo de robô, os *bots* são *softwares* que simulam a ação humana na internet — como postar e replicar informações. "Disseminadores de *fake news* estão usando métodos cada vez mais sofisticados. Se não tivermos informação quantificável suficiente sobre o problema, nunca seremos capazes de planejar intervenções que funcionem. Esse artigo é realmente uma chamada a grupos de acadêmicos, jornalistas e da indústria privada pelo globo para trabalhar juntos e atacar o problema", diz Menczer.

Isso inclui companhias de tecnologia que criam plataformas usadas para produzir e consumir informação, como Google, Facebook e Twitter. Os autores sustentam que essas empresas têm uma "responsabilidade ética e social que transcende as forças do mercado" para contribuir com a pesquisa científica sobre as *fake news*. Além disso, os cientistas destacam que a informação falsa afeta não apenas a esfera política, mas áreas como saúde pública (um exemplo são os boatos de que vacina causa autismo) e mercado financeiro. Eles dizem que o problema é particularmente intratável, porque algumas pesquisas descobriram que repetir uma mentira para corrigi-la pode, no lugar disso, fazer com que a *fake news* se arraigue no cérebro.

Uma solução proposta por Menczer é pesquisar rigorosamente a efetividade de cursos voltados a estudantes de ensino médio que ajudem os jovens a reconhecer fontes falsas de notícias. Ele também sugere mudanças específicas nos poderosos algoritmos, que, cada vez mais, controlam o acesso das pessoas às informações *on-line*. "O desafio é que há tantas vulnerabilidades que ainda não entendemos e que há tantas peças diferentes que podem ser usadas para manipular, quando se trata de *fake news*. É um problema muito complexo que deve ser atacado de todo ângulo possível."

Paloma Oliveto. Pesquisa mostra que "*fake news*" são disseminadas por pessoas, não por robôs. *Correio Braziliense*, Brasília, 9 mar. 2018. Tecnologia. Disponível em: <https://www.correiobraziliense.com.br/app/noticia/tecnologia/2018/03/09/interna_tecnologia,664876/pesquisa-fake-news-sao-disseminadas-por-pessoas-nao-por-robos.shtml>. Acesso em: 11 out. 2018.

Para saber mais

O jornal *Correio Braziliense* foi fundado em 21 de abril de 1960, pelo jornalista Assis Chateaubriand, a pedido do presidente Juscelino Kubitschek. O nome do jornal faz referência ao extinto *Correio Braziliense* ou *Armazém Literário*, mensário português considerado o primeiro jornal brasileiro, que trazia, além de notícias, temas ligados à Literatura e à Ciência. Entre os anos de 1990 a 2003, o *Correio Braziliense* foi líder em renovações e conceitos, tanto em *design* quanto em linguagem jornalística. Ganhou vários prêmios da área jornalística, como o Prêmio Esso. A partir de 2008, passou a disponibilizar sua versão *on-line*, a qual é possível acessar no endereço <http://linkte.me/s7xv5> (acesso em: 5 nov. 2018).

1. As hipóteses que você levantou antes da leitura do texto se confirmaram? Comente com os colegas a respeito.

2. Você já conhecia o termo *fake news*? O texto trouxe alguma novidade para você em relação a esse assunto?

3. Leia o trecho abaixo e responda às questões.

> Os fabricantes de *fake news* têm à disposição um exército de usuários da internet, sempre pronto para disseminar o conteúdo falso aos seguidores, sem questioná-lo nem checar a veracidade das fontes.

a) Segundo a reportagem, o que leva as pessoas a disseminar *fake news*?

b) Com qual sentido foi usada a palavra **exército** nesse trecho do texto?

c) Qual a intenção da repórter ao utilizar esse termo?

4. Por que, segundo especialistas em tecnologia, comunicação, sociologia e psicologia, esse fenômeno ainda é imbatível?

5. Releia o trecho a seguir.

> Para investigar essa segunda questão, Soroush Vosoughi e Deb Roy, do Laboratório de Mídia da instituição norte-americana, e Sinan Aral, da Faculdade Sloan de Gestão do MIT, realizaram o maior estudo longitudinal sobre o espalhamento das *fake news* no ambiente virtual.

a) A qual questão o trecho se refere?

b) Por que esse assunto tornou-se de interesse dos pesquisadores e acadêmicos?

c) Qual era a hipótese inicial dos pesquisadores?

d) O que eles descobriram após a pesquisa?

6. De acordo com a reportagem, o que são "tuítes em cascata"?

7. Qual era um dos principais objetivos da pesquisa? A que conclusões os pesquisadores chegaram?

8. Segundo a pesquisa realizada, por que as *fake news* são muito mais retuitadas do que as notícias reais?

9. De acordo com os estudiosos que realizaram a pesquisa, quais sentimentos ou sensações são provocados pelas *fake news* e quais são provocados ao ler notícias reais? Em sua opinião, por que isso acontece?

10. De acordo com a pesquisa, qual é o perfil das pessoas que mais compartilham *fake news*? Copie em seu caderno a alternativa correta.

A Usuários muito populares e que movimentam com frequência suas redes sociais.

B Usuários não populares, com poucos seguidores e não tão ativos na rede.

11. Releia outro trecho da reportagem.

> Esse artigo é realmente uma chamada a grupos de acadêmicos, jornalistas e da indústria privada pelo globo para trabalhar juntos e atacar o problema [...].

Por que os pesquisadores consideram as *fake news* um problema? Copie em seu caderno o trecho do texto que justifica sua resposta.

12. A pesquisa mostrou que o problema é muito complexo e pode ser intratável, porém os pesquisadores propuseram algumas soluções. Quais foram elas?

13. Observe os títulos de notícias abaixo.

I Homem acha que fotografou Lua de sangue mas era o *flash* do vizinho tentando fotografar a Lua de sangue

Sensacionalista, 27 jul. 2018. Disponível em: <https://www.sensacionalista.com.br/2018/07/27/homem-acha-que-fotografou-lua-azul-mas-era-o-flash-do-vizinho-tentando-fotografar-a-lua-sangue/>. Acesso em: 11 out. 2018.

II Foto da Lua de Sangue tirada por brasileiro é destacada pela Nasa

Galileu, 30 jul. 2018. Disponível em: <https://revistagalileu.globo.com/Ciencia/Espaco/noticia/2018/07/foto-da-lua-de-sangue-tirada-por-brasileiro-e-destacada-pela-nasa.html>. Acesso em: 11 out. 2018.

a) Leia a referência que aparece após cada título de notícia. Que tipo de conteúdo geralmente é veiculado em cada um desses *sites*?

b) Por que é importante saber sobre a linha de trabalho do veículo informativo?

c) Que efeitos de sentido os títulos causam no leitor? Explique.

d) Ambos os títulos de notícia tratam do mesmo fato, mas com objetivos e informações diferentes. De que maneira é possível checar se a informação veiculada em cada um é verdadeira ou falsa?

▶ **Aprenda mais**

O *site Sensacionalista* fabrica notícias falsas propositalmente com o objetivo de ironizar e provocar o humor. Mas há *sites* que noticiam *fake news* como se fossem reais, e os usuários de redes sociais disseminam essas notícias, como você leu na reportagem apresentada. Desse fenômeno surgiu a necessidade de checar os fatos e notícias divulgados na *web*. No Brasil, há várias empresas que se dedicam a verificar informações veiculadas no universo virtual. Uma dessas agências é o *site Boatos.org*. Criado em 2013, o enfoque de trabalho está em verificar as *fake news* propagadas, principalmente em redes sociais, já que é nelas que as notícias falsas mais circulam.

Boatos.org. Disponível em: <http://linkte.me/qx493>. Acesso em: 11 out. 2018.

14. Como você viu, as *fake news* são um assunto sério e a melhor forma de combatê-las é checar os fatos e evitar a divulgação de notícias falsas. Agora, em grupos, vocês vão realizar uma pesquisa seguindo as dicas abaixo e, depois, apresentar os resultados oralmente aos colegas da turma.

- Pesquisem em páginas de busca ou em jornais e revistas impressos ou digitais a respeito de algum tema que seja atual e relevante à sociedade. A reportagem apresentou o exemplo da diminuição do número de vacinas por causa das *fake news*. Vocês podem se dedicar a esse tema ou escolher outro.

- Levantem todas as informações sobre o tema escolhido, pesquisando sobre o assunto em vários veículos, com diferentes pontos de vista. Evitem ler apenas os títulos das matérias, leiam todo o texto para depois tirar as conclusões.

- Verifiquem quais notícias ou reportagens veiculadas são verdadeiras ou falsas. Para identificá-las, há algumas dicas: primeiro, avaliar o veículo em que foram publicadas (se é um *site* confiável e de renome ou mais desconhecido e com conteúdo duvidoso); conferir as informações do texto em outros *sites*, por exemplo, nomes de pessoas citadas, datas e dados estatísticos; avaliar a qualidade do texto (geralmente textos verdadeiros e de fontes confiáveis são bem escritos, pois o jornalista ou o jornal têm uma preocupação com a qualidade do que veiculam); conferir a autoria (caso o texto seja assinado, pesquisar se a pessoa é jornalista ou um especialista na área, por exemplo); consultar as informações encontradas em *sites* de curadoria, como o indicado no boxe **Para saber mais** da página anterior.

- Se possível, separem uma notícia verdadeira e uma falsa sobre o tema escolhido e consultem qual delas foi mais compartilhada ou comentada e quais consequências geraram.

- Concluída a pesquisa, apresentem à turma os textos pesquisados, a análise do grupo e as reflexões geradas a respeito das *fake news*.

Trocando ideias

1. Além das informações apresentadas na reportagem, quais outras circunstâncias podem levar à criação e divulgação de *fake news*?

2. A reportagem que você leu mostra que a disseminação de *fake news* é um problema real e complicado. Em sua opinião, como essa disseminação cada vez maior de notícias falsas pode afetar o nosso entendimento da realidade?

3. Com base na pesquisa que você e seu grupo realizou, o que pode ajudar a diminuir a propagação de *fake news*?

UNIDADE

4

Romance de aventura e romance psicológico

Agora vamos estudar...
- os gêneros romance de aventura e romance psicológico;
- a regência verbal e a regência nominal;
- a colocação pronominal;
- a crase;
- a revisão das orações subordinadas;
- a variação histórica;
- a revisão das concordâncias verbal e nominal, das regências verbal e nominal e da colocação pronominal;
- o uso de **onde** e **aonde**.

Reprodução da instalação artística *El Castillo* (O castelo), de Jorge Méndez Blake, produzida em 2007, com dimensões 2 300 × 1 750 × 40 cm. A obra é composta por tijolos e a edição de *O castelo*, de Franz Kafka.

Iniciando rota

1. Essa instalação do artista Jorge Méndez Blake é composta por tijolos e pelo livro *O Castelo*, do escritor Franz Kafka. Sabendo disso, que relação pode ser estabelecida entre o título do livro e a instalação?

2. O que esse livro provocou no muro?

3. Que sentido podemos depreender dessa imagem, considerando a influência da leitura na vida dos leitores?

4. Você gosta de ler livros? Qual foi o último que você leu? Converse com a turma sobre isso.

CAPÍTULO 7

Romance de aventura

Leitura 1

Neste capítulo, você vai ler um trecho do romance de aventura A volta ao mundo em 80 dias, *de Júlio Verne, protagonizado por Phileas Fogg, um dos mais belos e galantes cavalheiros da alta sociedade inglesa, um homem influente, metódico e também um exímio conhecedor do mapa-múndi. Você vai conhecer o importante encontro do senhor Fogg com seus amigos. Onde pode ter sido esse encontro? Sobre o que podem ter conversado? Que relação teria esse encontro com uma aventura pelo mundo em oitenta dias?*

A VOLTA AO MUNDO EM 80 DIAS

Capítulo 2

Quando Phileas Fogg entabula uma conversa que pode lhe custar caro

Phileas Fogg deixou sua casa às onze e meia da manhã, e, depois de ter colocado quinhentas e setenta e cinco vezes o pé direito à frente do esquerdo e quinhentas e setenta e seis vezes o pé esquerdo à frente do direito, chegou ao Reform Club. [...]

Ao meio-dia e quarenta e sete, o cavalheiro levantou-se e saiu rumo ao salão principal, suntuosa peça repleta de pinturas nas paredes. Ali, um serviçal trouxe-lhe o *Times*. A leitura do jornal ocupou Phileas Fogg até as três e quarenta e cinco da tarde. A leitura do *Standard*, na sequência, durou até a hora do jantar. [...]

Às vinte para seis, o cavalheiro ressurgiu no salão principal e mergulhou na leitura do *Morning Chronicle*. Cerca de meia hora mais tarde, diversos membros do Reform Club apareceram no salão. Eram os habituais parceiros de Phileas Fogg no *whist*: o engenheiro Andrew Stuart, os banqueiros John Sullivan e Samuel Fallentin, o cervejeiro Thomas Flanagan e Gauthier Ralph, um dos administradores do Banco da Inglaterra — todos eles ricos e renomados, mesmo nesse clube que tem entre seus membros destacados representantes da Indústria e das Finanças.

— E então, Ralph — perguntou Thomas Flanagan —, a quantas anda o caso do roubo?

— A essa altura, interveio Andrew Stuart —, o banco já pode dizer adeus ao dinheiro.

— Ainda tenho esperança do contrário — disse Gauthier Ralph. — Pegaremos o autor do roubo. Os melhores inspetores de polícia do país foram enviados para a América e a Europa. A ideia é vigiar os principais portos de embarque e desembarque. Vai ser difícil esse senhor escapar.

— Vocês já têm a descrição do ladrão? — perguntou Andrew Stuart.

— Em primeiro lugar, não se trata de um ladrão — respondeu seriamente Gauthier Ralph.

— Como não é um ladrão um indivíduo que subtrai cinquenta e cinco mil libras em papel-moeda do Banco da Inglaterra?

— Não — respondeu Gauthier Ralph.

— E o que é então? Um industrial? — brincou John Sullivan.

— O *Morning Chronicle* assegura que é um *gentleman*[1].

Esta última resposta foi dada por Phileas Fogg, cuja cabeça emergiu por entre as folhas do jornal que lia. Ao mesmo tempo em que disse isso, Phileas Fogg cumprimentou seus colegas, que prontamente retribuíram a saudação.

O fato ao qual se referiam, e sobre o qual os principais periódicos do Reino Unido discutiam fervorosamente, havia ocorrido três dias antes, em 29 de setembro. Um malote de cédulas totalizando a espantosa soma de cinquenta e cinco mil libras havia sido furtado em frente ao guichê do caixa principal do Banco da Inglaterra sem que ninguém percebesse.

[...]

Naquele dia, segundo o jornal *Morning Chronicle*, um cavalheiro distinto e de boas maneiras foi visto entrando na sala de pagamentos, cenário do roubo, e saindo dali diversas vezes. Um inquérito minucioso conseguiu chegar à descrição exata desse *gentleman*, informação imediatamente enviada aos principais portos do mundo — Liverpool, Glasgow, Le Havre, Suez, Brindisi, Nova York etc. Haveria uma recompensa de duas mil libras mais cinco por cento da quantia recuperada para quem prendesse o autor do crime.

[1] Homem educado, gentil, elegante.

Esse ainda era o assunto quando Phileas Fogg e seus colegas de clube sentaram-se à mesa de *whist* — Andrew Stuart de frente para Thomas Flanagan e Samuel Fallentin diante de Phileas Fogg – para dar início à partida. Durante o jogo, todos se mantinham concentrados. Mas, entre as rodadas, a conversa prosseguia animada:

— Para mim — disse Stuart —, as chances estão a favor do ladrão, que demonstrou ser um homem muito esperto!

— Ora, vamos! — respondeu Ralph. — Não existe um só país onde ele possa se esconder.

— Um exemplo?

— Para onde imagina que ele vai?

— Não sei — respondeu Stuart. — Mas, afinal, a Terra é vasta.

— Era. Não é mais — disse à meia voz Phileas Fogg. E acrescentou, apresentando as cartas a Thomas Flanagan: — É sua vez de cortar.

A discussão foi novamente interrompida durante a rodada. Mas logo Andrew Stuart retomou a conversa no ponto em que ela havia parado:

— Como, não é mais! A Terra encolheu, por acaso?

— Sem dúvida — respondeu Gauthier Ralph. — Concordo com o Sr. Fogg. A Terra encolheu, já que hoje a percorremos dez vezes mais depressa do que há cem anos. É justamente isso que irá tornar as buscas mais rápidas.

— E tornará mais fácil também a fuga do ladrão!

— Sua vez de jogar, Sr. Stuart! — disse Phileas Fogg.

210

Mas Stuart ainda não estava convencido, e, rodada concluída:

— É preciso confessar, Sr. Ralph — retomou —, que achou um jeito curioso de dizer que a Terra encolheu! Porque atualmente se dá a volta ao mundo em três meses...

— Em oitenta dias — corrigiu Phileas Fogg.

— De fato, senhores — reforçou John Sullivan —, oitenta dias. Isso desde que foi aberta a estrada de ferro entre Rothal e Alaabad, na Índia. Aqui está o cálculo feito pelo *Morning Chronicle*:

De Londres a Suez, por trem e barco	7 dias
De Suez a Bombaim, barco	13 dias
De Bombaim a Calcutá, trem	3 dias
De Calcutá a Hong Kong, barco	13 dias
De Hong Kong a Yokohama, barco	6 dias
De Yokohama a São Francisco, barco	22 dias
De São Francisco a Nova York, trem	7 dias
De Nova York a Londres, barco e trem	9 dias
Total	80 dias

Ingrid Skare

— Oitenta dias! — exclamou Andrew Stuart. — Sem contar, claro, o mau tempo, os ventos contrários, os naufrágios, os descarrilamentos etc.

— Tudo incluído — respondeu Phileas Fogg, sem interromper seu jogo, porque agora a discussão não respeitava mais o *whist*.

— Mesmo se os hindus ou os índios arrancarem os trilhos? — perguntou Andrew Stuart, com ironia. — Se pararem os trens, se roubarem os carros, se escalpelarem os viajantes!

— Tudo incluído — repetiu Phileas Fogg, que, pondo seu jogo na mesa, acrescentou:

— Dois trunfos.

Andrew Stuart, a quem competia embaralhar e distribuir as cartas da rodada, disse, depois de alguns minutos de reflexão:

— Teoricamente, tem razão, Sr. Fogg, mas na prática...

— Na prática também, Sr. Stuart.

— Bem que gostaria de ver.

— Depende apenas do senhor. Partamos juntos.

— Deus que me livre — exclamou Stuart —, mas apostaria quatro mil libras que uma viagem feita nessas condições é impossível.

— Ao contrário. Ela é possível, sim — respondeu o Sr. Fogg.

— Vá então fazê-la!

— A volta ao mundo em oitenta dias?

— Sim.

— Adoraria.

— Quando?

– Agora mesmo, por que não?

[...]

— Aposta aceita! — disse o Sr. Fogg. Depois, voltando-se para os seus colegas: — Tenho vinte mil libras depositadas no banco dos irmãos Baring. Estou disposto a arriscá-las...

— Vinte mil libras! — exclamou John Sullivan. — Vinte mil libras que um imprevisto no caminho pode fazê-lo perder!

— Imprevistos não existem — respondeu Phileas Fogg.

— Mas, Sr. Fogg, esses oitenta dias são calculados como um mínimo de tempo!

— Um mínimo bem empregado é o suficiente para tudo.

— Mas para não o ultrapassar é preciso saltar matematicamente dos trens para os navios, dos navios para os trens!

— Saltarei matematicamente.

— Só pode estar brincando!

— Um bom inglês não brinca jamais, sobretudo quando se trata de uma coisa tão séria quanto uma aposta — retrucou Phileas Fogg. — Eu aposto vinte mil libras com quem quiser que farei a volta ao mundo em oitenta dias ou menos, ou seja, mil novecentas e vinte horas ou cento e quinze mil e duzentos minutos. Aceitam?

— Aceitamos — responderam os senhores Stuart, Fallentin, Sullivan, Flanagan e Ralph, após conversarem entre si.

— Bom — disse Phileas Fogg —, o trem para Dover parte às oito e quarenta e cinco. Eu o tomarei.

— Esta noite? — perguntou Stuart.

— Esta noite — respondeu Phileas Fogg.

Depois de consultar um calendário de bolso, acrescentou:

— Hoje é quarta-feira, dia 2 de outubro. Devo estar de volta a Londres, a este mesmo salão do Reform Club, no sábado, dia 21 de dezembro, às oito e quarenta e cinco da noite. Caso contrário, as vinte mil libras depositadas em meu nome com os irmãos Baring pertencerão aos senhores. Aqui está um cheque nesse valor.

[...]

Júlio Verne. Quando Phileas Fogg entabula uma conversa que pode lhe custar caro. Em: *A volta ao mundo em 80 dias*. Tradução e adaptação de André Viana. Ilustrações originais de Laurent Cardon. São Paulo: FTD, 2013. p. 46-54.

Para saber mais

Júlio Verne (1828-1905) foi um escritor francês, nascido na cidade de Nantes. Considerado o pai da ficção científica moderna, é autor de famosos romances de aventura, como *Viagem ao centro da Terra* (1864), *Vinte mil léguas submarinas* (1870), *A volta ao mundo em 80 dias* (1873), entre outros. Em alguns de seus livros, Júlio Verne já citava invenções, como a televisão, os submarinos e as viagens espaciais, que viriam a surgir somente anos mais tarde.

Foto de Júlio Verne, por volta de 1880.

Estudo do texto

1. As hipóteses que você levantou antes da leitura se confirmaram após ler o texto? Converse com os colegas a respeito.

2. Releia um trecho do início do texto e responda às questões.

> — Vocês já têm a descrição do ladrão — perguntou Andrew Stuart.
>
> — Em primeiro lugar, não se trata de um ladrão — respondeu seriamente Gauthier Ralph.
>
> — Como não é um ladrão um indivíduo que subtrai cinquenta e cinco mil libras em papel-moeda do Banco da Inglaterra?
>
> — Não — respondeu Gauthier Ralph.
>
> — E o que é então? Um industrial? — brincou John Sullivan.
>
> — O *Morning Chronicle* assegura que é um *gentleman*.
>
> Esta última resposta foi dada por Phileas Fogg, cuja cabeça emergiu por entre as folhas do jornal que lia.
> [...]

a) Sobre o que as personagens conversavam?

b) Qual das personagens apresentou a mesma opinião de Gauthier Ralph? Por que eles afirmaram que não se tratava de um ladrão?

3. Por que o ocorrido ao Banco da Inglaterra estava sendo discutido fervorosamente pelos principais periódicos do Reino Unido?

4. Qual era o ponto de vista de Andrew Stuart e de Gauthier Ralph a respeito da prisão ou fuga do ladrão? Quais argumentos eles empregaram para defendê-lo?

5. Quanto à ideia de dar a volta ao mundo em oitenta dias, responda às questões.

a) De acordo com o cálculo do jornal *Morning Chonicle*, apresentado no texto, quais meios de transporte seriam utilizados para uma aventura como essa?

b) Sabendo que essa história se passa em 1872 e considerando os avanços tecnológicos, atualmente quais meios de transporte poderiam ser utilizados para realizar essa empreitada?

c) Qual das personagens acreditava ser possível a volta ao mundo em oitenta dias? O que foi proposto por ela para provar tal possibilidade?

d) Qual das personagens acreditava que a viagem em oitenta dias seria impossível? Qual o principal argumento defendido por ela?

e) Tanto Phileas Fogg quanto os seus companheiros de clube aceitaram o que fora proposto. Quais foram os termos do acordo?

6. Releia o trecho a seguir para responder às questões.

> Ao meio-dia e quarenta e sete, o cavalheiro levantou-se e saiu rumo ao salão principal, suntuosa peça repleta de pinturas nas paredes. Ali, um serviçal trouxe-lhe o *Times*. A leitura do jornal ocupou Phileas Fogg até às três e quarenta e cinco da tarde. A leitura do *Standard*, na sequência, durou até a hora do jantar. [...]

a) Identifique nesse trecho expressões que marcam o tempo.

b) Por que o tempo é descrito de forma tão minuciosa nesse trecho do romance?

7. O espaço onde se desenrolam os acontecimentos desse capítulo do romance é mencionado logo no início do trecho.

a) Qual é esse local? Como ele é descrito?

b) De que maneira essa descrição influencia na história e nas personagens apresentadas?

c) É possível saber em que cidade ou país se passa essa história? Justifique sua resposta com elementos do texto.

8. Em um romance, o narrador pode ser observador ou personagem.

a) Qual é o tipo de narrador desse romance? Justifique sua resposta com um trecho do texto.

b) A escolha desse tipo de narrador implica na maneira como os fatos desse romance são narrados? Por quê?

9. As personagens de uma narrativa podem ser classificadas como protagonistas, antagonistas e secundárias.

a) Quem é o protagonista desse romance? De que forma foi possível chegar a essa conclusão?

b) Quem são as personagens secundárias que aparecem nesse trecho? Como elas são descritas?

10. O enredo em um romance de aventura consiste no enfrentamento de obstáculos e na superação deles, por meio de habilidades do aventureiro. Qual é o obstáculo presente no trecho lido? Como o protagonista se comporta frente a esse desafio?

11. Releia mais um trecho do romance. Em seguida, responda às questões.

> — E então, Ralph — perguntou Thomas Flanagan —, a quantas anda o caso do roubo?
>
> — A essa altura, interveio Andrew Stuart —, o banco já pode dizer adeus ao dinheiro.
>
> — Ainda tenho esperança do contrário — disse Gauthier Ralph. — Pegaremos o autor do roubo. [...]

a) Qual é o tipo de discurso empregado nesse trecho: direto ou indireto?

b) Quais verbos de elocução foram empregados?

c) Que efeito o emprego desse tipo de discurso confere ao texto?

12. No texto, há algumas palavras grafadas em itálico. Identifique-as e explique por que cada uma delas recebeu esse destaque.

13. Releia a passagem a seguir.

> [...] — Eu aposto vinte mil libras com quem quiser que farei a volta ao mundo em oitenta dias ou menos, ou seja, mil novecentas e vinte horas ou cento e quinze mil e duzentos minutos. Aceitam?

De que forma o emprego dos numerais relacionados às ações de Phileas Fogg contribui para a expectativa do leitor quanto à viagem?

14. Observe a ilustração a seguir, de Alphonse de Neuville e Léon Benett, que retrata a aposta de Phileas Fogg. Em seguida, responda às questões.

a) Quem são e onde estão as personagens representadas nessa ilustração?

b) Copie um trecho do romance que se relaciona à ilustração.

c) Que elementos dessa imagem ajudam a identificar que a história desse romance se passa no ano de 1872?

Alphonse de Neuville e Léon Benett. *A aposta de Phileas Fogg*, 1873. Gravura ilustrando o romance de Júlio Verne *A volta ao mundo em 80 dias*.

15. Relacione o título *A volta ao mundo em 80 dias* ao título do capítulo "Quando Phileas Fogg entabula uma conversa que pode lhe custar caro". Por que essa conversa pode lhe custar caro? Discuta com os colegas.

16. Em sua opinião, o que deve ter acontecido com Phileas Fogg depois? Levante hipóteses sobre a continuação dessa história.

17. O que você achou do trecho lido? Você se interessou em conhecer o restante da história?

18. Você conhece outros romances de aventuras? Em caso afirmativo, converse com seus colegas sobre eles.

Estudo da língua

Regência

Nesta seção, você vai estudar a relação entre um termo — verbo ou nome — e seus complementos. Vai ver também a importância dessa relação para a criação de diferentes sentidos e para a utilização da língua de acordo com a norma-padrão.

1. Releia este trecho da obra *A volta ao mundo em 80 dias* e responda às questões a seguir.

— Ainda tenho esperança do contrário — disse Gauthier Ralph. — Pegaremos o autor do roubo. Os melhores inspetores de polícia do país foram enviados para a América e a Europa. A ideia é vigiar os principais portos de embarque e desembarque. Vai ser difícil esse senhor escapar.

a) Se fosse retirado o termo **do contrário** desse trecho, ele permaneceria com o mesmo sentido? Explique.

b) Se fosse retirado o termo **o autor do roubo**, o trecho permaneceria com o mesmo sentido? Explique.

2. No trecho acima, os termos **esperança** e **pegaremos** são palavras que exigem complementos para terem sentido completo.

a) A que classe gramatical elas pertencem?

b) Que termo complementa o sentido expresso pela palavra **esperança**? Que função sintática ele exerce?

c) E qual complementa o sentido expresso pela palavra **pegaremos**? Indique a função sintática desse termo.

d) Qual dessas palavras exige uma preposição antes do complemento?

e) Que preposição foi exigida?

Veja que as palavras **esperança** e **pegar** pedem um complemento, por isso são chamados de **termos regentes**. Os complementos, por sua vez, são chamados de **termos regidos**. Observe.

> **Regência** é a relação sintático-semântica entre um **termo regente**, aquele que exige a presença de um complemento, e um **termo regido**, aquele que complementa o termo regente.
>
> Se o termo regente é um verbo, temos um caso de **regência verbal**. Se é um nome (substantivo, adjetivo ou advérbio), trata-se de um caso de **regência nominal**.

Regência verbal

1. Releia um trecho de *A volta ao mundo em 80 dias* e responda às questões.

> Depois de **consultar** um calendário de bolso, acrescentou:
>
> — Hoje é quarta-feira, dia 2 de outubro. Devo estar de volta a Londres, a este mesmo salão do Reform Club, no sábado, dia 21 de dezembro, às oito e quarenta e cinco da noite. Caso contrário, as vinte mil libras depositadas em meu nome com os irmãos Baring **pertencerão** aos senhores. Aqui está um cheque nesse valor.

a) Qual é o complemento das formas verbais em destaque nesse trecho?

b) Qual deles é precedido de preposição? E quais não são? O que se pode concluir a respeito disso?

Veja que a regência varia de um verbo para outro: há aqueles que se relacionam com seu complemento sem exigir preposição e há os que a exigem. Além disso, a preposição também varia conforme o uso do verbo.

2. Releia mais este trecho da obra de Júlio Verne para responder às questões seguintes.

> — E então, Ralph — perguntou Thomas Flanagan —, a quantas anda o caso do roubo?
>
> — A essa altura, interveio Andrew Stuart —, o banco já **pode dizer** adeus ao dinheiro.

a) Classifique a locução verbal em destaque quanto à transitividade, indique quais são seus complementos e classifique-os.

b) Copie no caderno o sentido que o verbo **dizer** possui nesse contexto.

   A declamar   **B** dar   **C** condizer

3. O verbo **dizer** foi empregado a seguir em um contexto diferente do apresentado acima. Analise-o.

> O aluno **disse** os versos lindamente no sarau da escola.

a) Qual é o complemento dessa forma verbal? Classifique-a quanto à transitividade.

b) Explique o sentido dessa forma verbal na frase acima.

O sentido do verbo **dizer** se alterou conforme o contexto. Com isso, a regência dele também mudou: passou a ter apenas um complemento e a preposição deixou de ser exigida. A preposição, portanto, pode passar a não ser necessária conforme o sentido com que um verbo é empregado.

> A relação de dependência entre os verbos e os termos que os complementam (objeto direto e objeto indireto) é chamada **regência verbal**, que determina também a presença ou não de preposição.

> **Para saber mais**
>
> Há outros casos em que um verbo pode aceitar preposições diferentes das prescritas pelas regras, sem sofrer alteração de sentido. Veja o exemplo.
>
> Maria namora com Fábio.
>
> Maria namora Fábio.
>
> A norma-padrão recomenda o segundo uso, embora o primeiro seja o mais utilizado. Em contextos formais, as regras de regência são exigidas e o não uso delas pode ocasionar problemas no ambiente social. Por isso é importante entender e conhecer os casos de regência prescritos pela gramática normativa.

Vejamos alguns dos principais casos de acordo com a norma-padrão.

Assistir

- É transitivo indireto quando tem o sentido de "ver", "presenciar".

Assistimos **ao** jogo.

- Pode ser empregado tanto como transitivo indireto como transitivo direto quando tem o sentido de "ajudar", "prestar socorro".

Os médicos assistiram **(a)**os pacientes.

Ir e chegar

- São transitivos indiretos, sempre regendo a preposição **a**.

Iremos **a**o parque.

Chegamos **a**o evento.

Esquecer e lembrar

- Quando pronominais, são transitivos indiretos.

Esqueci-me **do** comprovante.

Lembraram-se **do** evento beneficente.

- Quando não pronominais, são transitivos diretos.

Esqueci o comprovante.

Lembrei o evento beneficente.

Visar

- É transitivo direto quanto tem o sentido de "mirar", "por visto em (documento)".
- É tanto transitivo direto como indireto quando tem o sentido de "ter por fim ou objetivo", "propor-se".

O atacante visou o canto do gol e chutou.

Estudava visando **(a)**o vestibular.

Preferir

- É transitivo direto e indireto. Exige um objeto direto e um indireto. O objeto indireto rege a preposição **a**.

  Prefiro prova de Língua Portuguesa **a** prova de Ciências.

Implicar

- É transitivo direto com o sentido de "ter como consequência".

  A reclamação dos alunos implicou a melhora da quadra esportiva.

- É transitivo indireto com o sentido de "demonstrar antipatia", rege a preposição **com** e pode ser empregado como pronominal.

  Implicava(-se) **com** a menina porque no fundo gostava dela.

Regência nominal

1. Analise o título do romance e responda às questões a seguir.

A volta ao mundo em 80 dias

a) A que classe gramatical pertence a palavra **volta**?
b) Nesse título, a palavra **volta** necessita de algum termo para completar seu sentido? Justifique sua resposta.
c) Qual é o termo regente? E o termo regido? Justifique suas respostas.

2. Agora compare as duas frases abaixo para responder às questões seguintes.

I A volta ao mundo em 80 dias
II A volta sobre o mundo em 80 dias

a) Considerando a regência da palavra **volta**, que diferença de sentido há entre essas frases?
b) Que palavras são responsáveis por criar os diferentes sentidos para as frases? A que classe gramatical elas pertencem?

Você notou que o substantivo **volta** necessita de um complemento para ter sentido e também que a preposição é capaz de alterar o sentido do texto.

A relação de dependência entre os nomes (substantivo, adjetivo e advérbio) e o seu complemento nominal é chamada **regência nominal**.

219

A preposição estabelece o vínculo entre o termo regente (nome) e o termo regido (complemento nominal). Alguns nomes exigem preposições específicas de acordo com o sentido que possuem, o que pode causar dificuldade quanto à regência. O quadro abaixo apresenta algumas regências nominais prescritas pela gramática normativa.

acordo **com**, **entre**	composto **de**, **por**	junto **a**, **de**
acostumado **a**, **com**	confiança **em**	obediente **a**
adaptado **a**, **para**	contente **com**, **de**, **por**	preferível **a**
adequado **a**	cuidadoso **com**	próximo **a**, **de**
ansioso **para**, **por**	cura **de**, **para**	queixa **contra**, **de**
apto **a**, **para**	descontente **com**	referente **a**
atenção **a**, **com**, **em**, **para**	desprezo **a**, **por**	relativo **a**,
atento **a**, **em**	esperança **de**, **em**	respeito **a**, **com**, **por**
benéfico **a**, **para**	equivalente **a**	responsável **por**
capaz **de**, **para**	favorável **a**	união **a**, **com**, **entre**

Para saber mais

Dependendo da preposição empregada entre o nome e o termo regido, o sentido da frase pode sofrer alteração. Compare estes exemplos.

O jogador chutou a bola **sobre** o goleiro.

O jogador chutou a bola **sob** o goleiro.

No primeiro caso, o chute foi por cima do goleiro, no segundo, por baixo dele. Entretanto, em muitos casos, o sentido se mantém, mesmo com a alteração da preposição.

A prática de atividades físicas é benéfica **para** o corpo.

A prática de atividades físicas é benéfica **a**o corpo.

TaMaNKunG/Shutterstock.com/ID/BR

Atividades

1. Leia o trecho abaixo para resolver as questões.

> Ao meio-dia e quarenta e sete, o cavalheiro levantou-se e saiu rumo ao salão principal, suntuosa peça repleta de pinturas nas paredes. Ali, um serviçal **trouxe**-lhe o *Times*. A leitura do jornal **ocupou** Phileas Fogg até as três e quarenta e cinco da tarde.

a) Substitua o pronome **lhe**, que complementa o verbo **trazer**, pelo pronome **ele**, fazendo as adequações necessárias. Em seguida, classifique esse complemento.

b) Quanto à transitividade, qual é a classificação das formas verbais destacadas? Aponte os complementos de cada uma delas.

2. Leia a tirinha a seguir e responda às questões

Jean Galvão. *Jean Blog*, 10 maio 2011. Disponível em: <http://jeangalvao.blogspot.com.br/2011/05/tirinhas-recreio.html>. Acesso em: 5 nov. 2018.

a) Por que a personagem confundiu o monte de pelos com o sofá?

b) Com que sentido a forma verbal **aspirar** foi utilizada? Qual é o complemento dela? Esse complemento se liga a ela direta ou indiretamente?

c) Realize uma pesquisa a respeito do verbo **aspirar**. Com que outros sentidos ele pode ser empregado?

d) Algum desses outros sentidos altera a regência desse verbo? Em caso afirmativo, explique essa mudança e elabore duas frases que a exemplifiquem.

3. Leia o trecho de artigo de curiosidade científica abaixo e responda às questões.

Ficção quase real

As obras de ficção científica são pródigas em previsões – ou premonições. Veja alguns exemplos de devaneios que inspiraram gerações de cientistas

[...]

Submarinos

Em 1869, o escritor francês Julio Verne (1828-1905) imaginou um submarino que utilizava um combustível eficiente e praticamente inesgotável. A história do capitão Nemo e dos tripulantes do submarino Nautilus (foto), em *Vinte Mil Léguas Submarinas*, inspirou um filme homônimo dos estúdios Walt Disney, em 1954. Um ano depois, surgiu o primeiro submarino de verdade movido por propulsão nuclear – que foi batizado de Nautilus em homenagem ao veículo descrito por Verne.

[...]

Daniela Nórcia. Ficção quase real. *Superinteressante*, São Paulo, Abril, 31 out. 2016. Ciência. Disponível em: <https://super.abril.com.br/ciencia/ficcao-quase-real/>. Acesso em: 5 nov. 2018. © Daniela Norcia | Abril comunicações S.A.

O primeiro submarino atômico, U.S.S. Nautilus, sendo inaugurado em Groton, Connecticut, em 21 de janeiro de 1954.

a) O título desse texto é composto de duas palavras antônimas. Quais são elas? Que efeito esse recurso provoca no texto?

b) Em sua opinião, como um escritor de ficção científica consegue falar sobre tecnologias futuras em suas obras?

c) Analise as palavras **movido** e **homenagem** utilizadas no texto.
- A que classe cada uma delas pertence?
- Que termo essas palavras regem? Se esses termos fossem suprimidos de suas sentenças, seria possível compreender o sentido ou o assunto delas?

4. Leia o anúncio de propaganda e responda às questões.

a) A quem os conselhos apresentados na campanha são direcionados? Justifique sua resposta.

b) Que relação há entre o modo verbal empregado e o título "Conselhos de uma árvore"?

Conselho Nacional de Justiça. Anúncio de propaganda Hoje é o dia mundial da árvore. Preserve este bem tão precioso!

5. Analise as seguintes expressões retiradas do cartaz.

de suas raízes • com ventos fortes • a vista • às mudanças • sua beleza natural

a) Por que elas foram escolhidas para formar a mensagem do conselho de uma árvore?

b) Que efeito de sentido o emprego dessas expressões provoca na mensagem do anúncio?

c) Que função sintática essas expressões exercem em relação aos verbos a que se ligam?

d) Explique por que algumas delas são iniciadas por preposição e outras não.

6. Leia o trecho da notícia a seguir e responda às questões.

O que é pesquisar poesia? Saiba como trabalham os cientistas da área de Letras

Mergulhar no mundo da poesia é uma tarefa prazerosa assumida por muitos pesquisadores da área de Letras. São estudiosos que se envolvem com textos e autores em busca da beleza abstrata que existe nas obras literárias. Algumas pesquisas são voltadas para análises das entranhas dos poemas, os aspectos formais, rítmicos e possibilidades de significação. Outras investigações se interessam pelos processos de edição e há trabalhos nos quais o texto serve como pretexto para debates culturais e sociais. [...]

Luana Cruz. O que é pesquisar poesia? Saiba como trabalham os cientistas da área de Letras. *Minas Faz Ciência*, Belo Horizonte, FAPEMIG - Fundação de Amparo à Pesquisa do Estado de Minas Gerais, 16 mar. 2017. Disponível em: <http://minasfazciencia.com.br/2017/03/16/o-que-e-pesquisar-poesia-saiba-como-trabalham-os-cientistas-da-area-de-letras/>. Acesso em: 6 nov. 2018.

a) O que você achou das possibilidades de pesquisa dos estudiosos de Letras?

b) Que termo o verbo **pesquisar** rege? E o substantivo **busca**?

c) Esses termos regidos fariam falta para o sentido da frase se fossem suprimidos? Por quê?

7. Leia os títulos de notícia a seguir e responda às questões.

I

Alheio a negociações, jogador do San Lorenzo se diz honrado com interesse do Grêmio

ESPN, 26 maio 2015. Disponível em: <http://www.espn.com.br/noticia/513028_alheio-a-negociacoes-jogador-do-san-lorenzo-se-diz-honrado-com-interesse-do-gremio>. Acesso em: 6 nov. 2018.

III

Pesquisa revela que mercado está ansioso por 5G, mas teme regulação e custos

IstoÉ Dinheiro, 26 out. 2018. Disponível em: <https://www.istoedinheiro.com.br/pesquisa-revela-que-mercado-esta-ansioso-por-5g-mas-teme-regulacao-e-custos/>. Acesso em: 6 nov. 2018.

II

Volume de processos é incompatível com estrutura

A Tribuna, 28 jun. 2015. Disponível em: <https://www.atribunamt.com.br/2015/06/28/volume-de-processos-e-incompativel-com-estrutura/>. Acesso em: 6 nov. 2018.

IV

Parque Belém garante estar apto a receber pacientes

Jornal do Comércio, 26 jan. 2016. Disponível em: <https://www.jornaldocomercio.com/_conteudo/2016/01/geral/479277-hospital-parque-belem-na-zona-sul-tem-230-leitos-vagos.html>. Acesso em: 6 nov. 2018.

a) Nesses títulos, quais são os nomes cujo sentido é complementado por um termo regido de preposição?

b) Que termo preposicionado esses nomes regem?

c) Que preposição introduz esses termos?

8. Agora, leia outro título de notícia.

Na hora de trocar de TV, consumidor prefere tamanho do que resolução

Metrópoles, 31 out. 2018. Disponível em: <https://www.metropoles.com/brasil/ciencia-e-tecnologia-br/na-hora-de-trocar-de-tv-consumidor-prefere-tamanho-do-que-resolucao>. Acesso em: 7 nov. 2018.

a) De acordo com as regras de regência verbal que você estudou nesta seção, o verbo **preferir** exige um objeto indireto iniciado por qual preposição?

b) Qual é o objeto direto e o indireto da forma verbal **prefere** nesse título de notícia? O objeto indireto rege qual preposição?

c) Esse título foi escrito seguindo as regras da norma-padrão? Explique.

Leitura 2

*Na **Leitura 1**, você viu que Phileas Fogg apostou com os amigos que seria capaz de dar a volta ao mundo em oitenta dias. Depois de sair do Reform Club, o cavalheiro dirigiu-se à sua casa para pegar apenas alguns itens essenciais e convocar seu mordomo, Jean Passepartout, para acompanhá-lo na aventura. Na estação, despediu-se dos amigos que lá estavam para testemunhar sua partida e, de trem, seguiu para Paris às vinte horas e quarenta e cinco minutos. O que você imagina que aconteceu depois disso?*

A VOLTA AO MUNDO EM 80 DIAS (continuação)

Capítulo 3

Em que um telegrama curto repercute até na Bolsa de Apostas

Às oito horas, Passepartout terminou a preparação da modesta bolsa com suas mudas de roupa e as do patrão. Com o espírito ainda perturbado pela novidade, deixou seu quarto depois de fechar a porta com cuidado. Encontrou o patrão no corredor, já pronto para partir. Phileas Fogg tinha na mão um exemplar do *Guia Geral de Navios e Estradas de Ferro Bradshaw*, que deveria lhe fornecer todas as informações necessárias para a sua viagem. Educadamente, Phileas Fogg tomou a bolsa das mãos de Passepartout, abriu-a e jogou dentro um maço gordo de notas.

[...]

Ingrid Skare

Assim que cruzaram a porta principal da estação, Phileas Fogg ordenou a Passepartout que fosse comprar dois bilhetes de primeira classe para Paris. Ao se virar, deparou-se com seus cinco colegas do Reform Club.

— Senhores, estou de partida — disse ele. — Os carimbos no passaporte serão a prova do meu itinerário.

— Oh, Sr. Fogg — respondeu educadamente Gauthier Ralph —, não é preciso. Confiamos na palavra de um *gentleman*!

— Não se esqueça de que deve voltar... — falou Andrew Stuart.

— Em oitenta dias — completou o Sr. Fogg — Estarei de volta no sábado, 21 de dezembro de 1872, às oito e quarenta e cinco da noite. Até lá, senhores.

[...]

Ao deixar Londres para trás, Phileas Fogg nem fazia ideia da repercussão que sua partida provocaria. A notícia primeiro se espalhou no Reform Club, dali passou para os jornais e dos jornais para todo o Reino Unido. A "questão da volta ao mundo" foi comentada, discutida, dissecada com paixão e ardor.

Uns tomaram o partido de Phileas Fogg – principalmente as mulheres, depois que um retrato seu a bico de pena foi publicado no *Illustrated London News*. Outros, no entanto, que logo se tornariam a maioria, ficaram contra ele. Essa volta ao mundo, nesse mínimo de tempo e com os meios de transporte e comunicação então em uso, argumentavam, não era apenas impossível, era loucura!

Aqui e ali, Phileas Fogg era descrito como um maluco, e seus colegas do Reform Club passaram a ser recriminados por terem aceitado aquela aposta que evidenciava a perda completa das faculdades mentais de quem a propôs.

Cinco dias depois da partida de Phileas Fogg, um longo artigo do *Daily Thelegraph* examinava a questão sob todos os pontos de vista. Segundo quem o escreveu, a única maneira de ter êxito na empreitada era admitir a possibilidade de uma concordância miraculosa entre as chegadas e partidas — concordância, reforçava o autor do texto, que não admitia um único atraso, um mínimo defeito de máquina, uma só colisão, ou descarrilamento, atraso por mau tempo, ventos contrários, nevoeiro, neve nos trilhos.

O artigo, claro, teve grande repercussão, principalmente nas ações de Phileas Fogg, que despencaram imediatamente. Sim, porque, como era de esperar, dias depois de sua partida, a empreitada rapidamente entrou para a Bolsa de Apostas de Londres, esporte tão arraigado no espírito do inglês quanto o chá da tarde.

Dois dias depois do fatídico artigo, no entanto, um incidente para lá de inesperado afugentaria de vez aqueles que, a despeito de todas as adversidades que o Sr. Fogg possivelmente encontraria pelo caminho, tivessem mantido suas apostas a favor dele. Às nove da noite daquele dia, um telegrama chegou às mãos do diretor da polícia metropolitana:

DESPACHO TELEGRÁFICO

"Suez para Londres

Rowan, comissário de polícia, administração central, Scotland Yard.

Sigo ladrão de banco Phileas Fogg. Enviem imediatamente mandado de prisão para Bombaim, Índia.

Detetive Fix".

O efeito desse despacho foi imediato. No mesmo segundo, a figura do respeitável *gentleman* dava lugar à do ladrão de banco. Sua fotografia, arquivada no Reform Club, foi examinada pela polícia. Ela reproduzia fielmente o homem cuja descrição havia sido relatada no inquérito. A aura de mistério que envolvia Phileas Fogg, sua vida reclusa, a partida repentina dias depois do roubo. Tudo ficava mais do que evidente aos olhos da sociedade: Phileas Fogg havia engendrado um verdadeiro golpe de mestre ao roubar o Banco da Inglaterra e inventar uma volta ao mundo para poder fugir do país sem levantar suspeitas.

Júlio Verne. Em que um telegrama curto repercute até na Bolsa de Apostas. Em: *A volta ao mundo em 80 dias.* Tradução e adaptação de André Viana. Ilustrações originais de Laurent Cardon. São Paulo: FTD, 2013. p. 56-60.

Para saber mais

A volta ao mundo em 80 dias narra a história de como o estimado cavalheiro inglês Phileas Fogg apostou com seus amigos do Reform Club que conseguiria dar a volta ao mundo em exatamente oitenta dias, arriscando parte de sua fortuna.

Após sua partida de Londres, Phileas Fogg passa a ser o principal suspeito do roubo de 55 mil libras do Banco da Inglaterra, sendo perseguido pelo detetive Fix durante sua aventura.

Partindo para o sul da Europa, Passepartout e Phileas Fogg passam por Suez, na África, e depois por Bombaim, na Índia. Lá, o cavalheiro inglês salva a jovem indiana Aouda da morte, que acaba seguindo viagem com ele. Os três, seguidos pelo detetive Fix, ainda passam por diversas aventuras em Calcutá, Hong Kong, Xangai, Yokohama, São Francisco, Nova York. Mas será que Phileas Fogg conseguiu voltar a Londres e apresentar seu passaporte carimbado como prova de ter cumprido sua aposta?

Estudo do texto

1. A continuação do romance foi como você imaginou antes da leitura? Converse com os colegas a respeito.

2. No início do texto é relatado que o mordomo Passepartout estava "perturbado pela novidade". Qual a possível razão para esse sentimento?

3. O mordomo Passepartout foi quem preparou a bolsa para a viagem.

a) Quais itens ele selecionou para a viagem?

b) Copie em seu caderno a alternativa que apresenta os itens que Phileas Fogg pegou para a viagem.

A O *Guia de Navios e Estradas de Ferro Bradshaw* e o passaporte.

B O *Guia de Navios e Estradas de Ferro Bradshaw* e um maço de dinheiro.

C A bolsa de viagem e um maço gordo de dinheiro.

c) Por que Phileas se preocupou em pegar especificamente esses itens?

4. Na estação, Phileas encontrou seus companheiros de clube. Sobre esse episódio, responda às questões.

a) O que ele propôs aos amigos como prova de seu itinerário? Por que Gauthier Ralph disse que essa prova não era necessária?

b) Por que Andrew Stuart lembrou o amigo de que deveria retornar da viagem?

5. A notícia da aposta e da viagem de Phileas se espalhou rapidamente.

a) Qual foi o caminho percorrido por essa notícia?

b) Quem tomou partido a favor de Phileas e sua viagem? Quais os motivos do apoio dessas pessoas?

c) O que argumentavam aqueles que ficaram contra ele?

6. No capítulo do romance apresentado na **Leitura 1**, Phileas Fogg é retratado como um respeitável cavalheiro da alta sociedade inglesa.

a) De que forma essa personagem é descrita no trecho apresentado na **Leitura 2**?

b) Por que há essa mudança na descrição dessa personagem?

Para saber mais

Você sabia que existe uma passagem aérea de volta ao mundo? A RTW (Round the Word), em português Volta ao Mundo, é uma espécie de "bilhete único", com diversos voos, podendo ser composta de até 16 trechos. Há opções que passam pelos cinco continentes e outras que passam por quatro ou três deles, com datas de voos flexíveis. Essa passagem é oferecida por algumas alianças aéreas, que apresentam diversas regras, sendo a principal delas: o viajante deve retornar ao mesmo ponto de onde saiu.

7. Um artigo foi publicado no jornal *Daily Thelegraph* examinando a empreitada de Phileas Fogg.

a) Qual era a opinião defendida por quem o escreveu?

b) Releia o trecho a seguir que trata desse artigo.

> O artigo, **claro**, teve grande repercussão, principalmente nas ações de Phileas Fogg, que despencaram imediatamente. Sim, porque, como era de esperar, dias depois de sua partida, a empreitada rapidamente entrou para a Bolsa de Apostas de Londres, esporte tão arraigado no espírito do inglês quanto o chá da tarde.

Copie em seu caderno a alternativa correta a respeito da expressão destacada.

A Indica o posicionamento do narrador a favor daqueles que apostaram que Phileas não conseguiria concluir a viagem em oitenta dias.

B Indica a certeza do narrador sobre a repercussão do artigo, algo que ele, possivelmente, já previa.

C Revela que o artigo apresentou com clareza argumentos que demonstraram que o objetivo da empreitada de Phileas era movimentar a Bolsa de Apostas.

Para saber mais

A tradição britânica do chá das cinco iniciou-se no século XIX com a duquesa Anna de Bedford. Para enganar a fome que sentia no fim da tarde, ela fazia uma pequena refeição, em que sempre tomava uma xícara de chá. Esse costume logo foi adotado pela aristocracia e, atualmente, é um símbolo cultural do país.

c) Nos trechos lidos nas **Leituras 1** e **2**, há menções a notícias e artigos publicados em jornais. De que forma eles ajudam a entender melhor a história?

8. Releia dois trechos em que as aspas foram empregadas no texto.

I
> [...] A notícia primeiro se espalhou no Reform Club, dali passou para os jornais e dos jornais para todo o Reino Unido. A "questão da volta ao mundo" foi comentada, discutida, dissecada com paixão e ardor.

II
> "Suez para Londres
> *Rowan, comissário de polícia, administração central, Scotland Yard.*
> Sigo ladrão de banco Phileas Fogg. Enviem imediatamente mandado de prisão para Bombain, Índia.
> *Detetive Fix*".

a) De quem são essas falas?

b) A função das aspas são as mesmas nos dois trechos? Explique.

c) Leia o verbete de dicionário a seguir.

> **dissecar** (dis.se.car) v. **1.** Dividir metodicamente em partes (um ser vivo ou um cadáver) para estudar sua estrutura. **2.** *fig.* Examinar minuciosamente; analisar [...]

Academia Brasileira de Letras. *Dicionário escolar da língua portuguesa*. 2. ed. São Paulo: Companhia Editora Nacional, 2008. p. 449.

- A palavra **dissecada** foi empregada no trecho **I** com qual dos sentidos apresentados pelo verbete?
- Qual é o efeito de sentido provocado pelo emprego dessa palavra nesse trecho do texto?

9. Observe, no trecho a seguir, o uso do travessão.

a) Copie em seu caderno a alternativa correta.

> Uns tomaram o partido de Phileas Fogg — principalmente as mulheres, depois que um retrato seu a bico de pena foi publicado no *Illustrated London News*. [...]

A O uso do travessão introduz a fala de uma personagem.

B O uso do travessão indica o acréscimo de informação, um comentário.

b) Que outro sinal de pontuação poderia ter sido empregado para desempenhar a mesma função do travessão nesse trecho?

c) Encontre nesse capítulo do romance outro exemplo em que o travessão tenha sido empregado com a mesma função do trecho acima.

10. Que relação pode ser estabelecida entre o título do capítulo e o que foi narrado no texto?

11. Um romance geralmente apresenta um grande conflito e outros menores, ao longo dos capítulos. Qual é o conflito apresentado nesse capítulo do romance?

12. Após receber o despacho telegráfico, as pessoas chegaram a que conclusão a respeito de Phileas Fogg?

13. Você acredita que Phileas Fogg é culpado ou inocente? Converse com os seus colegas a respeito apresentando argumentos que justifiquem sua resposta.

14. Qual é a sua opinião sobre a continuação do romance? Você teve vontade de ler o restante da história para descobrir se Phileas Fogg é realmente o ladrão?

15. Leia o trecho do romance de aventura *Vinte mil léguas submarinas*, também de Júlio Verne, e responda às questões.

I - Fatos inexplicáveis

No ano de 1866 ocorreram nos oceanos acontecimentos estranhos e inexplicáveis, que preocuparam muito os comerciantes, oficiais da marinha, capitães, proprietários de navios e a população dos portos. E também governantes europeus e americanos. Vários navios cruzaram com um animal longo e fosforescente, maior e mais veloz que uma baleia. As muitas versões eram semelhantes ao descrevê-lo e concordavam em relação a sua surpreendente velocidade. Ninguém sabia dizer, entretanto, de que animal se tratava.

Foi enorme a curiosidade em torno desse ser descomunal. No dia vinte de julho de 1866, o navio a vapor *Governor Higginson* o encontrara a cinco milhas das costas da Austrália. O capitão Baker pensou se tratar de um recife desconhecido. Quando buscava determinar sua posição exata para colocá-la no mapa, o "rochedo" esguichou para o alto dos dois jatos de água que atingiram cerca de cento e cinquenta pés de altura. [...]

Vários outros navios descreveram encontros semelhantes. Os governos da Inglaterra, Estados Unidos e Alemanha preocuparam-se com suas possíveis consequências na navegação e no comércio. A existência do monstro era debatida em todo lugar. Jornais duvidavam de sua existência. Lembraram relatos de outros seres descomunais, como a baleia branca Moby Dick. Com cautela, um grupo de cientistas argumentava ser impossível que tantos passageiros e tripulantes tivessem a mesma alucinação em datas, navios e posições geográficas diferentes. Por fim, fez-se tanta piada na imprensa que a discussão foi posta de lado.

Mas em março de 1867, o navio *Moravian*, do Canadá, chocou-se durante a madrugada com um rochedo que não aparecia em nenhum mapa. Devido à velocidade, se não fosse a qualidade de seu casco, teria submergido no acidente. Apesar da força do choque, os oficiais não viram rochedo algum. Somente um redemoinho. O navio continuou a navegar sem avarias aparentes. Mais tarde, no porto, passou por uma inspeção. Descobriu-se que uma parte da quilha se partira. Com o que teria se chocado, afinal?

[...]

Júlio Verne. I – Fatos inexplicáveis. Em: *Vinte mil léguas submarinas*. Tradução e adaptação de Walcyr Carrasco. Ilustrações originais de Laurent Cardon São Paulo: FTD, 2007. p. 11-12.

a) Você já conhecia o livro *Vinte mil léguas submarinas*? Em caso afirmativo, comente sobre ele com os colegas. Em caso negativo, sobre o que você imagina que ele trata?

b) Quando se passam os fatos narrados nesse trecho do romance?

c) Qual é o espaço desse trecho, ou seja, onde ocorrem os fatos narrados?

d) De acordo com esse trecho, alguns acontecimentos estranhos e inexplicáveis começaram a ocorrer, provocados por um ser que ninguém sabia ao certo dizer do que se tratava. Como esse ser é descrito no texto?

e) Compare os trechos lidos dos romances *A volta ao mundo em 80 dias* e *Vinte mil léguas submarinas*. De que forma a imprensa aparece nos trechos desses dois romances?

16. Leia a seguir o trecho de um texto sobre a Revolução Industrial.

> No final do século XVIII, enquanto a revolução pela liberdade e igualdade disseminava-se pela França e se propagava em ondas por toda a Europa, um tipo diferente de revolução, a revolução na indústria, transformava a vida dos britânicos. No século XIX, a Revolução Industrial difundiu-se pelos Estados Unidos e pelo continente europeu. [...]
>
> Após 1760, na Inglaterra, ocorreram mudanças profundas nos modos de produção e de organização do trabalho. Novas formas de energia, particularmente o vapor, substituíram a força animal e os músculos humanos. Descobriram-se maneiras melhores de obtenção e utilização de matérias-primas, e implantou-se uma nova forma de organizar a produção e os trabalhadores — a fábrica. No século XIX, a tecnologia avançou, de triunfo em triunfo, com um ímpeto sem precedentes na história humana. A explosão resultante na produção e produtividade econômicas transformou a sociedade com uma velocidade surpreendente.
>
> [...]
>
> **Transportes**: A máquina a vapor, o ferro e o aço inauguraram uma nova era nos transportes. À medida que se acelerava a produção fabril, também se aperfeiçoavam os meios de transporte. Em 1830, construiu-se na Inglaterra a primeira estrada de ferro, ligando Manchester a Liverpool; isso marcou o início de um período em que se construíram estradas de ferro em quase todo o mundo. A navegação mudou radicalmente com a utilização de barcos sem velas, cuja tonelagem era muito maior.
>
> [...]
>
> Marvin Perry. A Revolução Industrial: transformação da sociedade. Em: *Civilização ocidental*: uma história concisa. Tradução de Waltensir Dutra e Silvana Vieira. 3. ed. São Paulo: Martins Fontes, 2002. p. 352, 357.

Com base nesse texto e nos trechos lidos dos dois romances, de que maneira é possível perceber a influência da Revolução Industrial na obra de Júlio Verne?

Para saber mais

O livro *A volta ao mundo em 80 dias* foi publicado pela primeira vez em 1873. Desde então, esse romance de aventura foi adaptado e traduzido para diversas línguas e ganhou até mesmo versões em HQ. Além disso, a obra de Júlio Verne inspirou filmes, como o homônimo de 1956, dirigido por Michael Anderson e vencedor do Oscar.

Júlio Verne. *A volta ao mundo em 80 dias*. Tradução de Walcyr Carrasco. Ilustrações de Weberson Santiago. 2. ed. São Paulo: Moderna, 2012. (Série Clássicos universais).

Júlio Verne. *A volta ao mundo em 80 dias*. Adaptação de Loïc Dauvillier. Tradução de Luciano Vieira Machado. Ilustrações de Aude Soleilhac e Anne-Claire Jouvray. São Paulo: Salamandra, 2012. (Coleção Ex-libris).

A volta ao mundo em 80 dias. Direção de Michael Anderson. Estados Unidos, 1956 (170 min).

Ampliando fronteiras

A tecnologia nas obras de Júlio Verne

Neste capítulo, você leu alguns trechos do romance de aventura *A volta ao mundo em 80 dias* e conheceu um pouco do trabalho do grande escritor Júlio Verne. Você sabia que o autor apresentava em suas obras tecnologias antes mesmo de elas se tornarem realidade? Conheça dois casos.

ACESSE O RECURSO DIGITAL

Submarino

No livro *Vinte mil léguas submarinas* (1870), considerado sua obra-prima, Júlio Verne descreveu a viagem do submarino Nautilus pelos mares do mundo totalmente movido a energia elétrica, mas só em 1960 é que um explorador francês conseguiu cruzar os sete mares a bordo de um submarino.

Ida do homem à Lua

Nos livros *Da Terra à Lua* (1865) e *Ao redor da Lua* (1870), Júlio Verne narra a primeira expedição à Lua. Segundo o autor, a viagem partiria da cidade de Tampa, nos Estados Unidos, com três homens a bordo, que dariam a volta ao redor da Lua e retornariam à Terra caindo no mar, onde seriam resgatados por um navio de guerra. Cento e quatro anos depois, foi assim que aconteceu. Depois de a missão Apollo 8 cumprir o feito de levar três tripulantes para dar uma volta em torno da Lua, a missão Apollo 11, que também contava com três tripulantes, partiu da cidade de Cabo Canaveral, nos Estados Unidos, a apenas três quilômetros de Tampa, e conseguiu pousar na Lua e regressar à Terra. A tripulação foi resgatada no oceano, em uma área próxima ao Havaí.

1. Em sua opinião, o que pode ter contribuído para que o autor Júlio Verne pudesse descrever em suas obras invenções tecnológicas que ainda não existiam?

2. De acordo com os textos, tudo que foi criado em suas obras aconteceu exatamente como o autor havia descrito?

3. Que tal descobrir invenções tecnológicas em outros romances? Para isso, vocês podem pesquisar, em grupos, uma obra literária que, assim como algumas das obras de Júlio Verne, tenha descrito um invento tecnológico à frente de seu tempo. Ao final desse trabalho, apresente o resultado para toda a turma.

Estudo da língua

Colocação pronominal

Para encerrar os estudos de sintaxe, você conhecerá a parte que trata das questões de colocação dos pronomes pessoais oblíquos na oração.

1. Releia dois trechos do romance *A volta ao mundo em 80 dias*, analisando os termos em destaque, e responda às questões seguintes.

I Assim que cruzaram a porta principal da estação, Phileas Fogg ordenou a Passepartout que fosse comprar dois bilhetes de primeira classe para Paris. Ao se virar, **deparou-se** com seus cinco colegas do Reform Club.

II Ao deixar Londres para trás, Phileas Fogg nem fazia ideia da repercussão que sua partida provocaria. A notícia primeiro **se espalhou** no Reform Club, dali passou para os jornais e dos jornais para todo o Reino Unido. A "questão da volta ao mundo" foi comentada, discutida, dissecada com paixão e ardor.

▶ **DICA!**
Você já estudou os **pronomes oblíquos** (me, te, se, lhe, mim, nós, etc.), aqueles que geralmente funcionam como complementos verbais. Os pronomes oblíquos são divididos em: átonos, cuja pronúncia é fraca, e tônicos, cuja pronúncia é forte.

a) A que classe gramatical esses termos pertencem?
b) O que é possível perceber quanto à posição da palavra **se** em relação às palavras **deparou** e **espalhou**?
c) Qual emprego do **se** é mais comum: antes ou depois da forma verbal?

De acordo com a análise feita acima, você pôde notar duas possibilidades de se posicionarem os pronomes pessoais oblíquos átonos em relação ao verbo.

> **Colocação pronominal** é a parte da gramática normativa que determina a posição que os pronomes pessoais oblíquos átonos devem ocupar em relação ao verbo de acordo com o contexto: **próclise** (antes do verbo), **mesóclise** (no meio do verbo) e **ênclise** (após o verbo).

Para saber mais

Antes de conhecer detalhadamente os casos de colocação pronominal, atente-se primeiramente ao princípio da eufonia, isto é, ao que soa melhor aos ouvidos. Por exemplo, é mais comum dizer ou escrever "Te falei dos meus planos" do que "Falei-te dos meus planos".

A seguir, você estudará os três casos de colocação pronominal utilizados principalmente na modalidade escrita formal. Em situações de uso informal no Brasil, os pronomes oblíquos átonos são predominantemente empregados antes dos verbos.

Caso	Regra	Exemplos
Próclise pronome antes do verbo	Palavras que atraem pronomes oblíquos átonos: • advérbios e palavras negativas (não, nunca, nada, etc.); • pronomes relativos, indefinidos e demonstrativos; • as conjunções subordinativas (**que** e **se**).	• Aqui **me** encontro só. • Nunca **lhe** disse isso. • Este é o carro que **nos** seguiu. • Nada **o** convence a mudar. • Isso **nos** pareceu bem útil. • Parece que **me** enganei. • Não sei se **os** alcançaremos.
Mesóclise pronome no meio do verbo	• verbos no tempo futuro (do presente ou do pretérito) iniciando oração.	• Dar-**te**-ei flores. • Comunicar-**vos**-ia as decisões.
Ênclise pronome após o verbo	• verbos iniciando qualquer oração do período; • verbos no interior da oração precedido de pausa.	• Mantenha-**se** à direita. • Ao final, tragam-**me** os textos.

Como você viu, a gramática normativa recomenda algumas regras para a colocação pronominal. Contudo, em situações formais de comunicação, você pode se basear em dois princípios práticos que resumem o que você estudou.

• Os pronomes oblíquos átonos não podem iniciar orações.
• A próclise é sempre válida, desde que não haja pausa antes do verbo.

Atividades

1. Leia a tirinha abaixo e responda às questões a seguir.

Bill Watterson. *Os dias estão todos ocupados*: as aventuras de Calvin e Haroldo por Bill Watterson. Tradução de Alexandre Boide. São Paulo: Conrad, 2011. p. 154.

a) Calvin e sua mãe possuem a mesma ideia sobre o conceito de trabalho? Explique sua resposta.

b) Por que Calvin utilizou a palavra **trabalhão** em vez de **trabalho**?

c) Que nome recebe o caso de colocação pronominal presente no primeiro quadrinho? O que justificaria essa estrutura sintática?

2. Releia outros trechos do romance *A volta ao mundo em 80 dias* para responder às questões.

> [I] Phileas Fogg tinha na mão um exemplar do *Guia Geral de Navios e Estradas de Ferro Bradshaw*, que deveria lhe fornecer todas as informações necessárias para a sua viagem. Educadamente, Phileas Fogg tomou a bolsa das mãos de Passepartout, abriu-a e jogou dentro um maço gordo de notas.

> [II] — Não se esqueça de que deve voltar.... — falou Andrew Stuart.

> [III] Uns tomaram o partido de Phileas Fogg — principalmente as mulheres, depois que um retrato seu a bico de pena foi publicado no *Illustrated London News*. Outros, no entanto, que logo se tornariam a maioria, ficaram contra ele.

a) Identifique os pronomes oblíquos que há em cada trecho.

b) Classifique a posição de cada um deles como próclise, mesóclise ou ênclise e explique a regra aplicada em cada situação.

3. Leia o anúncio de propaganda a seguir e responda às questões.

As marcas apresentadas são utilizadas para fins estritamente didáticos, portanto não representam divulgação de qualquer tipo de produto ou empresa.

Gratt Indústria de Máquinas Ltda. Anúncio publicitário da Semana do meio ambiente 2015 Gratt.

a) Que efeito a frase interrogativa em destaque no anúncio pretende provocar no leitor?

b) De acordo com os dados estatísticos apresentados, a que conclusões o leitor pode chegar com a leitura do anúncio?

c) Considerando o que você estudou sobre regência verbal, o que é possível notar quanto ao emprego do verbo **necessitar** nesse anúncio? Explique sua resposta.

d) Que nome recebe o caso de colocação pronominal que se verifica em "estima-se"? De acordo com a gramática normativa, o que justifica a opção por essa estrutura sintática?

Escrita em foco

Crase

Nesta seção você vai estudar o que é crase e os casos em que ela ocorre.

1. Leia a HQ a seguir e responda às questões.

Charles M. Schulz. *Você tem muito o que aprender, Charlie Brown!* Tradução de Tatiana Öri-Kovács. São Paulo: Conrad, 2004. p. 52.

a) Qual foi a intenção de Snoopy ao beijar Patty Pimentinha?

b) Que reação isso provocou na menina? Justifique sua resposta.

2. Observe o emprego do verbo **ir** na fala de Patty Pimentinha no segundo quadrinho.

a) Qual é a transitividade desse verbo? Que preposição ele exige?

b) Reescreva a fala da personagem substituindo o termo **escola** por **colégio**.

c) Que artigos foram empregados antes das palavras **escola** e **colégio**?

d) O que ocorreu com a preposição **a** e o artigo **o** no período que você reescreveu?

e) No período "Não posso mais ir à escola de sandálias...", o que é possível perceber quanto à preposição **a**, exigida pelo verbo **ir**, e o artigo **a**, que acompanha a palavra **escola**?

> **DICA!**
> Você já estudou a regência do verbo **ir**. Se necessário, consulte a página **218** para relembrar.

De acordo com as questões acima, é possível perceber que as preposições podem se juntar com outras palavras e dar origem a novas formas, como **à**, que consiste na junção da preposição **a** com o artigo **a**.

> **Crase** é um fenômeno que ocorre devido à junção da preposição **a** com o artigo **a(s)**; com os pronomes demonstrativos **aquela(s)**, **aquele(s)** e **aquilo** e com os pronomes relativos **a(s) qual(is)**. Na escrita, a crase é representada pelo acento grave (`).

237

A seguir, você vai conhecer detalhadamente os casos em que ocorre a crase.

- Preposição **a** + artigo **a(s)**.

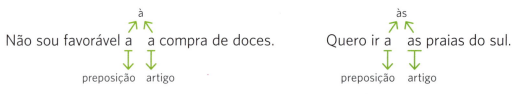

- Preposição **a** + pronome demonstrativo **aquela(s)**, **aquele(s)** e **aquilo**.

- Preposição **a** + pronome relativo **a(s) qual(is)**.

- Em locuções femininas (adverbiais, conjuntivas e prepositivas) e antes de indicação de horas.

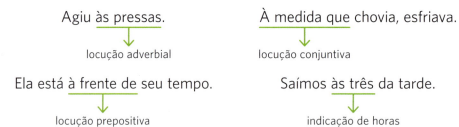

Para saber mais

- A crase só ocorrerá com a palavra **casa** se houver um termo especificativo.

  Cheguei **à** casa dos meus avós.

- Já com a palavra **terra**, ocorrerá somente quando tiver o sentido de "lugar de origem" ou "planeta".

  Os imigrantes retornaram **à** terra natal.

  As naves chegarão **à** Terra em breve.

- Salvos esses casos, não ocorre crase com as palavras **casa** e **terra**.

Conheça agora os casos em que não ocorre crase. Note que, nos exemplos, há apenas a presença da preposição **a**.

- Antes de palavra masculina (com exceção dos pronomes demonstrativos **aquele(s)** e **aquilo**).

  As fábricas usam motores movidos **a** óleo diesel.

- Antes de verbo.

  Tenho contas **a** vencer e estou disposto **a** pagar.

- Entre palavras repetidas.

  Esteve frente **a** frente com o diretor.

- Antes de nomes de cidades que não admitem artigo.

  Este ano pretendo ir **a** Manaus, **a** Brasília e **a** Campinas.

- Antes de palavra no plural não precedida de artigo com sentido genérico.

  Gosto de ir **a** feiras.

- Antes de pronomes em geral (que não admitem artigo).

  Entreguei os documentos **a** você.

Existe um método prático que pode ajudar você a verificar a ocorrência da crase.

- Substitua a palavra feminina por uma masculina de mesma classe gramatical.
    › Se antes da palavra masculina aparecer **ao(s)**, haverá crase antes da palavra feminina.

    Fui **à** festa. Fui **ao** *show*.

    › Se antes da palavra masculina aparecer apenas **o(s)** não ocorrerá crase antes da palavra feminina.

    Agendamos **as** viagens. Agendamos **os** passeios.

Atividades

1. Leia um trecho de reportagem a seguir e responda às questões.

Não esqueça de conhecer a sua memória

O cérebro está sempre gravando tudo o que a pessoa vê, ouve, sente ou toca. Mas o que dá o foco àquilo que se grava, tornando as lembranças mais nítidas ou menos, é a concentração, cuja falta é a principal responsável pelos problemas de memória. Por isso, o primeiro passo para se avaliar a memória de alguém é testar a sua atenção: pedir, por exemplo, que conte até cem de três em três números, 1, 4, 7, 10, etc. "Quem não consegue cumprir a meta não tem atenção suficiente para fixar informações", interpreta a neuropsicóloga Cândida Pires de Camargo, do Hospital das Clínicas de São Paulo.

[...]

Lúcia Helena de Oliveira. Lembre-se: recordar é viver. *Superinteressante*, São Paulo, Abril, 31 out. 2016. Disponível em: <http://super.abril.com.br/ciencia/lembre-se-recordar-e-viver>. Acesso em: 6 nov. 2018.

a) A que área do conhecimento está relacionada essa reportagem?

b) Que fator é o principal responsável por distúrbios de memória?

c) Qual importância sobre esse fator é destacada nesse trecho?

d) Que sinal gráfico foi empregado na palavra **àquilo**? Explique o uso dele de acordo com o que você estudou sobre crase.

2. Leia os dois títulos de notícia a seguir e explique por que ocorre ou não a crase em cada um deles.

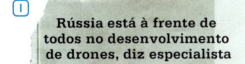

I **Rússia está à frente de todos no desenvolvimento de drones, diz especialista**

Sputnik, 6 nov. 2018. Disponível em: <https://br.sputniknews.com/defesa/2018110612610384-russia-drones-lideranca-armamentos-forcas-armadas/>. Acesso em: 7 nov. 2018.

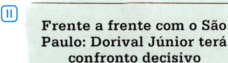

II **Frente a frente com o São Paulo: Dorival Júnior terá confronto decisivo**

Torcedores, 4 nov. 2018. Disponível em: <https://www.torcedores.com/noticias/2018/11/o-sao-paulo-encara-dorival-junior>. Acesso em: 7 nov. 2018.

239

Produção de texto

Romance de aventura

Neste capítulo, você leu dois trechos do romance de aventura *A volta ao mundo em 80 dias*, escrito por Júlio Verne e publicado pela primeira vez em 1873. No primeiro trecho, foi apresentado como Phileas Fogg fez a aposta com seus amigos de que conseguiria dar a volta ao mundo de acordo com a publicação do jornal. Já no segundo trecho, você leu sobre a repercussão dessa viagem e da suspeita de que Phileas Fogg era o ladrão do Banco da Inglaterra.

Agora, chegou o momento de você se tornar um romancista e escrever o final dessa história. Depois, você e seus colegas vão publicar suas produções no *blog* da turma. Assim, mais pessoas conhecerão o desfecho criado por vocês. Para isso, releia os dois trechos do romance apresentados nas **Leituras 1** e **2** e siga estas orientações.

Para começar

Primeiro, você deve escolher uma das opções de desfecho a seguir para escrever seu texto.

Phileas Fogg conseguiu dar a volta ao mundo

A primeira opção para o final do romance é imaginar que Phileas Fogg realmente conseguiu dar a volta ao mundo em exatos oitenta dias e venceu a aposta. Além disso, você pode decidir se ele realmente era o ladrão ou não, dizendo se o detetive Fix conseguiu prendê-lo ou se estava acusando a pessoa errada.

Phileas Fogg não conseguiu dar a volta ao mundo

A outra opção é criar um desfecho considerando que Phileas Fogg não conseguiu dar a volta ao mundo em oitenta dias. Pense no que aconteceu para impedir a personagem de realizar essa empreitada, em que parte do mundo ela parou e por quê. Defina também se ela era realmente o ladrão, se foi presa ou se safou e quem venceu a aposta.

Ilustrações: Rodrigo Gafa

▶ **Aprenda mais**

O livro As aventuras de *Robin Hood* narra as aventuras de Robin Hood e seu grupo, que buscam por igualdade e justiça na Inglaterra dos séculos XII e XIII. Essa edição reúne dois textos, *O príncipe dos ladrões* e *O proscrito*. A primeira conta a história de Robin Hood da infância à como se estabeleceu nas florestas, já a segunda narra as aventuras da personagem até a velhice e morte.

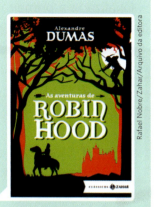

Alexandre Dumas. *As aventuras de Robin Hood*. Tradução de Jorge Bastos. Rio de Janeiro: Zahar, 2016.

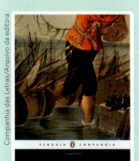

Viagens de Gulliver é um romance que conta as aventuras vividas pelo médico Lemuel Gulliver em lugares exóticos, como Lilipute, uma ilha de habitantes minúsculos, e Brobdingnag, um país de gigantes, após sofrer um naufrágio.

Jonathan Swift. *Viagens de Gulliver*. Tradução de Paulo Henriques Britto. São Paulo: Penguin Classics e Companhia das Letras, 2010.

❙ Estruture seu texto

Após decidir qual será o desfecho do seu romance, chegou a hora de planejar e estruturar seu texto. Para isso, observe as orientações a seguir.

1 O narrador empregado nos trechos do romance que você leu é o narrador-observador, portanto você deverá escrever o desfecho do romance empregando esse mesmo tipo de narrador. Para isso, empregue os verbos na terceira pessoa.

2 Nesse romance, o tempo é um elemento muito importante, pois os fatos se desenvolvem a partir dele. Lembre-se de que Phileas Fogg deve dar a volta ao mundo em oitenta dias e, de acordo com a aposta, precisa estar de volta a Londres no dia 21 de dezembro, às vinte horas e quarenta e cinco minutos. Para indicar horas, dias, passar do tempo, etc., você poderá empregar algarismos ou numerais.

3 Você também deverá descrever o espaço. Pode continuar a narrativa em Suez, local de onde foi enviado o despacho telegráfico do detetive Fix, episódio apresentado na **Leitura 2**; ou ainda narrar os fatos ocorridos em Londres, contando se ele conseguiu ou não voltar a essa cidade a tempo de ganhar a aposta.

4 Procure criar um final criativo para o romance, descrevendo a reação das personagens e narrando episódios inesperados. Decida se o final será feliz, trágico, emocionante, divertido, etc. Procure surpreender o leitor!

5 Utilize um registro mais formal, empregando a norma-padrão da língua. Além disso, atente ao uso correto dos sinais de pontuação e à grafia das palavras, às regências dos verbos e nomes e à colocação pronominal, pois lembre-se de que a sua produção será divulgada no *blog* da turma e lida por um público diversificado.

6 Por fim, elabore um título criativo para o capítulo final do seu romance.

241

Avalie e reescreva seu texto

Finalizada a primeira versão de seu texto, leia-o e verifique se os itens a seguir foram contemplados.

- ✓ Empreguei o narrador-observador em meu texto?
- ✓ Indiquei o tempo adequadamente e empreguei numerais ou algarismos para apresentar as horas, os dias, a passagem do tempo, etc.?
- ✓ Descrevi o espaço conforme o local escolhido para a continuação do romance?
- ✓ Utilizei um registro mais formal e prestei atenção à escrita das palavras, regências dos verbos e nomes, colocação pronominal e pontuação do texto?
- ✓ Elaborei um desfecho criativo e surpreendente para o romance?
- ✓ Criei um título instigante para o capítulo final?

Após verificar se você seguiu os itens acima, troque seu texto com o de um colega e avalie se ele também seguiu todas essas orientações. Revise o texto dele e sugira melhorias, se julgar necessário. Em seguida, veja o que ele sugeriu no seu texto e reescreva-o, corrigindo o que for preciso.

Você e seus colegas vão postar suas produções no *blog* da turma. Para isso, vocês podem digitalizá-las ou digitá-las ao realizar a postagem. Dividam as produções em duas postagens: uma delas para os textos em que Phileas Fogg consegue dar a volta ao mundo em oitenta dias e outra para os desfechos em que ele não consegue realizar essa viagem. Divulguem o *blog* para a comunidade escolar e para os seus familiares.

Verifique seu desempenho

Terminada a atividade, reflita sobre o seu desempenho nessa produção e o que pode ser melhorado nas próximas. Para isso, copie o quadro a seguir no caderno e responda aos questionamentos propostos.

	👍	👉	👎
A Dediquei tempo suficiente e realizei satisfatoriamente todas as etapas dessa produção: planejei e estruturei meu texto e avaliei o que precisava melhorar?			
B O desfecho do romance que criei ficou de acordo com as características do gênero que estudei neste capítulo?			
C Divulguei o *blog* para a comunidade escolar e os meus familiares e eles apreciaram os desfechos do romance?			
D Com base nas questões acima, escreva em seu caderno o que poderia ser melhorado nas próximas produções.			

Para saber mais

Neste capítulo você leu trechos do romance *A volta ao mundo em 80 dias* e viu que Phileas Fogg apostou com os amigos que seria capaz de realizar esse feito. Mas será que isso é possível?

Observe o trajeto apresentado e a quantidade de dias que se leva para percorrer cada trecho, de acordo com o jornal que Phileas Fogg leu.

- De Londres a Suez: 7 dias
- De Suez a Bombaim: 13 dias
- De Bombaim (atual Mumbai) a Calcutá: 3 dias
- De Calcutá a Hong Kong: 13 dias
- De Hong Kong a Yokohama: 6 dias
- De Yokohama a São Francisco: 22 dias
- De São Francisco a Nova Iorque: 7 dias
- De Nova Iorque a Londres: 9 dias

Se considerarmos que hoje temos a possibilidade de utilizar o avião, é possível dar a volta ao mundo seguindo o mesmo trajeto apresentado na história em até seis dias!

Na época em que a história de Phileas Fogg se passa, por volta de 1872, as pessoas já acreditavam que o mundo estava ficando cada vez menor, pois as distâncias eram percorridas em tempos muito curtos em comparação a épocas anteriores.

Por conta da evolução dos meios de transporte e da tecnologia, o mundo parece estar "encurtando" e talvez, em um futuro não tão distante, nossos sucessores fiquem impressionados com o tempo que levamos hoje para percorrer determinado trajeto.

Verificando rota

Mais um capítulo terminado, hora de retomar o que foi estudado e verificar se os conteúdos foram compreendidos. Confira respondendo às questões abaixo.

1. Como é constituído o enredo de um romance de aventura?

2. Na frase "Estou ansiosa por ver meus amigos", a regência é nominal ou verbal? Explique.

3. Comente de que maneira os pronomes oblíquos átonos são empregados no uso informal da língua.

4. Explique com suas palavras o que é a crase.

5. Pesquise em livros e na internet os conteúdos estudados neste capítulo. Com base nessa pesquisa e nas respostas das questões anteriores, elabore um esquema desses conteúdos a fim de auxiliá-lo com os estudos.

CAPÍTULO 8

Leitura 1

Romance psicológico

Neste capítulo, você vai ler alguns trechos de Dom Casmurro, *importante romance da literatura brasileira, publicado em 1899, escrito por Machado de Assis. Este romance é sobre a personagem Bento Santiago, que decide escrever um livro contando sua história, a fim de "atar as duas pontas da vida": a adolescência e a velhice. Leia os títulos dos capítulos, o que você acha que será abordado neles?*

Dom Casmurro

I – DO TÍTULO

Uma noite destas, vindo da cidade para o Engenho Novo, encontrei no trem da Central um rapaz aqui do bairro, que eu conheço de vista e de chapéu. Cumprimentou-me, sentou-se ao pé de mim, falou da Lua e dos ministros, e acabou recitando-me versos. A viagem era curta, e os versos pode ser que não fossem inteiramente maus. Sucedeu, porém, que como eu estava cansado, fechei os olhos três ou quatro vezes; tanto bastou para que ele interrompesse a leitura e metesse os versos no bolso.

— Continue, disse eu acordando.

— Já acabei, murmurou ele.

— São muito bonitos.

Vi-lhe fazer um gesto para tirá-los outra vez do bolso, mas não passou do gesto; estava amuado. No dia seguinte entrou a dizer de mim nomes feios, e acabou alcunhando-me *Dom Casmurro*. Os vizinhos, que não gostam dos meus hábitos reclusos e calados, deram curso à alcunha, que afinal pegou. Nem por isso me zanguei. Contei a anedota aos amigos da cidade, e eles, por graça, chamam-me assim, alguns em bilhetes: "Dom Casmurro, domingo vou jantar com você". — "Vou para Petrópolis, Dom Casmurro; a casa é a mesma da Renânia; vê se deixas essa caverna do Engenho Novo, e vai lá passar uns quinze dias comigo". — "Meu caro Dom Casmurro, não cuide que o dispenso do teatro amanhã; venha e dormirá aqui na cidade; dou-lhe camarote, dou-lhe chá, dou-lhe cama; só não lhe dou moça".

Não consultes dicionários. *Casmurro* não está aqui no sentido que eles lhe dão, mas no que lhe pôs o vulgo de homem calado e metido consigo. *Dom* veio por ironia, para atribuir-me fumos de fidalgo. Tudo por estar cochilando! Também não achei melhor título para a minha narração; se não tiver outro daqui até ao fim do livro, vai este mesmo. O meu poeta do trem ficará sabendo que não lhe guardo rancor. E com pequeno esforço, sendo o título seu, poderá cuidar que a obra é sua. Há livros que apenas terão isso dos seus autores; alguns nem tanto.

II – DO LIVRO

Agora que expliquei o título, passo a escrever o livro. Antes disso, porém, digamos os motivos que me põem a pena na mão.

Vivo só, com um criado. A casa em que moro é própria; fi-la construir de propósito, levado de um desejo tão particular que me vexa imprimi-lo, mas vá lá. Um dia, há bastantes anos, lembrou-me reproduzir no Engenho Novo a casa em que me criei na antiga Rua de Matacavalos, dando-lhe o mesmo aspecto e economia daquela outra, que desapareceu. Construtor e pintor entenderam bem as indicações que lhes fiz: é o mesmo prédio assobradado, três janelas de frente, varanda ao fundo, as mesmas alcovas e salas. Na principal destas, a pintura do teto e das paredes é mais ou menos igual, umas grinaldas de flores miúdas e grandes pássaros que as tomam nos bicos, de espaço a espaço. Nos quatro cantos do teto as figuras das estações, e ao centro das paredes os medalhões de *César, Augusto, Nero e Massinissa*, com os nomes por baixo... Não alcanço a razão de tais personagens. Quando fomos para a casa de Matacavalos, já ela estava assim decorada; vinha do decênio anterior. Naturalmente era gosto do tempo meter sabor clássico e figuras antigas em pinturas americanas. O mais é também análogo e parecido. Tenho chacarinha, flores, legume, uma casuarina, um poço e lavadouro. Uso louça velha e mobília velha. Enfim, agora, como outrora, há aqui o mesmo contraste da vida interior, que é pacata, com a exterior, que é ruidosa.

O meu fim evidente era atar as duas pontas da vida, e restaurar na velhice a adolescência. Pois, senhor, não consegui recompor o que foi nem o que fui. Em tudo, se o rosto é igual, a fisionomia é diferente. Se só me faltassem os outros, vá; um homem consola-se mais ou menos das pessoas que perde; mas falto eu mesmo, e esta lacuna é tudo. O que aqui está é, mal comparando, semelhante à pintura que se põe na barba e nos cabelos, e que apenas conserva o hábito externo, como se diz nas autópsias; o interno não aguenta tinta. Uma certidão que me desse vinte anos de idade poderia enganar os estranhos, como todos os documentos falsos, mas não a mim. Os amigos que me restam são de data recente; todos os antigos foram estudar a geologia dos campos--santos. Quanto às amigas, algumas datam de quinze anos, outras de menos, e quase todas creem na mocidade. Duas ou três fariam crer nela aos outros, mas a língua que falam obriga muita vez a consultar os dicionários, e tal frequência é cansativa.

Entretanto, vida diferente não quer dizer vida pior; é outra coisa. A certos respeitos, aquela vida antiga aparece-me despida de muitos encantos que lhe achei; mas é também exato que perdeu muito espinho que a fez molesta, e, de memória, conservo alguma recordação doce e feiticeira. Em verdade, pouco apareço e menos falo. Distrações raras. O mais do tempo é gasto em hortar, jardinar e ler; como bem e não durmo mal.

Ora, como tudo cansa, esta monotonia acabou por exaurir-me também. Quis variar, e lembrou-me escrever um livro. Jurisprudência, filosofia e política acudiram-me, mas não me acudiram as forças necessárias. Depois, pensei em fazer uma *História dos Subúrbios*, menos seca que as memórias do padre Luís Gonçalves dos Santos, relativas à cidade; era obra modesta, mas exigia documentos e datas, como preliminares, tudo árido e longo. Foi então que os bustos pintados nas paredes entraram a falar-me e a dizer-me que, uma vez que eles não alcançavam reconstituir-me os tempos idos, pegasse da pena e contasse alguns. Talvez a narração me desse a ilusão, e as sombras viessem perpassar ligeiras, como ao poeta, não o do trem, mas o do *Fausto: Aí vindes outra vez, inquietas sombras...?*

Fiquei tão alegre com esta ideia, que ainda agora me treme a pena na mão. Sim, Nero, Augusto, Massinissa, e tu, grande César, que me incitas a fazer os meus comentários, agradeço-vos o conselho, e vou deitar ao papel as reminiscências que me vierem vindo. Deste modo, viverei o que vivi, e assentarei a mão para alguma obra de maior tomo. Eia, comecemos a evocação por uma célebre tarde de novembro, que nunca me esqueceu. Tive outras muitas, melhores, e piores, mas aquela nunca se me apagou do espírito. É o que vais entender, lendo.

Machado de Assis. *Dom Casmurro*. São Paulo: Ática, 2005. p. 13-15. (Série Bom livro).

Para saber mais

Considerado um dos principais escritores brasileiros, o carioca Joaquim Maria Machado de Assis (1839-1908) escreveu romances, contos, crônicas, peças de teatro, poemas, correspondências e críticas. Suas obras mais famosas são os romances *Memórias Póstumas de Brás Cubas*, *Quincas Borba* e *Dom Casmurro*. Machado de Assis também foi o primeiro presidente da Academia Brasileira de Letras.

Foto de Machado de Assis, 1896.

Estudo do texto

1. As hipóteses que você levantou antes de ler o texto se confirmaram após a leitura? Converse com os colegas a respeito.

2. De acordo com o narrador do texto, como surgiu o apelido **Dom Casmurro**?

a) Leia o verbete de dicionário a seguir, que define a palavra **casmurro**.

> **casmurro** [...] *adj. sm.* Que ou aquele que é teimoso ou ensimesmado. [...]
>
> Aurélio Buarque de Holanda Ferreira. *Mini Aurélio*: o dicionário da língua portuguesa. 8. ed. Curitiba: Positivo, 2010. p. 147.

Qual é a diferença entre a definição apresentada pelo dicionário e pelo narrador para a palavra **casmurro**?

b) Com base nas atitudes do narrador, ele pode realmente ser considerado casmurro? Justifique sua resposta.

c) Qual é a explicação dada por ele para o emprego da palavra **dom**?

d) De acordo com o texto, o narrador considera justo o apelido que lhe foi dado? Comprove sua resposta com um trecho.

3. Logo no início do romance é possível perceber o foco narrativo. Como é classificado o narrador de *Dom Casmurro*? Justifique sua resposta com um trecho do texto.

4. Releia um parágrafo do texto e responda às questões.

> Não consultes dicionários. Casmurro não está aqui no sentido que eles lhe dão, mas no que lhe pôs o vulgo de homem calado e metido consigo. Dom veio por ironia, para atribuir-me fumos de fidalgo. Tudo por estar cochilando! Também não achei melhor título para a minha narração; se não tiver outro daqui até ao fim do livro, vai este mesmo. O meu poeta do trem ficará sabendo que não lhe guardo rancor. E com pequeno esforço, sendo o título seu, poderá cuidar que a obra é sua. Há livros que apenas terão isso dos seus autores; alguns nem tanto.

a) A quem o narrador se dirige na primeira frase desse trecho?

b) Identifique na **Leitura 1** outro trecho em que o narrador interage com o leitor.

Para saber mais

É muito comum ocorrer a confusão entre **autor** e **narrador**. O narrador é um dos elementos da narrativa e, assim como as personagens, é uma criação do autor. Por isso, ao ler *Dom Casmurro*, lembre-se de que o narrador não é Machado de Assis, mas um ser fictício criado por ele. No caso, é uma das personagens do romance: Bento Santiago, apelidado de Dom Casmurro.

c) **Metalinguagem** é o uso da linguagem para descrever ou falar sobre ela própria, por exemplo, um filme em que o enredo trata sobre cinema. Sabendo disso, de que forma há metalinguagem nesse trecho?

d) Identifique outro trecho do romance em que há o uso de metalinguagem.

5. Releia um trecho do primeiro capítulo do romance e responda às questões.

> A viagem era curta, e os versos pode ser que não fossem inteiramente maus. Sucedeu, porém, que, como eu estava cansado, fechei os olhos três ou quatro vezes; tanto bastou para que ele interrompesse a leitura e metesse os versos no bolso.
> — Continue, disse eu acordando.
> — Já acabei, murmurou ele.
> — São muito bonitos.

a) Quais verbos de elocução foram empregados para indicar as falas das personagens?

b) Que efeito de sentido o emprego desses verbos provoca no texto?

c) Qual é a explicação dada pelo narrador para justificar seu cochilo enquanto o jovem lia seus versos?

d) Com base no episódio descrito, o narrador realmente acreditava que "os versos pode ser que não fossem inteiramente maus"? Justifique sua resposta.

e) Que figura de linguagem está presente nesse trecho? Copie em seu caderno a alternativa correta e justifique sua resposta.

　A metáfora　　　**B** ironia　　　**C** prosopopeia

6. De acordo com o narrador, que motivos o levaram a escrever o livro? Ele conseguiu atingir seu objetivo? Por quê?

7. Releia um trecho do capítulo II.

> [...] Um dia, há bastantes anos, lembrou-me reproduzir no Engenho Novo a casa em que me criei na antiga Rua de Matacavalos, dando-lhe o mesmo aspecto e economia daquela outra, que desapareceu. Construtor e pintor entenderam bem as indicações que lhes fiz: é o mesmo prédio assobradado, três janelas de frente, varanda ao fundo, as mesmas alcovas e salas. Na principal destas, a pintura do teto e das paredes é mais ou menos igual, umas grinaldas de flores miúdas e grandes pássaros que as tomam nos bicos, de espaço a espaço. [...]

a) De que maneira esse trecho se relaciona ao objetivo do narrador de atar as duas pontas da vida?

b) Qual a importância da descrição da casa do narrador tanto para o construtor e o pintor quanto para o leitor?

8. Ao tratar sobre a passagem do tempo, o que o narrador quer dizer ao afirmar que "o interno não aguenta tinta"? Você concorda com essa ideia?

9. Responda às questões a seguir a respeito das amizades do narrador-personagem.

    a) O que ele quis dizer ao afirmar que "todos os antigos foram estudar a geologia dos campos-santos"? O que isso confere ao texto?

    b) Por que o narrador afirma que a língua que as amigas falam obriga as pessoas a consultar o dicionário?

> **Para saber mais**
>
> **Eufemismo** é a figura de linguagem empregada para atenuar o sentido de termos que geralmente são considerados grosseiros ou desagradáveis.

10. O que o narrador quis dizer ao afirmar que conhecia o rapaz do trem "de vista e de chapéu"?

11. Copie em seu caderno as alternativas que apresentam características do trecho do romance lido.

    A É dividido em capítulos.

    B Apresenta todos os elementos (narrador, personagens, tempo e espaço) e a estrutura da narrativa (situação inicial, conflito, clímax e desfecho).

    C O foco narrativo é em primeira pessoa, ou seja, possui um narrador-personagem.

    D É possível perceber que a narrativa ocorre em diferentes tempos.

    E É possível identificar o conflito central do romance.

12. O **romance psicológico**, em vez de focar nos ambientes e acontecimentos externos, caracteriza-se pela análise psicológica das personagens, suas memórias e seus comportamentos. Com base nessas informações e no trecho lido, quais características psicológicas do narrador-personagem são ressaltadas?

13. O narrador termina o segundo capítulo afirmando que começará sua história por meio da evocação de uma tarde de novembro da qual nunca se esqueceu.

    a) O que é possível afirmar a respeito do tempo da narrativa nos dois capítulos lidos?

    b) O que acha que será narrado nos próximos capítulos? Por que será que o narrador não conseguiu atar as duas pontas da vida? Converse com os colegas sobre essas questões.

> **Para saber mais**
>
> Em *Dom Casmurro*, é possível identificar algumas das características mais marcantes da obra de Machado de Assis: a análise psicológica das personagens, a ironia, o diálogo com o leitor, a crítica à sociedade da época, entre outras. Por ser uma das obras mais expressivas da literatura brasileira, já foi traduzida para diversas línguas e recebeu adaptações na própria literatura, no teatro, na música, no cinema e na televisão.

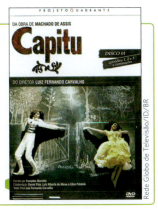

Capa do DVD *Capitu*.

Estudo da língua

Revisão I: Orações subordinadas

Nesta seção, vamos retomar alguns dos conteúdos estudados ao longo do ano. É o momento para relembrar os conhecimentos linguísticos trabalhados neste volume.

Orações subordinadas substantivas

1. Leia a tirinha a seguir e responda às questões.

Mort Walker. *O melhor do Recruta Zero 1*. Tradução de Marco Aurélio Poli. Porto Alegre: L&PM, 2006. p. 24.

a) Como Zero descreve sua personalidade no segundo quadrinho? Quais argumentos ele utiliza para isso?

b) E como a personalidade dele se revela no terceiro quadrinho? Justifique sua resposta.

c) O que provoca humor na tirinha?

2. Considere o seguinte período retirado da fala de Zero:

> Pois saiba que eu venho de uma família de guerreiros!

a) Qual é a transitividade da forma verbal **saiba** nesse período?

b) Que função sintática a oração "que eu venho de uma família de guerreiros!" exerce com relação a essa forma verbal?

c) Classifique as orações do período conforme sua função sintática.

d) Qual é a conjunção responsável por unir as duas orações? Como essa conjunção é classificada?

3. Transcreva para o caderno o texto a seguir, completando-o com as informações que você estudou.

> As ■ completam o sentido da oração principal e desempenham uma função sintática própria de ■: sujeito, objeto direto, ■, ■, ■ e ■.

Orações subordinadas adverbiais

1. Leia o anúncio de propaganda a seguir e responda às questões.

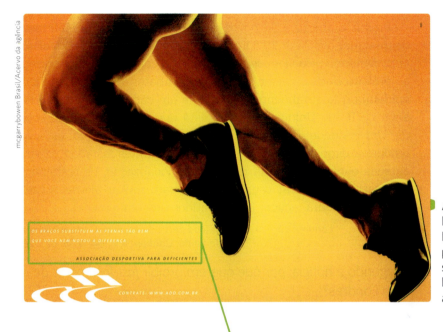

ADD – Associação Desportiva para Deficientes. Anúncio de propaganda Os braços substituem as pernas tão bem que você nem notou a diferença.

a) Que instituição é responsável pelo anúncio veiculado?
b) Pelos elementos que o compõem, qual é o principal objetivo desse anúncio?
c) Que relação há entre a linguagem verbal e não verbal desse anúncio?
d) Com que finalidade a linguagem verbal desse anúncio foi reproduzida em tamanho tão reduzido?
e) Que mensagem esse anúncio de propaganda passa sobre a deficiência física?

2. Releia a seguinte frase: "Os braços substituem as pernas tão bem que você nem notou a diferença". Sabendo que ela é composta de duas orações, responda às questões.

a) Qual delas expressa uma consequência da outra?
b) Que classificação recebe essa oração que expressa consequência? Justifique-a.
c) Que expressão é responsável por conectar as duas orações? Qual é a classificação dela?

3. Leia a notícia a seguir e responda às questões.

Londres quer proibir *fast-food* perto de escolas

Proposta inclui a modificação dos cardápios de restaurantes para inclusão de informações nutricionais

Proibir a abertura de novos restaurantes *fast-food* a 400 metros de qualquer escola de Londres é a proposta apresentada no relatório encomendado pela Comissão de Saúde da capital inglesa e entregue ao prefeito Boris Johnson. A ideia é combater a obesidade infantil, epidemia que atualmente atinge uma em cada três crianças de 10 anos no Reino Unido. A medida está em sintonia com um estudo da Universidade East Anglia (EUA) que revelou que os jovens tendem a engordar mais quando há restaurantes *fast-food* próximos às suas escolas. Além da restrição de localização, os restaurantes precisariam modificar seus cardápios para incluir alertas sobre os níveis de gordura, açúcar e sal contidos nos alimentos.

Londres quer proibir *fast-food* perto de escolas. Carta Fundamental, São Paulo, Confiança, n. 64, p. 15, dez. 2014.

a) Segundo a notícia, por que querem proibir *fast-food* perto de escolas em Londres?

b) De acordo com o estudo da Universidade East Anglia, os jovens tendem a engordar mais quando há *fast-food* perto das escolas. Por que isso acontece?

c) Em sua opinião, é importante que medidas como essa sejam tomadas em nosso país? Por quê?

4. Releia um trecho retirado do texto e responda às questões.

> [...] os jovens tendem a engordar mais quando há restaurantes *fast-food* próximos às suas escolas.

a) Esse trecho revela que determinada condição intensifica o ganho de peso dos jovens. Identifique a oração que expressa essa condição.

b) Com base na sua resposta à questão anterior, qual é a classificação sintática dessa oração? Justifique sua resposta.

c) Que classificação gramatical recebe a palavra que a introduz?

d) Por qual das conjunções apresentadas abaixo essa palavra poderia ser substituída sem causar alteração de sentido?

   A porque   **B** se   **C** embora

5. Transcreva para o caderno o texto a seguir, completando-o com as informações que você estudou.

> A ■ exerce em relação à oração principal a função de ■, é introduzida por ■ (exceto as integrantes) e é capaz de estabelecer uma relação semântica entre as orações.

Orações subordinadas adjetivas

1. Releia um trecho do romance *Dom Casmurro* e responda às questões.

> Os vizinhos, que não gostam dos meus hábitos reclusos e calados, deram curso à alcunha [...].

a) Identifique a oração principal do trecho acima.
b) Identifique a oração adjetiva que caracteriza o substantivo **vizinhos** nesse trecho.
c) Que palavra introduz essa oração adjetiva? Qual é a classificação dela?
d) Qual é o sentido da oração adjetiva?
e) Com base na sua resposta à questão anterior, classifique essa oração adjetiva em explicativa ou restritiva e justifique sua resposta.
f) Que importância tem o fato expresso por essa oração para a divulgação do apelido Dom Casmurro?

2. Releia outro trecho de *Dom Casmurro* e responda às questões.

> Os amigos **que me restam** são de data recente; todos os antigos foram estudar a geologia dos campos-santos.

a) A oração em destaque é classificada como adjetiva. Por que ela recebe essa classificação?
b) Qual é a classificação da palavra que introduz essa oração adjetiva? Justifique sua resposta.
c) Qual é o sentido da oração adjetiva?
d) Com base na sua resposta à questão anterior, classifique essa oração adjetiva em explicativa ou restritiva e justifique sua resposta.

3. Transcreva para o caderno o texto a seguir, completando-o com as informações que você estudou.

> A oração com valor de adjetivo que exerce a função sintática de ■ e modifica um termo da oração principal é chamada de ■.
>
> As orações subordinadas adjetivas que acrescentam uma informação ou explicação suplementar para um termo antecedente, ampliando-o ou detalhando-o, são chamadas ■.
>
> As orações subordinadas adjetivas que acrescentam uma informação ou explicação essencial para o sentido de um termo antecedente, particularizando-o, restringindo-o ou limitando-o, são chamadas ■.

Atividades

1. Leia os títulos de notícia a seguir, identifique e classifique a oração subordinada presente em cada um deles.

I

É bom que sintam o peso do Benfica

A Bola, 6 nov. 2018. Disponível em: <https://www.abola.pt/nnh/Noticias/Ver/758052>. Acesso em: 8 nov. 2018

II

Há uma autobiografia de Mick Jagger, mas ele esqueceu-se de que a escreveu

Ípsilon, 17 fev. 2017. Disponível em: <https://www.publico.pt/2017/02/17/culturaipsilon/noticia/ha-uma-autobiografia-de-mick-jagger-mas-ele-esqueceuse-que-a-escreveu-1762430 >. Acesso em: 8 nov. 2018.

III

Klopp confiante: "Tenho a certeza de que o Liverpool vai conquistar um título"

Sapo, 12 out. 2018. Disponível em: <https://desporto.sapo.pt/futebol/premier-league/artigos/klopp-confiante-tenho-a-certeza-de-que-o-liverpool-vai-conquistar-um-titulo>. Acesso em: 8 nov. 2018.

2. Leia a história em quadrinhos a seguir e responda às questões.

Tako X. *Marco e seus amigos*. Disponível em: <http://www.marcoeseusamigos.com.br/2018/10/3495hq.html>. Acesso em: 8 nov. 2018.

a) O que provoca o humor nessa HQ?

b) Releia esta fala de uma das personagens.

> Vamos lavar as mãos enquanto os bolinhos esfriam!

- Identifique as orações que formam esse período, classificando-as em principal e subordinada.
- A oração subordinada expressa que ideia em relação à oração principal?
- Como a oração subordinada é classificada?

254

3. Leia a seguir o trecho de uma resenha crítica de filme.

O conto da princesa Kaguya

É uma excelente notícia a estreia de uma animação do nível de *O Conto da Princesa Kaguya*, do veterano Isao Takahata, nos cinemas brasileiros. O filme navega na contramão das produções atuais, ignorando o imperativo de velocidade, de entretenimento fácil, de escapismo, de referências *pop*. Esta produção confere tempo aos seus personagens para ficarem em silêncio, refletirem, evoluírem. O cineasta sabe **que a poesia está ligada também ao deleite das imagens**, e para os fãs do cinema contemplativo, a narrativa oferece um verdadeiro banquete.

Sem os recursos típicos das animações computadorizadas, **que buscam trejeitos realistas**, a obra japonesa se apoia na força do desenho manual, na sugestão dos traços mínimos. A história mágica de Kaguya — que nasce de um bambu, cresce como camponesa até receber uma educação de princesa — torna-se ainda mais potente pela economia de traços e pelas pálidas cores pastéis. O ritmo é bem dosado: o minimalismo do cenário torna os conflitos (a fuga de Kaguya, os tecidos jogados ao céu) ainda mais fortes, por contrastarem com as cenas anteriores.

Assim, não existem vilões ou mocinhos, bem ou mal. Tampouco se empurra ao espectador mensagens fáceis sobre o amor ao próximo ou a preservação do meio ambiente. Mesmo que se considere *O Conto da Princesa Kaguya* um filme infantil — algo contestável — esta é uma história **que respeita a capacidade intelectual e reflexiva do espectador**. Takahata não nivela o seu discurso por baixo, pelo contrário: ao adaptar o famoso conto japonês, traz à tona uma fábula política e social, muito pertinente aos dias de hoje. Debate-se em profundidade a luta de classes (afinal, Kaguya é uma "nova rica") e a posição da mulher na sociedade.

Não seria absurdo interpretar o filme como uma fábula feminista. Kaguya é uma personagem forte, que recusa o casamento arranjado por seus pais, foge aos flertes autoritários do rei e rebela-se contra a etiqueta rígida imposta às princesas. [...]

É surpreendente encontrar uma obra ao mesmo tempo tão atual e tão universal, tão política e tão poética. Diversos questionamentos podem ser extraídos da trajetória atípica de Kaguya, esta mulher de ninguém, guerreira silenciosa e militante à frente do seu tempo. O conteúdo incisivo da obra é temperado com as imagens mais doces e belas **que o cinema de animação tem produzido nos últimos anos**. Isso sem falar na conclusão surpreendente, mágica e amarga — talvez um pouco chocante aos espíritos otimistas. Com esta produção, os estúdios Ghibli provam mais uma vez a sua irônica capacidade de usar a fantasia para fazer um retrato realista do nosso mundo.

Bruno Carmelo. O conto da princesa Kaguya. *AdoroCinema*. Disponível em: <http://www.adorocinema.com/filmes/filme-173271/criticas-adorocinema/>. Acesso em: 8 nov. 2018.

a) A avaliação da resenha a respeito do filme é positiva ou negativa? Justifique.

b) Você teve vontade de assistir ao filme após ler a resenha? Comente.

c) Classifique as orações subordinadas em destaque no texto e justifique sua resposta.

255

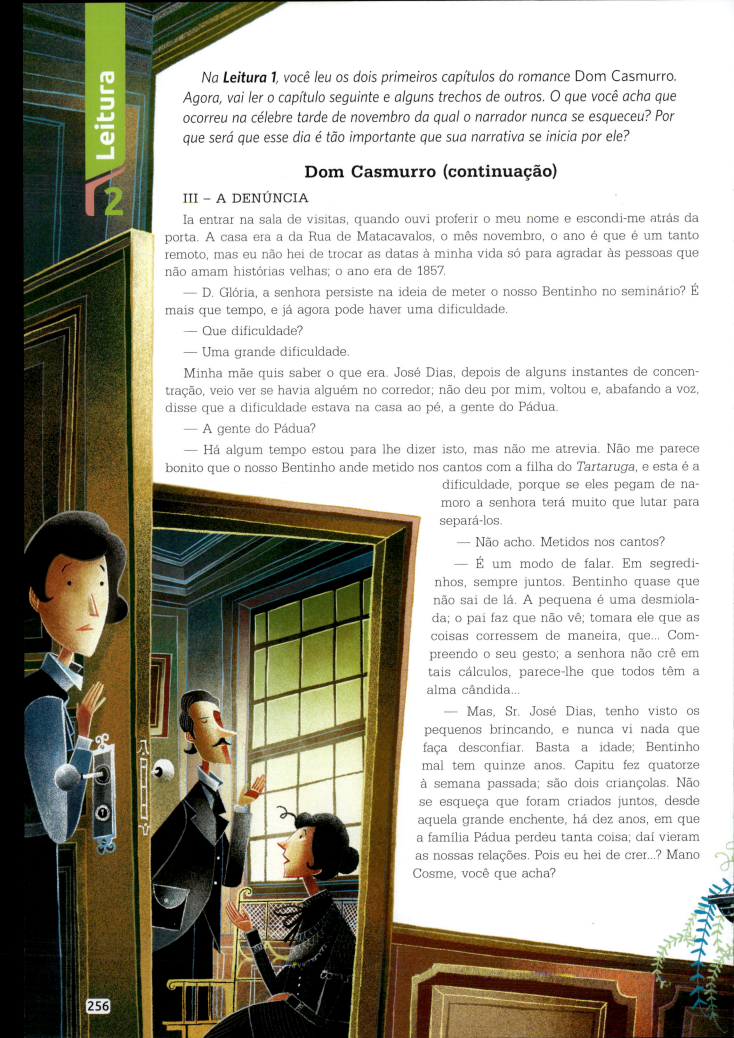

*Na **Leitura 1**, você leu os dois primeiros capítulos do romance* Dom Casmurro. *Agora, vai ler o capítulo seguinte e alguns trechos de outros. O que você acha que ocorreu na célebre tarde de novembro da qual o narrador nunca se esqueceu? Por que será que esse dia é tão importante que sua narrativa se inicia por ele?*

Dom Casmurro (continuação)

III – A DENÚNCIA

Ia entrar na sala de visitas, quando ouvi proferir o meu nome e escondi-me atrás da porta. A casa era a da Rua de Matacavalos, o mês novembro, o ano é que é um tanto remoto, mas eu não hei de trocar as datas à minha vida só para agradar às pessoas que não amam histórias velhas; o ano era de 1857.

— D. Glória, a senhora persiste na ideia de meter o nosso Bentinho no seminário? É mais que tempo, e já agora pode haver uma dificuldade.

— Que dificuldade?

— Uma grande dificuldade.

Minha mãe quis saber o que era. José Dias, depois de alguns instantes de concentração, veio ver se havia alguém no corredor; não deu por mim, voltou e, abafando a voz, disse que a dificuldade estava na casa ao pé, a gente do Pádua.

— A gente do Pádua?

— Há algum tempo estou para lhe dizer isto, mas não me atrevia. Não me parece bonito que o nosso Bentinho ande metido nos cantos com a filha do *Tartaruga*, e esta é a dificuldade, porque se eles pegam de namoro a senhora terá muito que lutar para separá-los.

— Não acho. Metidos nos cantos?

— É um modo de falar. Em segredinhos, sempre juntos. Bentinho quase que não sai de lá. A pequena é uma desmiolada; o pai faz que não vê; tomara ele que as coisas corressem de maneira, que... Compreendo o seu gesto; a senhora não crê em tais cálculos, parece-lhe que todos têm a alma cândida...

— Mas, Sr. José Dias, tenho visto os pequenos brincando, e nunca vi nada que faça desconfiar. Basta a idade; Bentinho mal tem quinze anos. Capitu fez quatorze à semana passada; são dois criançolas. Não se esqueça que foram criados juntos, desde aquela grande enchente, há dez anos, em que a família Pádua perdeu tanta coisa; daí vieram as nossas relações. Pois eu hei de crer...? Mano Cosme, você que acha?

Tio Cosme respondeu com um "Ora!" que, traduzido em vulgar, queria dizer: "São imaginações do José Dias; os pequenos divertem-se, eu divirto-me; onde está o *gamão*?"

— Sim, creio que o senhor está enganado.

— Pode ser, minha senhora. Oxalá tenham razão; mas creia que não falei senão depois de muito examinar...

— Em todo caso, vai sendo tempo, interrompeu minha mãe; vou tratar de metê-lo no seminário quanto antes.

— Bem, uma vez que não perdeu a ideia de o fazer padre, tem-se ganho o principal. Bentinho há de satisfazer os desejos de sua mãe. E depois a igreja brasileira tem altos destinos. Não esqueçamos que um bispo presidiu a Constituinte, e que o padre Feijó governou o império...

— Governou como a cara dele! atalhou tio Cosme, cedendo a antigos rancores políticos.

— Perdão, doutor, não estou defendendo ninguém, estou citando. O que eu quero é dizer que o clero ainda tem grande papel no Brasil.

— Você o que quer é um capote; ande, vá buscar o gamão. Quanto ao pequeno, se tem de ser padre, realmente é melhor que não comece a dizer missa atrás das portas. Mas, olhe cá, mana Glória, há mesmo necessidade de fazê-lo padre?

— É promessa, há de cumprir-se.

— Sei que você fez promessa... mas, uma promessa assim... não sei... Creio que, bem pensado... Você que acha, prima Justina?

— Eu?

— Verdade é que cada um sabe melhor de si, continuou tio Cosme; Deus é que sabe de todos. Contudo, uma promessa de tantos anos... Mas, que é isso, mana Glória? Está chorando? Ora esta! Pois é coisa de lágrimas?

Minha mãe assoou-se sem responder. Prima Justina creio que se levantou e foi ter com ela. Seguiu-se um alto silêncio, durante o qual estive a pique de entrar na sala, mas outra força maior, outra emoção... Não pude ouvir as palavras que tio Cosme entrou a dizer. Prima Justina exortava: "Prima Glória! Prima Glória!" José Dias desculpava-se: "Se soubesse, não teria falado, mas falei pela veneração, pela estima, pelo afeto, para cumprir um dever amargo, um dever amaríssimo..."

[...]

XI – A PROMESSA

Tão depressa vi desaparecer o agregado no corredor, deixei o esconderijo, e corri à varanda do fundo. Não quis saber de lágrimas nem da causa que as fazia verter a minha mãe. A causa eram provavelmente os seus projetos eclesiásticos, e a ocasião destes é a que vou dizer, por ser já então história velha; datava de dezesseis anos.

Os projetos vinham do tempo em que fui concebido. Tendo-lhe nascido morto o primeiro filho, minha mãe pegou-se com Deus para que o segundo vingasse, prometendo, se fosse varão, metê-lo na Igreja. Talvez esperasse uma menina. Não disse nada a meu pai, nem antes, nem depois de me dar à luz; contava fazê-lo quando eu entrasse para a escola, mas enviuvou antes disso. Viúva, sentiu o terror de separar-se de mim; mas era tão devota, tão temente a Deus, que buscou testemunhas da obrigação, confiando a promessa a parentes e familiares. Unicamente, para que nos separássemos o mais tarde possível, fez-me aprender em casa primeiras letras, latim e doutrina, por aquele Padre Cabral, velho amigo do tio Cosme, que ia lá jogar às noites.

[...]

Rogér o Coelho

Ultimamente não me falavam já do seminário, a tal ponto que eu supunha ser negócio findo. Quinze anos, não havendo vocação, pediam antes o seminário do mundo que o de S. José. Minha mãe ficava muita vez a olhar para mim, como alma perdida, ou pegava-me na mão, a pretexto de nada, para apertá-la muito.

XII – NA VARANDA

Parei na varanda; ia tonto, atordoado, as pernas bambas, o coração parecendo querer sair-me pela boca fora. Não me atrevia a descer à chácara, e passar ao quintal vizinho. Comecei a andar de um lado para outro, estacando para amparar-me, e andava outra vez e estacava. Vozes confusas repetiam o discurso do José Dias:

"Sempre juntos..."

"Em segredinhos..."

"Se eles pegam de namoro...?"

Tijolos que pisei e repisei naquela tarde, colunas amareladas que me passastes à direita ou à esquerda, segundo eu ia ou vinha, em vós me ficou a melhor parte da crise, a sensação de um gozo novo, que me envolvia em mim mesmo, e logo me dispersava, e me trazia arrepios, e me derramava não sei que bálsamo interior. Às vezes dava por mim, sorrindo, um ar de riso de satisfação, que desmentia a abominação do meu pecado. E as vozes repetiam-se confusas:

"Em segredinhos..."

"Sempre juntos..."

"Se eles pegam de namoro..."

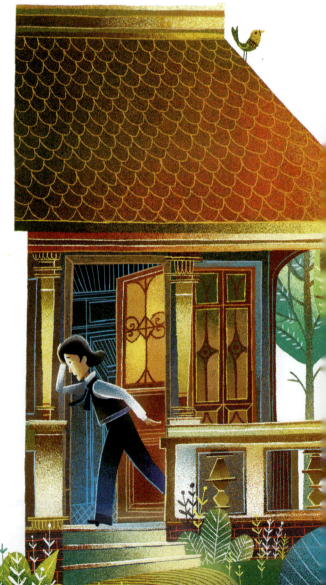

Um coqueiro, vendo-me inquieto e adivinhando a causa, murmurou de cima de si que não era feio que os meninos de quinze anos andassem nos cantos com as meninas de quatorze; ao contrário, os adolescentes daquela idade não tinham outro ofício, nem os cantos outra utilidade. Era um coqueiro velho, e eu cria nos coqueiros velhos, mais ainda que nos velhos livros. Pássaros, borboletas, uma cigarra que ensaiava o estio, toda a gente viva do ar era da mesma opinião.

Com que então eu amava Capitu, e Capitu a mim? Realmente, andava cosido às saias dela, mas não me ocorria nada entre nós que fosse deveras secreto. Antes dela ir para o colégio, eram tudo travessuras de crianças; depois que saiu do colégio, é certo que não restabelecemos logo a antiga intimidade, mas esta voltou pouco a pouco, e no último ano era completa. Entretanto, a matéria das nossas conversações era a de sempre. Capitu chamava-me às vezes bonito, mocetão, uma flor; outras pegava-me nas mãos para contar-me os dedos.

E comecei a recordar esses e outros gestos e palavras, o prazer que sentia quando ela me passava a mão pelos cabelos, dizendo que os achava lindíssimos. Eu, sem fazer o mesmo aos dela, dizia que os dela eram muito mais lindos que os meus. Então Capitu abanava a cabeça com uma grande expressão de desengano e melancolia, tanto mais de espantar quanto que tinha os cabelos realmente admiráveis; mas eu retorquia chamando-lhe maluca. Quando me perguntava se sonhara com ela na véspera, e eu dizia que não, ouvia-lhe contar que sonhara comigo, e eram aventuras extraordinárias, que subíamos ao Corcovado pelo ar, que dançávamos na lua, ou então que os anjos vinham perguntar-nos pelos nomes, a fim de os dar a outros anjos que acabavam de nascer. Em todos esses sonhos andávamos unidinhos. Os que eu tinha com ela não eram assim, apenas reproduziam a nossa familiaridade, e muita vez não passavam da simples repetição do dia, alguma frase, algum gesto. Também eu os contava. Capitu um dia notou a diferença, dizendo que os dela eram mais bonitos que os meus; eu, depois de certa hesitação, disse-lhe que eram como a pessoa que sonhava... Fez-se cor de pitanga.

Pois, francamente, só agora entendia a comoção que me davam essas e outras confidências. A emoção era doce e nova, mas a causa dela fugia-me, sem que eu a buscasse nem suspeitasse. Os silêncios dos últimos dias, que me não descobriam nada, agora os sentia como sinais de alguma coisa, e assim as meias palavras, as perguntas curiosas, as respostas vagas, os cuidados, o gosto de recordar a infância. Também adverti que era fenômeno recente acordar com o pensamento em Capitu, e escutá-la de memória, e estremecer quando lhe ouvia os passos. Se se falava nela, em minha casa, prestava mais atenção que dantes, e, segundo era louvor ou crítica, assim me trazia gosto ou desgosto mais intensos que outrora, quando éramos somente companheiros de travessuras. Cheguei a pensar nela durante as missas daquele mês, com intervalos, é verdade, mas com exclusivismo também.

Tudo isto me era agora apresentado pela boca de José Dias, que me denunciara a mim mesmo, e a quem eu perdoava tudo, o mal que dissera, o mal que fizera, e o que pudesse vir de um e de outro. Naquele instante, a eterna Verdade não valeria mais que ele, nem a eterna Bondade, nem as demais Virtudes eternas. Eu amava Capitu! Capitu amava-me! E as minhas pernas andavam, desandavam, estacavam, trêmulas e crentes de abarcar o mundo. Esse primeiro palpitar da seiva, essa revelação da consciência a si própria, nunca mais me esqueceu, nem achei que lhe fosse comparável qualquer outra sensação da mesma espécie. Naturalmente por ser minha. Naturalmente também por ser a primeira.

Machado de Assis. *Dom Casmurro*. São Paulo: Ática, 2005. p. 15-17, 25-28. (Série Bom livro).

Para saber mais

Na **Leitura 1**, você leu dois capítulos de *Dom Casmurro*, em que o narrador-personagem Bento Santiago explica por que resolveu escrever um livro. Os trechos que você acabou de ler mostram como Bentinho, na adolescência, descobriu que estava apaixonado por Capitu. Como você imagina que essa história vai continuar? Será que Bentinho e Capitu vão ficar juntos? O que pode acontecer no desenrolar da narrativa que leva Bento Santiago, na velhice, a querer atar as duas pontas da vida e tentar reviver a adolescência?

Capa do livro *Dom Casmurro*.

Estudo do texto

1. As hipóteses que você levantou antes da leitura do texto a respeito daquela tarde de novembro se confirmaram após ler esses trechos? Converse com os colegas a respeito.

2. A respeito das personagens que fazem parte dos trechos do romance apresentados nesta leitura, responda às questões a seguir.

   a) Quem são elas? Que tipo de relação há entre elas?

   b) O que é possível afirmar sobre cada uma delas com base nesses capítulos?

3. Releia o início do capítulo III.

> Ia entrar na sala de visitas, quando ouvi proferir o meu nome e escondi-me atrás da porta. A casa era a da Rua de Matacavalos, o mês novembro, o ano é que é um tanto remoto, mas eu não hei de trocar as datas à minha vida só para agradar às pessoas que não amam histórias velhas; o ano era de 1857.

   a) Copie em seu caderno a alternativa que apresenta o que se pode afirmar em relação ao tempo e ao espaço desse trecho em comparação com os capítulos apresentados na **Leitura 1**.

   A O tempo é cronológico e o espaço é limitado, uma vez que o narrador, nesse trecho, iniciou os relatos de sua história em ordem linear e narra somente aquilo que ocorreu em sua casa na Rua de Matacavalos, número 1857.

   B O tempo e o espaço são outros, uma vez que o narrador, nesse trecho, começou a contar a história de sua vida, retornando à tarde de novembro de 1857, em sua casa na Rua de Matacavalos.

   C O tempo é outro, pois o narrador, nesse trecho, começou a contar sua história, retornando ao ano de 1857, e o espaço é a sua casa no Engenho Novo, que reproduzia a antiga casa onde cresceu.

   b) Um recurso muito utilizado nas obras de Machado de Assis é o *flashback* ou **analepse**, que consiste em revelar recordações ou eventos anteriores ao tempo presente da história. Sabendo disso, explique o uso desse recurso no romance *Dom Casmurro*.

4. No capítulo III, José Dias alerta D. Glória de que pode haver uma dificuldade caso ela ainda pretenda colocar Bentinho no seminário.

   a) Que dificuldade é essa?
   b) D. Glória concorda com a opinião de José Dias?
   c) De acordo com José Dias, que vantagens há em Bentinho se tornar padre?
   d) É possível identificar quais críticas são feitas à sociedade da época por meio desse episódio?

5. Qual a relação entre o título do capítulo III e os fatos narrados nele?

6. Qual foi a reação de Bentinho após ouvir a "denúncia" de José Dias e a conversa sobre sua ida ao seminário? O que isso revela sobre ele?

7. No capítulo XI, qual é a explicação dada para o fato de D. Glória insistir que Bentinho fosse para o seminário e se tornasse padre?

   • O que mudou após D. Glória se tornar viúva?

8. Releia o seguinte trecho do capítulo XII.

> Tijolos que pisei e repisei naquela tarde, colunas amareladas que me passastes à direita ou à esquerda, segundo eu ia ou vinha, em vós me ficou a melhor parte da crise, a sensação de um gozo novo, que me envolvia em mim mesmo, e logo me dispersava, e me trazia arrepios, e me derramava não sei que bálsamo interior. Às vezes dava por mim, sorrindo, um ar de riso de satisfação, que desmentia a abominação do meu pecado. E as vozes repetiam-se confusas:
> "Em segredinhos..."
> "Sempre juntos..."
> "Se eles pegam de namoro..."

   a) Copie em seu caderno a alternativa correta a respeito dos sentimentos que Bentinho apresenta nesse trecho.

   A O trecho indica a confusão de sentimentos de Bentinho, que estava atordoado e, ao mesmo tempo, sentia satisfação.

   B O trecho mostra que Bentinho sempre teve certeza de seus sentimentos por Capitu.

   C O trecho indica a tristeza e frustração de Bentinho por José Dias ter descoberto seus sentimentos por Capitu.

   b) As aspas foram utilizadas, nesse trecho, para reproduzir as falas de José Dias que se repetiam nos pensamentos de Bentinho. De que outra maneira as falas das personagens são reproduzidas nos trechos desse romance?

   c) Qual a possível explicação para que as falas das personagens sejam indicadas de maneiras diferentes nos trechos lidos desse romance?

9. A respeito de Capitu, responda às questões a seguir.

a) Por que José Dias a julga "desmiolada"?

b) O que é possível concluir a respeito da personalidade dela com base no que o narrador relata no capítulo XII? Justifique sua resposta com trechos do texto.

10. Ao final do capítulo XII, é revelado o motivo de o narrador nunca ter esquecido aquela tarde de novembro de 1857. Que motivo é esse?

11. Releia mais um trecho do romance.

> José Dias desculpava-se: "Se soubesse, não teria falado, mas falei pela veneração, pela estima, pelo afeto, para cumprir um dever amargo, um dever **amaríssimo**..."

a) Qual é o significado da palavra em destaque?

b) Que efeito de sentido o emprego desse adjetivo no superlativo confere ao texto?

12. Leia, a seguir, um trecho do capítulo IV do romance *Dom Casmurro*, intitulado "Um dever amaríssimo!".

> José Dias amava os superlativos. Era um modo de dar feição monumental às ideias; não as havendo, servir a prolongar as frases. [...]
>
> Machado de Assis. *Dom Casmurro*. São Paulo: Ática, 2005. p. 17. (Série Bom livro).

a) O que o narrador quis dizer ao afirmar "não as havendo, servir a prolongar as frases"?

b) De acordo com esse trecho, é possível identificar a opinião de Bentinho em relação a José Dias? Justifique sua resposta.

c) De que forma é possível identificar a ironia do narrador no trecho acima?

13. No trecho a seguir, Bentinho e Capitu conversam sobre seus sonhos.

> Em todos esses sonhos andávamos unidinhos. Os que eu tinha com ela não eram assim, apenas reproduziam a nossa familiaridade, e muita vez não passavam da simples repetição do dia, alguma frase, algum gesto. Também eu os contava. Capitu um dia notou a diferença, dizendo que os dela eram mais bonitos que os meus; eu, depois de certa hesitação, disse-lhe que eram como a pessoa que sonhava... **Fez-se cor de pitanga**.

a) Qual é o sentido da expressão em destaque?

b) Por que o narrador preferiu utilizar essa expressão em vez de "ficou corada" ou "ficou vermelha"?

c) Por que Capitu teve essa reação durante a conversa?

14. Releia dois trechos do capítulo XII.

> **I** Com que então eu amava Capitu, e Capitu a mim?

> **II** Eu amava Capitu! Capitu amava-me!

a) O que os sinais de pontuação utilizados nos trechos **I** e **II** revelam em relação ao que Bentinho sentia?

b) Por que, apesar de os trechos tratarem de momentos diferentes da reflexão de Bentinho, o verbo **amar** é empregado no mesmo tempo verbal?

15. O escritor Fernando Sabino recriou o romance *Dom Casmurro* no livro *Amor de Capitu*. Leia um trecho a seguir.

Tão logo viu José Dias desaparecer no corredor, Bento deixou o esconderijo e correu até a varanda do fundo. Não quis saber das lágrimas da mãe, por conta da promessa que ela fizera dezesseis anos antes, quando ele fora concebido. Tendo nascido morto o seu primeiro filho, ela se agarrou com Deus para que o segundo vivesse, prometendo fazê-lo padre, se fosse menino. Talvez no fundo esperasse que fosse uma menina. Não disse nada ao marido, contando fazê-lo somente quando o filho entrasse para a escola, mas enviuvou antes disso. Por não ser muito devota e temente a Deus, confiou então a promessa a parentes e familiares, como testemunhas da obrigação. Esperava unicamente separar-se do filho o mais tarde possível, e para isso fez com que ele, além das primeiras letras fosse aprendendo em casa um pouco de latim e de doutrina com o Padre Cabral, velho amigo de seu tio Cosme, que à noite costumava ir lá jogar gamão.

[...]

Como ultimamente não se falava mais no seminário, ele supunha ser negócio encerrado. Quinze anos, não havendo vocação... A mãe ficava muitas vezes a olhá-lo como uma alma perdida, ou pegava-lhe na mão, a pretexto de nada, para apertá-la muito.

Bento parou na varanda. Ia tonto, atordoado, as pernas bambas, o coração parecendo querer sair-lhe pela boca. Não se atrevia a descer à chácara e passar ao quintal vizinho. Começou a andar de um lado para outro, estacando para se amparar, e andava outra vez e estacava. Vozes confusas repetiam as palavras de José Dias:

"Sempre juntos..."

"Em segredinhos..."

"Se eles pegam de namoro..."

Às vezes ele se via sorrindo, ar de riso de satisfação, que desmentia a abominação do seu pecado. E as vozes se repetindo, confusas:

"Em segredinhos..."

"Sempre juntos..."

"Se eles pegam de namoro..."

Com que então ele amava Capitu, e Capitu o amava! Realmente, andavam sempre juntos, mas não lhe ocorria nada que fosse secreto entre os dois. Antes de ela ir para o colégio, eram só travessuras de criança; depois que saíra do colégio é verdade que não haviam restabelecido logo a antiga intimidade, mas esta voltou a pouco e no último ano fora completa.

[...]

Fernando Sabino. *Amor de Capitu*. São Paulo: Ática, 2003. p. 17-19.

a) Qual episódio de *Dom Casmurro* esse trecho recria?

b) O tipo de narrador que apresenta os fatos nesse trecho é o mesmo de *Dom Casmurro*? Explique.

c) Como é possível identificar o narrador em cada uma das obras?

16. Compare os trechos em que Bentinho observa a saída de José Dias da sala de visitas para, em seguida, dirigir-se à varanda.

> **I** Tão depressa vi desaparecer o agregado no corredor, deixei o esconderijo, e corri à varanda de fundo.

> **II** Tão logo viu José Dias desaparecer no corredor, Bento deixou o esconderijo e correu até a varanda do fundo.

a) De que forma o narrador se refere a José Dias em cada um dos trechos? Por que isso ocorre?

b) Nesses trechos é possível observar como o tipo de narrador influencia nos fatos narrados. A esse respeito, copie em seu caderno a alternativa correta.

> **A** Em ambos os romances o narrador sabe de todos os aspectos da história e das personagens, portanto narra fielmente tudo o que acontece e o que as personagens sentem.

> **B** O narrador em *Dom Casmurro*, por participar da história, não é neutro, pois narra os fatos de acordo com o seu ponto de vista. Já o narrador em *Amor de Capitu*, por relatar os fatos sobre o ponto de vista de quem está de fora da história, os narra com imparcialidade.

> **C** O narrador em *Dom Casmurro*, por participar da história e querer convencer o leitor de que seu relato é verdadeiro, inventa os fatos narrados. Já o narrador em *Amor de Capitu*, por conhecer o íntimo das personagens, narra os fatos de acordo com os sentimentos de Capitu.

17. Como você viu na **Leitura 1**, o romance *Dom Casmurro* foi publicado em 1899. Sobre essa época, leia as informações a seguir para responder às questões.

> A Revolução Industrial, ocorrida na metade do século XIX, resultou em profundas transformações sociopolíticas e intelectuais. Em 1889, foi proclamada a República no Brasil, após a decadência da Monarquia. A Lei Áurea, decretada no ano anterior, acabou com a escravidão, a mão de obra assalariada passou a ser exercida pelos imigrantes e o capitalismo começou a ganhar força. A Literatura foi marcada pela proposta de explicar questões do íntimo humano e dos fenômenos sociais por meio da ciência.

a) Como é possível perceber a influência desse momento histórico no romance *Dom Casmurro*?

b) Em sua opinião, ler um romance psicológico, como *Dom Casmurro*, ajuda a conhecer como era a sociedade da época em que foi escrito?

18. O que você achou dos trechos lidos do romance *Dom Casmurro*? Converse com os colegas a respeito.

19. Em relação à estrutura do texto, que semelhanças e diferenças existem entre os romances *A volta ao mundo em 80 dias* e *Dom Casmurro*?

Conexões textuais

Você vai ler um trecho de um cordel inspirado na obra Dom Casmurro. O cordel é um gênero que costuma narrar histórias em versos rimados, geralmente publicado em folhetos e destinado à leitura oral. Sabendo disso, por que será que esse romance foi tema de um cordel?

Dom Casmurro de Machado de Assis em literatura de cordel

Vou procurar uma rima
Para fazer os meus versos
Dentro da literatura
Sou um poeta confesso
Escrevo em cima da linha
Faço versos e não tropeço

Leitores é com muito prazer
E foi algo que sempre quis
Escrever em versos e rimas
A obra de Machado de Assis
Isto como um poeta
Me deixa muito feliz

Machado de Assis
Nasceu no Rio de Janeiro
No morro do livramento
Na literatura o primeiro
Fundou a Academia de Letras
Um poema verdadeiro

A estória de Dom Casmurro
É uma estória engraçada
Onde um poeta no trem
Seus versos pra ele citava
Bentinho não gostou muito
Mas por dentro admirava

Dom Casmurro foi o apelido
Que o poeta do trem botou
Os amigos de Bentinho
Ligeiro o batizou
Bentinho aceitou o mesmo
Com coragem e sem rancor
[...]

José Evangelista. *Dom Casmurro de Machado de Assis em literatura de cordel.* Ilustrações originais de Isac Vieira. Recife: s. ed., s. d. p. 1-2.

> **Para saber mais**
>
> José Evangelista Rodrigues Cavalcanti nasceu em Pesqueira, Pernambuco, em 1953, e vive em Recife desde 1966. Escreve desde os 22 anos e possui mais de 20 publicações. Seus textos apresentam temática diversificada, como dengue, política, futebol, além de tratar de personalidades, como Lampião, Cássia Eller, Chico Xavier, Michael Jackson, entre outras.
>
> Foto de José Evangelista.

1. Copie em seu caderno o quadro a seguir, preenchendo-o com o assunto de cada uma das estrofes do cordel.

	1ª estrofe	2ª estrofe	3ª estrofe	4ª estrofe	5ª estrofe
Assunto					

2. Quais características estruturais diferem esse cordel de um romance?

3. Releia a primeira estrofe do cordel observando as rimas.
   a) Quais versos apresentam palavras que rimam entre si?
   b) Essa regularidade se mantém no restante do cordel? De que forma esse recurso influencia na leitura do poema?

4. Releia um trecho do romance *Dom Casmurro*.

   > Agora que expliquei o título, passo a escrever o livro. Antes disso, porém, digamos os motivos que me põem a pena na mão.

   Que relação há entre esse trecho do romance e as duas primeiras estrofes do cordel?

5. Analise a segunda estrofe observando o modo como o eu lírico apresenta o cordel e responda às questões seguintes.
   a) A quem o eu lírico se dirige na segunda estrofe do cordel?
   b) Leia dois trechos do romance *Dom Casmurro*.

   > Não consultes dicionário. Casmurro não está aqui no sentido que eles lhe dão, mas no que lhe pôs o vulgo de homem calado e metido consigo. Dom veio por ironia, para atribuir-me fumos de fidalgo.

   > O meu fim evidente era atar as duas pontas da vida, e restaurar na velhice a adolescência. Pois, senhor, não consegui recompor o que foi nem o que fui. Em tudo, se o rosto é igual, a fisionomia é diferente.

   O que há de semelhança entre o eu lírico do cordel e o narrador da obra *Dom Casmurro*?
   c) Que efeito de sentido essa semelhança confere ao cordel?

266

6. Responda às questões a seguir acerca da terceira estrofe do cordel.

   a) Qual é o assunto dessa estrofe?

   b) Qual é a importância de se apresentar essas informações ao leitor?

7. Releia com atenção as duas últimas estrofes do cordel.

> A estória de Dom Casmurro
> É uma estória engraçada
> Onde um poeta no trem
> Seus versos pra ele citava
> Bentinho não gostou muito
> Mas por dentro admirava
>
> Dom Casmurro foi o apelido
> Que o poeta do trem botou
> Os amigos de Bentinho
> Ligeiro o batizou
> Bentinho aceitou o mesmo
> Com coragem e sem rancor

   a) Copie a alternativa que apresenta o nome do capítulo do romance *Dom Casmurro* com o qual essas estrofes se relacionam.

   A "Do título"   **B** "Do livro"   **C** "A denúncia"   **D** "A promessa"

   b) Compare esse capítulo com as duas últimas estrofes do cordel. Depois, analise as características abaixo e, em seu caderno, relacione-as com o romance ou com o cordel.

   A Apresenta os fatos em primeira pessoa.

   B Apresenta os fatos em terceira pessoa.

   C Possui rimas e impressões pessoais de quem apresenta o fato.

   D Cita mais detalhes de como o fato ocorreu.

   E Não apresenta o nome do narrador-personagem.

   F Conta o fato de modo conciso e de maneira poética.

   c) Qual das obras, o romance ou o cordel, apresenta um registro mais informal da língua? Por que isso acontece?

8. Quais foram suas impressões sobre esse cordel? Comente com os colegas se gostou ou não, se achou criativo, interessante, divertido, etc.

9. Em sua opinião, por que o romance *Dom Casmurro* serviu de inspiração para a criação desse cordel?

▶ **Aprenda mais**

Como você viu, *Dom Casmurro* é um clássico da literatura brasileira que já ganhou diversas releituras e adaptações. O livro *Dom Casmurro*, de Rodrigo Rosa e Ivan Jaf, narra as memórias de Bentinho em quadrinhos, com imagens que emocionam o leitor.

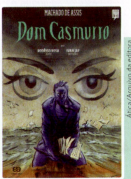

Rodrigo Rosa e Ivan Jaf. *Dom Casmurro*. São Paulo: Ática, 2011. (Coleção Clássicos brasileiros em HQ).

Linguagem em foco

A variação histórica

Você já parou para pensar se a maneira como falamos e escrevemos hoje é igual a que os brasileiros falavam e escreviam décadas atrás? Com o passar do tempo, tudo se modifica e não poderia ser diferente com a língua. Nesta seção, vamos estudar como é importante conhecer essas modificações para compreender melhor a nossa língua.

1. Durante a leitura dos trechos da obra *Dom Casmurro*, você teve alguma dificuldade para entender o texto? Comente com seus colegas.

2. Releia um trecho do romance *Dom Casmurro* e observe as palavras destacadas.

Com que então eu amava Capitu, e Capitu a mim? Realmente, andava **cosido** às saias dela, mas não me ocorria nada entre nós que fosse deveras secreto. Antes dela ir para o colégio, eram tudo travessuras de criança; depois que saiu do colégio, é certo que não restabelecemos logo a antiga intimidade, mas esta voltou pouco a pouco, e no último ano era completa. Entretanto, a matéria das nossas conversações era a de sempre. Capitu chamava-me às vezes bonito, **mocetão**, uma flor; outras pegava-me nas mãos para contar-me os dedos.

Você conseguiu compreender o sentido que cada uma das palavras em destaque tem nesse trecho? Comente com a turma.

3. Veja os sentidos que elas podem expressar, segundo os verbetes de dois dicionários.

> **cosido** (co.si.do) adj. **1.** Costurado: *camisa costurada*. **2.** Bem junto a: *Atravessou a sala cosido à parede*. [...]

Academia Brasileira de Letras. *Dicionário escolar da língua portuguesa*. 2 ed. São Paulo: Companhia Editora Nacional, 2008. p. 371.

> **mocetão** <mo.ce.tão> (pl. *mocetões*) s.m. *informal* Pessoa jovem, vistosa e de boa aparência. [...]

Vários colaboradores. *Dicionário didático*. 3 ed. São Paulo: Edições SM, 2009. p. 542.

a) Com qual dos sentidos apresentados no dicionário a palavra **cosido** foi utilizada no trecho de *Dom Casmurro*?

b) Você imaginava que **mocetão** tinha o mesmo sentido que o apresentado no verbete de dicionário?

4. Se você fosse reescrever o trecho lido de *Dom Casmurro* com uma linguagem mais atual, que alterações você faria no texto? Você manteria as palavras **cosido** e **mocetão** em seu texto? Por quê?

5. Releia outro trecho do romance e observe a frase destacada.

> Quanto às amigas, algumas datam de quinze anos, outras de menos, e quase todas creem na mocidade. Duas ou três fariam crer nela aos outros, **mas a língua que falam obriga muita vez a consultar os dicionários, e tal frequência é cansativa**.

a) O que o narrador reitera ao afirmar que muitas vezes a língua que as amigas falam o obriga a consultar os dicionários?

b) O que podemos concluir a respeito da relação entre o tempo e a língua?

6. Abaixo temos expressões retiradas dos trechos do romance *Dom Casmurro*, e seus significados mais usuais nos dias de hoje. De acordo com o contexto e com a ajuda de um dicionário, relacione em seu caderno as duas colunas.

I	"[...] que me põem a **pena na mão**."	A	verão
II	"alma **cândida**..."	B	escrever
III	"[...] uma cigarra que ensaiava o **estio** [...]"	C	pura

Como você viu, com o passar do tempo, a língua sofre mudanças, isso significa que ela está em constante processo de transformação. Por isso, o modo como falamos hoje poderá não ser tão bem compreendido no futuro; da mesma forma às vezes precisamos recorrer ao dicionário para entender o significado de determinadas palavras utilizadas no passado.

> Toda língua muda com o tempo e a essas modificações damos o nome de **variação histórica**.

Para saber mais

Não só o vocabulário sofre mudanças conforme o tempo, mas o modo como as frases são construídas também. Algumas regências, por exemplo, têm sofrido alterações que ainda não são aceitas pela norma-padrão, embora já estejam incorporadas pelos falantes de língua portuguesa. Vejamos alguns casos.

Norma-padrão	Novos usos de regência
Prefiro doce **a** salgado.	Prefiro doce **do que** salgado.
Assisti **ao** filme.	Assisti **o** filme.
Vou **ao** mercado.	Vou **no** mercado.
Ana namora Pedro.	Ana namora **com** Pedro.

É importante compreender que a nossa língua é variável, pois a partir de seus usos vai revelando novos empregos para uma mesma palavra. Mas, para nos adaptarmos a diferentes situações, é necessário sabermos quando empregar as normas urbanas de prestígio e o momento em que podemos utilizar um registro mais informal.

Estudo da língua

Revisão II: Concordância verbal e nominal, regência verbal e nominal e colocação pronominal

Vamos retomar agora mais alguns conteúdos estudados.

Concordância verbal e nominal

1. Leia a tirinha a seguir e responda às questões.

Bill Watterson. *Calvin e Haroldo*: deu "tilt" no progresso científico. Tradução de André Conti. São Paulo: Conrad, 2009. p. 22.

a) O que é possível perceber quanto aos sentimentos de Haroldo no segundo e no quarto quadrinhos? Explique por que isso ocorre.

b) Pela fala de Calvin no último quadrinho, podemos dizer que Haroldo não é um tigre como os demais? Explique.

2. Releia esta fala de Calvin e responda às questões a seguir.

> Arrá! Tô vendo você! Todo sorrateiro pra me dar o bote, né?

a) Qual é a flexão de gênero e número do substantivo **bote**?

b) E qual é a flexão do artigo que o acompanha? Por que foi feita essa flexão?

3. Agora releia esta fala e responda às questões.

> É por isso que a maioria dos tigres não fica dando risadinhas por aí.

a) Por que a locução verbal "fica dando" está flexionada no singular?

b) Reescreva essa fala, fazendo a concordância verbal com o termo **tigres**.

4. Copie o texto a seguir no caderno, completando-o com os termos adequados.

> A relação de concordância de número e pessoa entre o verbo e o seu sujeito recebe o nome de ■ e entre o substantivo e as palavras que o acompanham, ■.

270

Regência verbal

1. Leia os títulos de textos jornalísticos abaixo. Em seguida responda às questões.

92% dos estudantes universitários preferem livros impressos a e-books

Galileu, 17 fev. 2016. Disponível em: <https://revistagalileu.globo.com/Cultura/noticia/2016/02/92-dos-estudantes-universitarios-preferem-livros-impressos-e-books.html>. Acesso em: 9 nov. 2018.

[III]

"Batman Vs. Superman": 30% do público que assistiu ao filme irá novamente aos cinemas

CinePOP, 2 abr. 2016. Disponível em: <https://cinepop.com.br/batman-vs-superman-30-do-publico-que-assistiu-ao-filme-ira-novamente-aos-cinemas-116014>. Acesso em: 9 nov. 2018.

Por que nos esquecemos das coisas em questão de segundos?

Galileu, 11 mar. 2016. Disponível em: <https://revistagalileu.globo.com/Ciencia/noticia/2016/03/por-que-nos-esquecemos-das-coisas-em-questao-de-segundos.html>. Acesso em: 9 nov. 2018.

[IV]

Como chegamos ao ajuste fiscal?

Terraço Econômico, 14 abr. 2015. Disponível em: <http://terracoeconomico.com.br/como-chegamos-ao-ajuste-fiscal>. Acesso em: 9 nov. 2018.

a) Indique a transitividade de cada forma verbal presente nesses títulos.

b) Aponte quais são os termos regidos por esses verbos.

2. Releia este trecho do romance *Dom Casmurro* e responda às questões.

> A casa era a da Rua de Matacavalos, o mês novembro, o ano é que é um tanto remoto, mas eu não hei de trocar as datas à minha vida só para **agradar** às pessoas que não amam histórias velhas; o ano era de 1857.

a) Qual é a transitividade da forma verbal em destaque?
b) Que função sintática o termo **às pessoas** exerce?
c) Explique a ocorrência da crase nessa oração.

3. Escreva no caderno os termos que completam as informações a seguir com base no que você estudou sobre regência verbal e crase.

> A relação do verbo com seu(s) complemento(s) ou adjunto(s) adverbial(is) recebe o nome de ▪. Nessa relação há um termo ▪ e um termo ▪.
>
> ▪ é um fenômeno que consiste na junção entre ▪ **a** e ▪ **a(s)** ou ▪ demonstrativos **aquele(s)**, **aquela(s)**, **aquilo**.

271

Regência nominal

1. Leia o trecho de notícia a seguir e responda às questões.

Aplicativo reúne em mapa locais ligados à obra de Machado de Assis

Bentinho e Capitu, personagens do romance *Dom Casmurro* (1899), foram moradores da rua Riachuelo, na Lapa. Já em *Memórias Póstumas de Brás Cubas* (1881), o narrador reencontra uma antiga paixão ao caminhar pela rua do Ouvidor, no centro da cidade [do Rio de Janeiro].

As referências à cidade que pontuam a ficção de Machado de Assis (1839--1908) motivaram o projeto "Rio de Machado", que lista 81 endereços citados nos livros do autor, além de 20 locais associados à rotina do escritor.

Idealizadoras do projeto, a curadora Daniela Name e a consultora digital Gabriela Dias reuniram, em um aplicativo, um mapa no qual cada local aparece contextualizado em relação à vida e à obra do escritor.

[...]

Fabio Brisolla. Aplicativo reúne em mapa locais ligados à obra de Machado de Assis. *Folha de S.Paulo*, São Paulo, 22 set. 2014, Ilustrada. Disponível em: <www1.folha.uol.com.br/ilustrada/2014/09/1519632-aplicativo-reune-em-mapa-locais-ligados-a-obra-de-machado-de-assis.shtml>. Acesso em: 9 nov. 2018. ©Folhapress.

a) Que importância tem a criação de uma ferramenta como essa para a cultura e a obra literária de Machado de Assis?

b) Indique a classe gramatical das palavras sublinhadas nesse texto. Em seguida, aponte os termos que são regidos por essas palavras.

c) Explique por que foi empregado o acento grave nesses termos.

2. Copie em seu caderno as informações a seguir, completando-as com os termos adequados de acordo com o que você estudou.

> Regência ▇ é a relação de ▇ entre um nome e seu ▇.

Colocação pronominal

1. Leia a tirinha abaixo e responda às questões a seguir.

Fernando Gonsales. *Níquel Náusea*: botando os bofes para fora. São Paulo: Devir, 2002. p. 18.

a) Por que o cão achou bom um saco de Papai Noel acompanhar a fantasia?

b) Que nome recebe o caso de colocação pronominal em "Me colocaram uma roupinha de Papai Noel!": próclise, mesóclise ou ênclise?

c) Embora esse uso não corresponda ao emprego da norma-padrão, por que nesse contexto essa colocação está adequada?

d) Que função sintática possui o pronome pessoal oblíquo **me** nesse contexto?

2. Leia um trecho do romance *O primo Basílio*, de Eça de Queirós, que apresenta as reações de uma das protagonistas, Luísa, ao receber uma carta de Basílio, seu primo. Em seguida, responda às questões.

> [...] Luísa tinha suspirado, tinha beijado o papel devotamente! Era a primeira vez que lhe escreviam aquelas sentimentalidades, e o seu orgulho dilatava-se ao calor amoroso que saía dela, como um corpo ressequido que se estira num banho tépido: sentia um acréscimo de estima por si mesma, e parecia-lhe que entrava enfim numa existência superiormente interessante, onde cada hora tinha o seu encanto diferente, cada passo conduzia a um êxtase, e a alma se cobria de um luxo radioso de sensações!
>
> [...]
>
> Eça de Queirós. *O primo Basílio*. São Paulo: FTD, 1994. p. 171. (Coleção Grandes leituras).

a) O que é possível supor quanto ao conteúdo da carta? Justifique.

b) Que interpretação é possível ser feita do período "parecia-lhe que entrava enfim numa existência superiormente interessante"?

c) Indique os casos de colocação pronominal elencados a seguir e justifique-os de acordo com a norma-padrão da língua que você estudou.

A lhe escreviam

B dilatava-se

C se estira

D parecia-lhe

> **DICA!**
> Para justificar os casos de colocação pronominal, analise-os no contexto em que estão inseridos. Se necessário, releia as explicações sobre esse conteúdo nas páginas **234** e **235**.

d) Eça de Queirós é um autor português do século XIX. De acordo com essa informação e a análise das colocações pronominais, o que é possível concluir sobre o registro empregado?

3. Em seu caderno, complete as informações a seguir sobre colocação pronominal com os termos adequados.

> Os pronomes pessoais oblíquos podem ocupar três posições em relação ao verbo em uma oração:
>
> ■: antes do verbo; mesóclise: ■ do verbo e ■: após o verbo.

Atividades

1. Leia o trecho de uma notícia e responda às questões.

https://www.terra.com.br/noticias/brasil-e-mais-quatro-...

Brasil e mais quatro países abrigam 70% de natureza intocada

Estudo aponta que ainda há áreas livres dos impactos humanos em apenas um quarto da Terra, grande parte delas concentradas em cinco países

Mais de 70% das últimas áreas de natureza selvagem intocadas do planeta estão localizadas em apenas cinco países, entre eles o Brasil, afirmaram cientistas nesta quarta-feira (31/10), chamando atenção para a insuficiente resposta de algumas dessas nações às mudanças climáticas.

[...]

O novo estudo foi divulgado na mesma semana em que o WWF alertou que as populações de animais do planeta diminuíram 60% desde 1970, devido sobretudo à ação humana. Watson e seus colegas da Universidade de Queensland e da WCS afirmam que as áreas de natureza selvagem da Terra estão passando pela "mesma crise de extinção que as espécies".

Brasil e mais quatro países abrigam 70% de natureza intocada. *Terra*, 1º nov. 2018. Notícias. Disponível em: <https://www.terra.com.br/noticias/brasil-e-mais-quatro-paises-abrigam-70-do-que-resta-de-natureza-intocada,0685b fbcded654a2b078f02b632df9ef1azu16um.html>. Acesso em: 9 nov. 2018.

a) Segundo a WWF, qual é a maior causa para a extinção dos animais?

b) O que pode ser feito para preservar as áreas de natureza selvagem da Terra a fim de que não entrem em extinção como os animais?

c) A que classe gramatical a palavra **natureza**, empregada no título, pertence?

d) Em que gênero e número ela está flexionada?

e) Qual palavra a acompanha nesse título? A que classe gramatical ela pertence?

f) Em que gênero e número ela está flexionada?

g) Qual é o sujeito da oração que compõe o título dessa notícia?

h) Como esse sujeito é classificado? Explique.

i) A forma verbal empregada nesse título está no singular ou plural? Justifique esse emprego.

j) Se o sujeito dessa oração fosse posposto ao verbo, de quais maneiras ela poderia ser reescrita?

2. Releia este trecho da notícia.

> O novo estudo foi divulgado na mesma semana em que o WWF alertou que as populações de animais do planeta diminuíram 60% desde 1970, devido sobretudo à ação humana.

a) O termo **mesma** acompanha qual substantivo nesse trecho?

b) Se a palavra **semana** fosse substituída por **ano**, como ficaria esse trecho?

c) Explique por que, nesse trecho, a palavra **mesma** concorda com o termo que acompanha.

274

3. Leia, a seguir, um trecho do romance *Memórias póstumas de Brás Cubas*, também escrito por Machado de Assis.

> Que Stendhal confessasse haver escrito um de seus livros para cem leitores, coisa é que admira e consterna. O que não admira, nem provavelmente consternará é se este outro livro não tiver os cem leitores de Stendhal, nem cinquenta, nem vinte, e quando muito, dez. Dez? Talvez cinco. **Trata-se, na verdade, de uma obra difusa, na qual eu, Brás Cubas, se adotei a forma livre de um Sterne ou de um Xavier de Maistre, não sei se lhe meti algumas rabugens de pessimismo. Pode ser. Obra de finado. Escrevi-a com a pena da galhofa e a tinta da melancolia, e não é difícil antever o que poderá sair desse conúbio.** Acresce que a gente grave achará no livro umas aparências de puro romance, ao passo que a gente frívola não achará nele o seu romance usual: ei-lo aí fica privado da estima dos graves e do amor dos frívolos, que são as duas colunas máximas da opinião.
>
> [...]
>
> Machado de Assis. Ao leitor. Em: *Memórias póstumas de Brás Cubas.* 5. ed. São Paulo: FTD, 1998. p. 17. (Coleção Grandes leituras).

a) Que semelhança há entre esse trecho e os capítulos lidos de *Dom Casmurro* em relação ao foco narrativo?

b) O que o narrador pensa a respeito da recepção do seu romance pelo público? Justifique com um trecho do texto.

4. Identifique três pronomes átonos no trecho em destaque e classifique o caso de colocação pronominal de cada um deles em: próclise, mesóclise ou ênclise.

- Justifique o uso de cada um desses casos de acordo com as regras que você estudou.

5. Leia o trecho de notícia a seguir.

> ### Geladeiras viram bibliotecas itinerantes para compartilhar leitura e livros em Macapá
>
> [...]
>
> "A biblioteca itinerante ficará aos cuidados da associação de moradores do São José, que vai cuidar, promover atividades e zelar por ela. A ideia surgiu como forma de também **fazer** um bem ao meio ambiente, retirando do lixo esse eletrodoméstico não mais em uso e transformando-o em ponto de leitura **acessível** a quem tiver interesse", explicou a gestora [...]
>
> Rita Torrinha. Geladeiras viram bibliotecas itinerantes para compartilhar leitura e livros em Macapá. *G1*, 30 maio 2018. Disponível em: <https://g1.globo.com/ap/amapa/noticia/geladeiras-viram-bibliotecas-itinerantes-para-compartilhar-leitura-e-livros-em-macapa.ghtml>. Acesso em: 10 nov. 2018.

a) Analise as palavras **fazer** e **acessível** empregadas no texto. A que classe gramatical cada uma delas pertence?

b) Que termos essas palavras regem? Se esses termos fossem suprimidos, seria possível compreender o sentido ou assunto delas?

Escrita em foco

Onde / aonde

Nesta seção você estudará como as palavras **onde** e **aonde** devem ser empregadas de acordo com a norma-padrão.

1. Leia a tirinha abaixo e responda às questões a seguir.

Custódio. Beto Boleiro. *Tiras didáticas*, 31 mar. 2015. Disponível em: <https://tirasdidaticas.files.wordpress.com/2014/12/betobol04_onde1.jpg>. Acesso em: 7 nov. 2018.

a) O que é possível perceber quanto ao gosto da personagem Beto por futebol? Justifique sua resposta.

b) Copie no caderno a ideia sobre a qual o humor da tirinha se constrói.

  A exagero   **B** amizade   **C** sucesso

2. Analise estes dois trechos da tirinha.

  I **Onde** ele está?   **II** Vai **aonde** for preciso!

a) Em qual dos trechos há um verbo que indica movimento e, de acordo com sua regência, exige a preposição **a**? Aponte-o.

b) Qual deles possui uma forma verbal com sentido estático? Aponte-a.

c) Qual das palavras em destaque equivale a "para onde"?

d) Qual delas poderia ser substituída por "em que lugar", sem alteração de sentido?

De acordo com a análise que você fez, é possível perceber que há algumas situações para o emprego das palavras **onde** e **aonde**.

Onde pode ser pronome interrogativo, empregado com verbos estáticos (estar, ficar, localizar, etc.); ou pronome relativo, equivalente a **em que**, **no qual**, **na qual**, **nos quais**, **nas quais**.

Aonde é um advérbio de lugar, que expressa uma ideia de destino, utilizado sempre com verbos de movimento que exigem preposição **a** (ir, vir, voltar, etc.).

Veja alguns exemplos.

- **Onde** está o livro que ganhei?
- A casa **onde** nasci foi restaurada.
- **Aonde** você levou o cachorro?
- Quero ir **aonde** meus pais foram.

276

Atividades

1. Leia este poema e responda às questões a seguir.

> Vou-me embora vou-me embora
> Vou-me embora pra Belém
> Vou colher cravos e rosas
> Volto a semana que vem
>
> Vou-me embora paz da terra
> Paz da terra repartida
> Uns têm terra muita terra
> Outros nem pra uma dormida
>
> Não tenho onde cair morto
> Fiz gorar a inteligência
> Vou reentrar no meu povo
> Reprincipiar minha ciência
>
> Vou-me embora vou-me embora
> Volto a semana que vem
> Quando eu voltar minha terra
> Será dela ou de ninguém.
>
> Mario de Andrade. Em: Vera Aguiar (Coord.), Simone Assumpção e Sissa Jocoby. *Poesia fora da estante*. Ilustrações de Laura Castilhos. Porto Alegre: Projeto; CPL/PUCRS, 1995. p. 17.

a) Qual é a crítica presente nesse poema? Em que estrofe isso fica mais evidente?

b) Releia este verso do poema.

> Não tenho onde cair morto

- O que o eu lírico revela quanto à sua condição social nesse verso?
- O emprego da palavra **onde** está de acordo com a norma-padrão? Justifique sua resposta considerando a regência do verbo **cair**.

c) Em sua opinião, o eu lírico tem esperança de que mude a situação que está vivendo? Justifique sua resposta.

2. Leia os títulos de notícia a seguir e explique se o emprego de **onde** e **aonde** está de acordo ou em desacordo com as regras que você estudou.

I

Aplicativo leva médico aonde o paciente estiver

Diário do Grande ABC, 10 mar. 2016. Disponível em: <https://www.dgabc.com.br/Noticia/1872792/aplicativo-leva-medico-onde-o-paciente-estiver>. Acesso em: 7 nov. 2018.

II

Cidade onde Shakespeare nasceu recebe 800 mil turistas por ano

Folha de S.Paulo, 21 abr. 2016. Disponível em: <https://www1.folha.uol.com.br/turismo/2016/04/1763094-cidade-onde-shakespeare-nasceu-recebe-800-mil-turistas-por-ano.shtml>. Acesso em: 7 nov. 2018.

III

Star Trek: Lower Decks - audaciosamente rindo aonde ninguém jamais esteve

Meio Bit, 26 out. 2018. Disponível em: <https://meiobit.com/392226/star-trek-lower-decks-humor-mike-mcmahan/>. Acesso em: 16 nov. 2018.

IV

Brincadeira, atividade e esporte: veja onde levar as crianças nestas férias

G1, 19 jan. 2016. Disponível em: <http://g1.globo.com/pr/parana/ferias-verao/2016/noticia/2016/01/brincadeira-atividade-e-esporte-veja-onde-levar-criancas-nestas-ferias.html>. Acesso em: 7 nov. 2018.

Produção de texto

Resenha crítica

Nesta unidade, você leu trechos de romances. No capítulo **7**, foi apresentado o romance de aventura *A volta ao mundo em 80 dias*, de Júlio Verne, enquanto, no capítulo **8**, você leu trechos do romance psicológico *Dom Casmurro*, de Machado de Assis.

Agora, chegou o momento de elaborar uma resenha crítica sobre um romance que você tenha lido e gostado para apresentar oralmente aos colegas da turma. Se necessário, volte ao capítulo **1** e verifique as principais características de uma resenha crítica. Para realizar esta produção, veja as orientações a seguir.

Para começar

Primeiramente, você deve escolher sobre qual livro vai fazer a resenha. Pode ser um romance que já tenha lido e gostado ou você pode escolher um novo livro para conhecer e compartilhar com os colegas. Veja as opções abaixo de romances de aventura e psicológicos.

Romance de aventura

Se você prefere histórias cheias de emoção, perigo, suspense e imprevistos, escolha um romance de aventura para indicar aos colegas. Os livros a seguir são boas sugestões.

- *Robinson Crusoé*, de Daniel Defoe;
- *Moby Dick*, de Herman Melville;
- *Viagem ao centro da Terra*, de Júlio Verne;
- *A ilha do tesouro*, de Robert Louis Stevenson.

Capa do livro *Viagem ao centro da Terra*, de Júlio Verne.

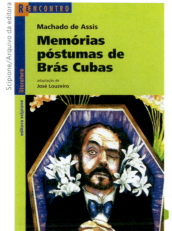

Romance psicológico

Se você gostou de *Dom Casmurro* e prefere narrativas com análises psicológicas das personagens por meio de suas memórias e seus comportamentos, escolha um romance psicológico. Veja algumas sugestões.

- *São Bernardo*, de Graciliano Ramos;
- *Perto do coração selvagem*, de Clarice Lispector;
- *Memórias póstumas de Brás Cubas*, de Machado de Assis.

Capa do livro *Memórias póstumas de Brás Cubas*, de Machado de Assis.

Prepare a apresentação

Se necessário, (re)leia o livro que vai resenhar para se lembrar dos detalhes e faça anotações. Para organizar melhor sua apresentação, veja as orientações a seguir.

1 Escreva um resumo da história narrada no romance. Se necessário, liste as personagens e a ordem dos acontecimentos. Mas fique atento para não contar o final!

"*Dom Casmurro* narra a história de Bentinho e Capitu..."

2 Anote as informações técnicas do livro, como título, nome do autor, editora e ano de lançamento. Além disso, se houver alguma curiosidade sobre o romance, o autor, o contexto histórico (o que estava acontecendo na época em que foi escrito), etc., você também pode pesquisar para expor aos colegas.

"*Dom Casmurro* foi lançado pela primeira vez em 1899. Essa edição é de 2005..."

3 Liste os pontos positivos e os negativos do romance e elabore argumentos para convencer os colegas a respeito da sua opinião.

4 Lembre-se de empregar um tom de voz adequado e falar pausadamente, para que todos compreendam o que você diz.

"Um aspecto interessante no livro é o modo como Bentinho narra os fatos..."

5 Você pode utilizar um registro mais informal, com gírias, já que o público-alvo são seus colegas da turma.

"Bentinho era todo encanado, morria de ciúmes de Capitu..."

6 Depois de preparar a apresentação, ensaie algumas vezes a fim de perceber se é necessário acrescentar ou diminuir a quantidade de informações que selecionou e se está se expressando de maneira clara e objetiva.

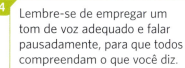

Ilustrações: Dnepwu

▶ Aprenda mais

Você já ouviu falar nos *booktubers*? São pessoas que comentam suas leituras em vídeos compartilhados na internet. Atualmente há vários *booktubers* com canais destinados a esse tipo de conteúdo. O canal *Ler antes de morrer*, da Isabella Lubrano, é um deles. Você pode acessá-lo no *link* <http://linkte.me/rj73r> (acesso em: 12 nov. 2018). A professora de inglês Tatiana Feltrin também tem um canal de resenhas literárias, que você pode conferir no endereço <http://linkte.me/gz57f> (acesso em: 12 nov. 2018). O canal *Cabine literária*, cujo foco é ficção, é formado por quatro amigos e pode ser conferido no endereço <http://linkte.me/k7k99> (acesso em: 12 nov. 2018).

Apresente-se

Após ler ou reler o romance, preparar e ensaiar a apresentação, chegou o momento de você e seus colegas exporem suas resenhas. Definam a ordem de apresentação de cada aluno. No dia marcado, você pode levar anotações que sirvam de apoio, como as informações técnicas do livro ou alguma curiosidade. Ao final de cada apresentação, façam perguntas uns aos outros, a fim de conhecer melhor o romance resenhado pelo colega. Se preferirem, as apresentações também podem ser filmadas e postadas no *blog* da turma, acompanhadas da resenha escrita que serviu de base para a apresentação de vocês.

Avalie a apresentação

Depois de todos apresentarem suas resenhas, é o momento de avaliar o trabalho. Os itens a seguir podem auxiliá-lo nessa atividade.

- ✓ Fiz um resumo do romance escolhido sem contar o final?
- ✓ Citei as informações técnicas do livro, como título, autor, editora e ano de lançamento?
- ✓ Contei alguma curiosidade sobre o romance, o autor, o contexto histórico, etc.?
- ✓ Listei os pontos positivos e os negativos e elaborei argumentos para convencer os colegas a respeito da minha opinião?
- ✓ Empreguei um tom de voz adequado e falei pausadamente?
- ✓ Utilizei o registro da língua de acordo com o público-alvo?

Verifique seu desempenho

Chegou o momento de verificar como foi o seu desempenho. Para isso, copie o quadro abaixo em seu caderno e responda às questões.

	👍	👊	👎
A Consegui me expressar bem oralmente e produzir uma boa resenha?			
B Ouvi a apresentação dos meus colegas com atenção e colaborei com perguntas?			
C Senti vontade de ler algum livro apresentado pelos meus colegas?			
D Durante esse ano, senti que minhas produções de texto foram melhorando?			
E Escreva em seu caderno o que poderia fazer para desempenhar essa tarefa com mais facilidade.			

Para saber mais

Neste capítulo você leu trechos de *Dom Casmurro*, romance psicológico escrito por Machado de Assis, um dos mais importantes escritores brasileiros, fundador e primeiro presidente da Academia Brasileira de Letras (ABL). Que tal agora conhecer um pouco mais sobre a história da ABL?

A Academia Brasileira de Letras foi fundada em 20 de julho de 1897, na cidade do Rio de Janeiro, pelo próprio Machado de Assis e os escritores Lúcio de Mendonça, Inglês de Souza, Graça Aranha, entre outros. O objetivo da ABL é cultivar a língua portuguesa e a literatura brasileira, sendo um espaço para trocas e discussões intelectuais.

Academia Brasileira de Letras, na cidade do Rio de Janeiro, 2017.

Assim como na Academia Francesa, que serviu de inspiração para sua criação, desde a fundação há 40 membros que ocupam as cadeiras da ABL. Os primeiros 40 acadêmicos são chamados "os imortais", entre eles, Artur Azevedo, Olavo Bilac, Visconde de Taunay e Rui Barbosa. Quando um membro titular falece, é realizada uma eleição para eleger um novo membro.

A Academia também possui um *site*, que pode ser acessado no endereço <http://linkte.me/ivz55> (acesso em: 9 nov. 2018), no qual é possível tirar dúvidas sobre ortografia e gramática, consultar o VOLP (Vocabulário Ortográfico da Língua Portuguesa) e os acervos, além de notícias, artigos e boletins relacionados à área.

Verificando rota

Mais um capítulo finalizado, chegou a hora de retomar o que foi estudado e verificar se os conteúdos foram compreendidos. Para isso, responda às questões abaixo.

1. Qual é a principal característica de um romance psicológico?

2. Explique quais funções sintáticas as orações subordinadas substantivas, adverbiais e adjetivas podem desempenhar e escreva um exemplo de cada uma delas.

3. O que é a variação histórica da língua?

4. Explique a diferença entre concordância verbal e nominal e regência verbal e nominal.

5. Comente a diferença que há entre as regras da norma-padrão e o uso informal em relação à colocação pronominal.

6. Em que circunstâncias devemos usar **onde** e **aonde**?

7. Pesquise em livros e na internet os conteúdos estudados neste capítulo. Com base nessa pesquisa e nas respostas das questões anteriores, elabore um esquema desses conteúdos a fim de auxiliá-lo com os estudos.

Ação e construção

Grêmio estudantil

Existem diversas formas de exercer nossa cidadania e participar da política. Participar das reuniões de condomínio ou da associação do seu bairro são exemplos de como podemos participar ativamente das decisões do local onde vivemos. Uma maneira de agir politicamente em sua escola é por meio de um grêmio estudantil, organização que representa os interesses dos alunos e busca soluções para o bem comum. Que tal você e os colegas da turma planejarem um grêmio estudantil para a sua escola?

Leia a petição pública a seguir para conhecer um exemplo de participação política. Além disso, esse texto poderá auxiliá-los na elaboração do Estatuto do grêmio.

Bate-papo inicial

Em sua opinião, qual é a importância da participação dos alunos nas decisões escolares?

De que maneira os alunos participam ou poderiam participar dessas decisões?

Para você, que relação existe entre participação estudantil, cidadania e política?

PROJETO DE LEI MUNICIPAL DE INICIATIVA POPULAR – VEREADOR MIRIM

Para: CÂMARA MUNICIPAL DE EQUADOR/RN

PROJETO DE LEI DE INICIATIVA POPULAR

"Dispõe sobre a criação, no âmbito municipal, da câmara mirim de vereadores e dá outras providências".

Capítulo I – DOS OBJETIVOS GERAIS

Art. 1º - Fica instituída, no âmbito do Município de Equador, Estado do Rio Grande do Norte, a "Câmara Mirim", com os seguintes objetivos gerais:

I - despertar no jovem a consciência da cidadania aliada à responsabilidade com o seu meio social e sua comunidade;

II - integrar com o Poder Legislativo a responsabilidade de despertar a ética, a cidadania, valores reflexivos e reais para uma sociedade moderna;

III - criar junto à comunidade espaços para o crescimento dos anseios dos jovens em direção à conquista da cidadania, num processo de contínua aprendizagem.

Capítulo II – DOS OBJETIVOS ESPECÍFICOS

Art. 2º - Constituem objetivos específicos do programa "Vereador Mirim":

I - proporcionar a circulação de informações nas escolas sobre projetos, lei e Atividades gerais da Câmara Municipal de Equador/RN;

Bárbara Sarzi

II - possibilitar aos alunos o acesso e conhecimento dos Vereadores da Câmara Municipal de Equador/RN e as propostas apresentadas no Legislativo em prol da comunidade;

III - favorecer atividades de discussão e reflexão sobre os problemas do município de Equador/RN que mais afetam a população;

IV - proporcionar situações em que os alunos, representando as figuras dos vereadores, apresentem sugestões para solucionar importantes questões da cidade ou determinados grupos sociais;

V - sensibilizar professores, funcionários e pais de alunos para participarem do projeto "Câmara Mirim" e apresentarem sugestões para o seu aperfeiçoamento.

Capítulo III – DA COMPOSIÇÃO, DO PROCESSO DE SELEÇÃO E DA CAMPANHA

Art. 3º - A "Câmara Mirim" será composta por 9 (nove) Vereadores Mirins, devidamente matriculados em estabelecimentos de ensino fundamental do Município de Equador/RN, mediante processos seletivos de escolha, vedada reeleição.

§ 1º - O processo de escolha dos Vereadores Mirins dar-se-á por eleição, mediante voto direto e secreto, dela podendo participar como eleitores os alunos devidamente matriculados no 8º Ano e 9º Ano do ensino fundamental, bem como os alunos do 2º ano e 3º ano do ensino médio dos estabelecimentos escolares instalados no município de Equador/RN.

§ 2º - A candidatura a Vereador Mirim é individual, podendo candidatar-se alunos que estejam devidamente matriculados no 8º Ano e 9º Ano do ensino fundamental, bem como os alunos do 2º ano e 3º ano do ensino médio dos estabelecimentos de Ensino de Equador/RN.

[...]

Capítulo VIII – DO MANDATO

Art. 10 - O mandato dos Vereadores Mirins terá duração de um Ano e encerra-se seu mandato na última semana do mês de fevereiro subsequente ao Ano das Eleições mirim, em sessão solene, com a presença dos Vereadores da Câmara Municipal de Equador/RN, os quais serão homenageados através de entrega de diploma.

Parágrafo único - Os vereadores mirins não serão remunerados, sendo sua atividade considerada de relevante interesse público.

[...]

Art. 11 - Esta Lei entra em vigor na data de sua publicação, revogadas as disposições em contrário.

Equador/RN, 01 de Outubro de 2018.

Jamysson Jeysson da Silva Araújo
Cidadão/ADVOGADO
OAB/RN – 16.866

Jamysson Jeysson da Silva Araújo. Projeto de Lei Municipal de Iniciativa Popular – Vereador Mirim. *Petição Pública*. Equador, 1º out. 2018. Disponível em: <https://peticaopublica.com.br/pview.aspx?pi=BR108106>. Acesso em: 23 out. 2018.

1. O que você achou da petição lida? Compartilhe suas impressões com os colegas.

2. Uma **petição** é um documento em que consta uma reivindicação ou um pedido.

a) Quem é o autor dessa petição?

b) A petição foi endereçada a qual órgão legislativo? Pesquise e escreva no caderno qual é a função desse órgão.

c) Com que objetivo o autor registrou essa petição?

d) Por que ele publicou essa petição em um *site*?

3. De acordo com o apresentado, quais as condições para tornar-se um vereador mirim?

4. Como será feita a eleição desse vereador mirim?

5. O trecho do projeto de lei proposto na petição que você leu é estruturado em **título**, **ementa**, **capítulos**, **artigos**, **incisos** e **parágrafos**.

a) A ementa é um resumo da lei. Qual trecho desse projeto de lei se refere à ementa?

b) Qual é a função dos capítulos em um texto como esse?

c) De que forma os artigos e os incisos são marcados no texto?

d) Que função o parágrafo único apresentado após o Art. 10 está exercendo?

> **A** Ele está acrescentando uma informação ao que foi apresentado no artigo.
>
> **B** Ele está restringindo a informação que foi apresentada no artigo.
>
> **C** Ele está modificando uma informação que foi apresentada no artigo.

6. Por que o autor da petição dedica, no projeto, um capítulo para os objetivos gerais e outro para os objetivos específicos?

7. Releia o trecho a seguir.

> I - **despertar** no jovem a consciência da cidadania aliada à responsabilidade com o seu meio social e sua comunidade;
>
> II - integrar com o Poder Legislativo a responsabilidade de **despertar** a ética, a cidadania, valores reflexivos e reais para uma sociedade moderna;

a) Com qual sentido o verbo destacado foi empregado nesse inciso?

b) A qual palavra o adjetivo **aliada** se refere nesse trecho? Que efeito de sentido essa palavra confere ao texto?

8. Você acredita que o projeto de lei proposto pode auxiliar na construção de cidadãos mais conscientes e mais engajados no trabalho político e social? Comente a respeito com os seus colegas.

284

Bárbara Sarzi

> **Para saber mais**
>
> O projeto Câmara Mirim é uma ação realizada pelo Plenarinho, programa de relacionamento que tem por objetivo aproximar a comunidade infantil das atividades legislativas realizadas na Câmara dos Deputados de Brasília. Estudantes de diversas regiões do país participam desse projeto e são eleitos deputados mirins, ficando responsáveis por apresentar, debater e votar projetos de leis criados por crianças da região que representam. Anualmente, um grupo de consultores escolhe três projetos enviados por representantes de todo o país para serem votados e, se aceitos, aplicados na sociedade.

Mão na massa

Chegou o momento de organizar o **Grêmio estudantil** na sua escola. O objetivo dessa atividade é envolver os alunos nas decisões escolares por meio de uma organização que represente seus direitos. Primeiramente, vamos conversar sobre o assunto. Em seguida, montaremos as chapas, realizaremos eleições e, por fim, será feita a posse.

1º passo • Planejamento

Pesquisa e roda de conversa sobre o assunto

Antes de conversar sobre o assunto, é preciso conhecer melhor o que é um grêmio estudantil. Para isso, você e seus colegas devem se dividir em grupos e pesquisar como formar um grêmio, quais leis asseguram esse direito e exemplos de grêmios que deram certo e suas principais conquistas.

> ▶ **Aprenda mais**
>
>
>
> No *site Grêmio Estudantil*, da Secretaria da Educação do Estado de São Paulo, você encontra notícias, dados estatísticos, vídeos, informações e dicas sobre como formar um grêmio em sua escola.
>
> *Grêmio Estudantil*. Disponível em: <http://linkte.me/q8j64>. Acesso em: 6 nov. 2018.
>
>

Após a pesquisa, vocês devem realizar uma roda de conversa para trocar ideias sobre o assunto. Podem levantar os principais pontos dos materiais pesquisados, o que levou certos grêmios a ter sucesso e como isso pode ser adequado à escola de vocês.

Planejamento do grêmio

Agora que já sabem um pouco sobre o que é um grêmio, vocês devem seguir algumas etapas. Vejamos.

- **Conversa com a direção**: é preciso conversar com a direção escolar e divulgar a proposta em toda a escola, para que alunos de todas as classes possam participar.
- **Comissão pró-grêmio**: um grupo de alunos deve formar a comissão pró-grêmio, responsável por fazer uma proposta de estatuto para o grêmio e convocar a Assembleia geral.
- **Estatuto do grêmio**: deve ser elaborado pela comissão pró-grêmio e aprovado na Assembleia geral. Ele se trata de um documento que apresenta os princípios básicos do grêmio, expondo seus objetivos, estrutura administrativa, processo eleitoral, etc.
- **Assembleia geral**: a comissão pró-grêmio deve convidar todos os alunos da escola para a Assembleia geral, na qual a proposta de criação do grêmio será aprovada ou não. Nesse momento, decidem-se o nome do grêmio, o período de campanhas e eleição, o estatuto é apresentado e a comissão pró-grêmio é transformada em comissão eleitoral. É muito importante que sejam registrados em ata os principais pontos e resoluções da Assembleia geral.
- **Chapas**: os alunos interessados em fazer parte do grêmio devem formar as chapas para concorrer à eleição. É importante que cada chapa tenha alunos de diferentes classes e anos.

> **DICA!**
> Além da Assembleia geral, todas as reuniões e encontros referentes ao grêmio estudantil podem ser registrados em ata, como os debates, a eleição e a posse.

2º passo • Execução

Realização das campanhas e da eleição

Depois que as chapas forem formadas, é necessário realizar as campanhas, promover debates e organizar a eleição do grêmio estudantil.

Apresentar propostas

Cada chapa deve apresentar suas propostas para os demais alunos da escola a fim de convencê-los de que suas ideias são as melhores para a comunidade escolar. A comissão eleitoral é responsável por elaborar um edital com as regras de campanhas e eleição. Além de conversar pessoalmente com os alunos, os integrantes das chapas podem elaborar cartazes de campanha. Os textos argumentativos estudados na unidade **1** podem ajudá-los a elaborar argumentos, e os anúncios estudados na unidade **3** podem auxiliá-los na produção dos cartazes de campanha.

CHAPA 1

ESCOLA PARA TODOS

NOSSAS PRINCIPAIS PROPOSTAS:

- JORNAL ESCOLAR;
- SEMANA DO MEIO AMBIENTE;
- CAMPEONATOS INTERCLASSES;
- PASSEIOS E VIAGENS CULTURAIS;
- GARANTIR O VOTO DOS ESTUDANTES NOS CONSELHOS ESCOLARES.

Bárbara Sarzi

Debates

No período de campanhas, a comissão eleitoral deve realizar quantos debates julgar necessário entre as chapas concorrentes para que possam apresentar suas ideias e defender seus argumentos. Nesse momento, os demais alunos da escola podem apresentar suas dúvidas às chapas para escolher qual proposta preferem.

Durante o debate, um ou mais alunos da comissão eleitoral deve ser o moderador e as chapas podem escolher um ou mais alunos para representá-las no debate. Os demais alunos serão a plateia.

Eleição

Finalizado o período de campanhas, a comissão eleitoral organizará o dia da eleição. Todos os alunos da escola devem ser convidados a votar. O voto é secreto e a contagem pode ser feita pela comissão eleitoral ou por alunos representantes de turma, com o acompanhamento de um representante de cada chapa. Ao final da contagem, a comissão redigirá uma ata para apresentar o resultado da eleição.

▌3º passo • Divulgação

Posse da diretoria e divulgação para a comunidade escolar

Após as eleições, a comissão eleitoral deve divulgar o resultado por meio de uma ata de eleição, comunicar a direção escolar e organizar um dia para a realização da posse da diretoria da chapa eleita. Vocês também podem convidar os familiares para fazer parte desse momento. Os integrantes da chapa vencedora devem elaborar um discurso de posse, apresentando suas ideias e agradecendo os alunos.

Pronto! O grêmio estudantil está instituído em sua escola. Lembrem-se de que ele tem como objetivo defender os interesses de todos da comunidade escolar, por isso é essencial que haja diálogo entre essa organização e os demais alunos da escola. Após algumas semanas, avaliem como está o desempenho da chapa vencedora e se já obtiveram alguma conquista.

Avaliação

Discutam os pontos positivos e os negativos de toda a realização do trabalho. Os questionamentos a seguir podem orientar a conversa de vocês.

1. Durante a pesquisa e organização dos resultados, eu me dediquei, compreendi o assunto e participei de todas as etapas desta atividade?

2. Qual foi o meu papel nesta atividade? Consegui ajudar na realização do grêmio?

3. Qual é a opinião da comunidade e da direção escolar sobre a criação do grêmio estudantil?

4. Após a realização da atividade, meus conhecimentos e minha opinião mudaram em relação ao que eu respondi às perguntas do **Bate-papo inicial**?

Referências bibliográficas

ANTUNES, Irandé. *Gramática contextualizada*: limpando "o pó das ideias simples". São Paulo: Parábola, 2014. (Série Estratégias de ensino, 49).

_____. *Análise de textos*: fundamentos e práticas. São Paulo: Parábola, 2010. (Série Estratégias de ensino, 21).

BAGNO, Marcos. *Não é errado falar assim!:* em defesa do português brasileiro. 2. ed. revista e ampl. Ilustr.: Miguel Bezerra. São Paulo: Parábola, 2009. v. 3. (Educação linguística).

_____. *Nada na língua é por acaso*: por uma pedagogia da variação linguística. São Paulo: Parábola, 2007.

BAKHTIN, Mikhail. Os gêneros do discurso. In: _____. *Estética da criação verbal*. 6. ed. São Paulo: WMF Martins Fontes, 2011.

BECHARA, Evanildo. *Moderna gramática portuguesa*. 38. ed. Rio de Janeiro: Nova Fronteira, 2015.

BRONCKART, Jean-Paul. *Atividade de linguagem, textos e discursos*: por um interacionismo sociodiscursivo. Trad. Anna Rachel Machado; Péricles Cunha. 2. ed. São Paulo: Educ, 2008.

CITELLI, Adilson. *O texto argumentativo*. São Paulo: Scipione, 1994. (Série Ponto de apoio).

COELHO, Nelly Novaes. *A literatura infantil*: história, teoria, didática. 7. ed. São Paulo: Moderna, 2002.

COSTA, Sérgio Roberto. *Dicionário de gêneros textuais*. Belo Horizonte: Autêntica, 2008.

CUNHA, Celso Ferreira da; CINTRA, Luís Filipe Lindley. *Nova gramática do português contemporâneo*. 7. ed. Rio de Janeiro: Lexicon, 2017.

FIORIN, José Luiz. *Figuras de retórica*. São Paulo: Contexto, 2014.

ILARI, Rodolfo; BASSO, Renato. *O português da gente*: a língua que estudamos, a língua que falamos. São Paulo: Contexto, 2006.

KLEIMAN, Angela B. *Oficina de leitura*: teoria e prática. 15. ed. Campinas: Pontes, 2017.

KOCH, Ingedore Grunfeld Villaça. *Introdução à linguística textual*: trajetórias e grandes temas. São Paulo: Contexto, 2015.

KOCH, Ingedore Grunfeld Villaça; ELIAS, Vanda Maria. *Ler e compreender*: os sentidos do texto. São Paulo: Contexto, 2006.

LAJOLO, Marisa; ZILBERMAN, Regina. *A formação da leitura no Brasil*. 3. ed. São Paulo: Ática, 2009. v. 58. (Série Temas).

LEAL, Telma Ferraz; GOIS, Siane (Org.). *A oralidade na escola*: a investigação do trabalho docente como foco de reflexão. Belo Horizonte: Autêntica, 2012. v. 3. (Coleção Língua Portuguesa na escola).

MARCUSCHI, Luiz Antônio. *Produção textual, análise de gêneros e compreensão*. 3. ed. São Paulo: Parábola, 2008. v. 2. (Educação linguística).

MARTINS, Antonio Marco; VIEIRA, Silvia Rodrigues; TAVARES, Maria Alice (Org.). *Ensino de português e sociolinguística*. São Paulo: Contexto, 2014.

MASSAUD, Moisés. *Dicionário de termos literários*. 12. ed. rev. e ampl. São Paulo: Cultrix, 2013.

MORAIS, Artur Gomes de. *Ortografia*: ensinar e aprender. 5. ed. São Paulo: Ática, 2010.

NEVES, Maria Helena de Moura. *Gramática de usos do português*. 2. ed. São Paulo: Ed. da Unesp, 2011.

PERINI, Mário. *A gramática descritiva do português brasileiro*. Petrópolis: Vozes, 2016.

ROJO, Roxane (Org.). *A prática de linguagem em sala de aula*: praticando os PCNs. São Paulo: Educ; Campinas: Mercado de Letras, 2012.

SANTAELLA, Lucia. *Leitura de imagens*. São Paulo: Melhoramentos, 2012. (Como eu ensino).

SCHNEUWLY, Bernard et al. *Gêneros orais e escritos na escola*. 2. ed. Trad. e org. Roxane Rojo; Glaís Sales Cordeiro. Campinas: Mercado das Letras, 2010. (As faces da linguística aplicada).

SILVA, Thaïs Cristófaro. *Fonética e fonologia do português*: roteiro de estudos e guia de exercícios. 9. ed. São Paulo: Contexto, 2007.

SOLÉ, Isabel. *Estratégias de leitura*. 6. ed. Porto Alegre: Artmed, 1998.